运动员竞技能力发展问题探索
以非智力因素理论为视角

荣敦国 著

复旦大学出版社

序　言

不论是从事什么事业和工作，必须得有先进的理念或先进的理论为指导，才能取得一定的成效。今天很高兴收到荣敦国教授的邀请，为其即将出版的学术著作作序。20多年来，荣敦国教授一直致力于以非智力因素理论的视角来研究我国运动员的竞技心理和竞技能力发展问题。不论是攻读硕士、博士学位期间，还是在日常的体育教学工作之中，他都主要在做这一件事儿，实属不易。我们都知道，运动训练理论体系之中最难的就是处在基础地位的一般运动训练理论研究。关于要重视和加强运动训练一般理论的研究，我国运动训练学家田麦久教授一直在强调。荣敦国教授较早把非智力因素理论引进了竞技体育领域，通过多年的研究，也提出了自己的运动训练理论——"PIN结合运动训练理论"，围绕运动员的心理问题和竞技能力发展问题，形成了许多宝贵观点，值得参考、研究、应用。荣敦国教授在本书中的许多新发现定会进一步丰富我国运动训练理论这一开放体系，也会推动具有中国特色的运动训练理论的持续发展，这也是习近平总书记所要求的文化自信和道路自信在我们竞技体育领域的扎实践行。期望本书的出版，能给广大教练员、体育教师与体育工作者的具体工作带来实际助益。为此向荣敦国教授的辛勤付出表示赞赏，也希望荣敦国教授能笔耕不辍，不断有新的科研成果奉献给广大同仁。

吴 瑛

2023 年 7 月

书于上海体育大学

目 录

第一章 对山东省青少年竞技运动员非智力因素发展现状及提高对策的研究 001
  第一节 选题依据与文献综述 001
    一、选题依据 001
    二、文献综述 004
  第二节 研究对象与方法 007
    一、研究对象 007
    二、研究方法 007
  第三节 对山东省青少年竞技运动员非智力因素发展现状的研究 017
    一、"山东省青少年竞技运动员非智力因素调查问卷"的理论构架模式及10项具体非智力因素的概念界定 017
    二、对"山东省青少年竞技运动员非智力因素调查问卷"的质量分析 019
    三、对山东省青少年竞技运动员非智力因素发展现状的研究 021
  第四节 对山东省青少年竞技运动员非智力因素发展现状提高对策的研究 034
    一、充分认识影响青少年竞技运动员非智力因素的重要因素 034
    二、遵循培养青少年竞技运动员非智力因素的重要原则 039
    三、合理利用培养青少年竞技运动员非智力因素的有效方法 042

第二章 运动非智力因素的内涵与特征 044
第一节 运动非智力因素的基本性质、特点和功能 044
一、运动非智力因素的基本性质 044
二、运动非智力因素的特点 045
三、运动非智力因素的功能 047
第二节 具体运动非智力因素的内涵与基本特征 048
一、运动成就动机的内涵及其与目的、成就需要的关系 048
二、运动兴趣的内涵与基本特征 051
三、运动热情的内涵与基本特点 051
四、运动情绪稳定性的内涵及其与运动效率的关系 053
五、运动荣誉感的内涵与基本特征 054
六、运动毅力的内涵与基本特征 056
七、运动自制性的内涵与基本特点 057
八、运动责任心的内涵及其影响因素 058
九、运动自信心的内涵与基本特征 059
十、运动好胜心的内涵与基本特征 061

第三章 PIN结合运动训练理论概述 062
第一节 PIN结合运动训练理论的提出 062
第二节 PIN结合运动训练理论的基本内涵 063
一、PIN结合运动训练理论的表达公式 063
二、PIN结合运动训练理论的科学基础 063
三、PIN结合运动训练理论的基本训练原则 065
四、PIN结合运动训练理论的训练模式 067
五、PIN结合运动训练理论的训练策略 069
第三节 提出PIN结合运动训练理论的重要意义 072
一、PIN结合运动训练理论有助于丰富和完善我国运动训练
　　的理论体系 072

二、PIN 运动训练理论有助于我们加深对运动训练过程本质的理解 … 073

三、PIN 运动训练理论有助于竞技体育人才的选拔与培养 … 073

第四章　PIN 结合论的基本内涵 … 074
第一节　PIN 结合运动训练理论的 11 组 25 个命题 … 075
一、P、I、N 三因素的区别维度 … 075

二、P、I、N 三因素的联系维度 … 081

第二节　结语 … 083

第五章　PIN 结合论对运动训练几个基本问题的看法 … 085
第一节　PIN 结合论对运动训练四个基本问题的看法 … 085
一、关于运动训练的性质问题 … 085

二、关于运动训练过程的本质问题 … 089

三、关于运动训练的变量问题 … 091

四、关于运动训练的原则问题 … 092

第二节　结语 … 094

第六章　PIN 结合论的运动负荷观 … 095
第一节　PIN 结合论对运动负荷的主要观点 … 095
一、PIN 结合论对运动负荷内涵的认识 … 095

二、PIN 结合论对运动负荷的分类及其适用范围的确定 … 096

三、对 PIN 结合论运动员竞技能力发展模型与运动负荷的关系分析 … 099

第二节　结语 … 101

第七章　运动智力的品质 … 103
第一节　研究运动智力品质的意义 … 103
第二节　运动智力因素释义 … 104

第三节　运动智力和非智力因素的划分依据与互动模式　　105
第四节　运动智力的主要品质　　107
　一、运动智力的针对性　　107
　二、运动智力的预见性　　108
　三、运动智力的广阔性　　108
　四、运动智力的灵活性　　109
　五、运动智力的深刻性　　110
　六、运动智力的创造性　　111

第八章　竞技运动员"五练"的非智力因素基础　　112
第一节　愿练　　112
　一、"愿练"释义　　112
　二、"愿练"的意义　　113
　三、"愿练"的原则　　113
　四、"愿练"的方法　　114
第二节　好练　　115
　一、"好练"释义　　115
　二、"好练"的意义　　116
　三、"好练"的原则　　116
　四、"好练"的方法　　117
第三节　乐练　　118
　一、"乐练"释义　　118
　二、"乐练"的意义　　119
　三、"乐练"的原则　　119
　四、"乐练"的方法　　120
第四节　勤练　　121
　一、"勤练"释义　　121
　二、"勤练"的意义　　122
　三、"勤练"的原则　　122

  四、"勤练"的方法　123
 第五节　独立训练　124
  一、"独立训练"释义　124
  二、"独立训练"的意义　124
  三、"独立训练"的原则　125
  四、"独立训练"的方法　126
 第六节　结语　127

第九章　PIN结合论对运动员竞技能力系统的看法　128
 第一节　PIN结合论的运动员竞技能力系统模式　128
 第二节　PIN结合论对运动训练内容体系的看法　130
 第三节　PIN结合论对运动员心理能力和运动智能的看法　132
 第四节　PIN结合论对运动技术与运动技术能力的看法　134
 第五节　PIN结合论对运动战术与运动战术能力的看法　135
 第六节　结语　136

附录　运动智力和运动非智力因素对若干运动训练竞赛活动的影响研究　137

参考文献　261

第一章

对山东省青少年竞技运动员非智力因素发展现状及提高对策的研究

第一节 选题依据与文献综述

一、选题依据

非智力因素是心理活动的"动力—调节"系统,属于心理学范畴。从另一个与传统解释不同的角度,以燕国材教授为代表的许多心理学工作者对心理活动进行了新的划分,他们认为,古今中外,任何人生在世界上,都必须担负着两个任务:一是认识世界(包括主观世界),这反映到人的心理上,就要求人们有认识活动,也就是说,人们要认识世界,就必须进行观察、记忆、思维、想象等主体活动;另一个是改造世界(也包括主观世界),这反映到人的心理上,就要求人们有意向活动,也就是说,人们要改造世界就必须有兴趣、动机、情感、意志和性格的积极参与。既然人们担负有以上两大任务,也就决定了人们复杂的心理活动,可以划分为认识活动和意向活动。在认识客观世界的过程中,人们的认识活动会逐渐形成一些稳定的心理特点,这些稳定的心理特点便构成智力因素;在改造客观世界的过程中,人们的意向活动也会逐步形成一系列稳定的心理特点,这些稳定的心理特点便构成非智力因素。在人们的心理活动中,智力因素构成人的心理结构,直接参与对客观事物认识的具体操作;非智力因素构成人的心理条件,不直接参与对客观事物认识的具体操作,起着动力、定向、引导、维持、调节、强化等功能。由于构成实践活动的认识世界和改造世界这两大任务是统一而不可分割的,所以,认识、智力和意向(非认识)、非智力因素,也必然相辅相成,不可分割,并且产生整体效应。

　　青少年竞技运动员的训练竞赛这一实践活动也是建立在由智力因素和非智力因素共同构成的心理活动的基础上。我们平常所说的素质是指作为一个社会人应该具备的基本品质。从结构上讲,素质包括身体素质和心理素质,其中心理素质是人类一切活动的精神基础,它包括智力因素和非智力因素两部分。由于青少年竞技运动员的训练竞赛是建立在他们全部心理活动的基础上,所以青少年竞技运动员的心理训练也就相应的是由智力训练和非智力因素训练两部分构成。结合教练员对青少年竞技运动员进行心理训练难以操作的实际情况,相对于心理学上传统的心理现象划分,燕国材教授的这种对心理活动的划分,在指导青少年竞技运动员心理训练方面,可操作性更强。根据运动训练学的观点,青少年竞技运动员的竞技能力受体能、技能、战术能力、心理能力、运动智能以及客观环境的影响,但当今这些因素对青少年竞技运动员目标的达成所起的作用已大不相同。在竞技体育领域普遍采用超大负荷训练的今天,广大一线教练员深刻体会到要在日益激烈的竞赛中获胜,运动员必须具备很高的心理训练水平(包括智力发展水平和非智力因素发展水平)。在赛场上由于非智力因素方面发展不足,许多竞技运动员未能充分发挥竞技水平或惨遭失败的现象屡见不鲜;相反,由于非智力因素发展优良,不仅超水平发挥了竞技能力,而且夺取胜利的运动员更是不胜枚举。从竞技体育历史发展的角度看,心理训练变得越来越重要,它正在经历一个被逐步重视的过程,有些项目,如表现准确性项群项目就要求运动员有极高的心理发展水平。在目前信息技术非常发达的训练竞赛环境下,各种有形的训练方法、训练手段很难保证其隐蔽性、独创性,而青少年竞技运动员的心理是一个无形的复杂系统,心理能力又是

第一章 对山东省青少年竞技运动员非智力因素发展现状及提高对策的研究

构成青少年竞技运动员竞技能力的重要组成部分,是起决定性作用的制胜因素之一,因此通过加强青少年竞技运动员的心理训练,提高他们的竞技能力,潜力很大。如何对青少年竞技运动员进行有效的心理训练是广大教练员普遍重视又感到困难的现实问题。所以,在当今的训练竞赛中如何采用科学化的心理训练手段提高青少年竞技运动员的心理水平并进而发展其竞技能力,不仅是摆在教练员面前的一项重要而困难的现实任务,而且也是区分教练员指导水平高低的重要标准和评价训练竞赛质量的重要标志。

不仅在竞技体育界,在其他领域,非智力因素在人们实践活动中所起的决定性作用也越来越引起人们的广泛重视。众所周知,在1978年以前,我国教育界一直过分重视知识技能的掌握,所谓"用系统的科学知识武装学生的头脑",几乎成了教育界的信条。之后,我国教育界、心理学界便逐渐由重视知识转向重视发展智力。1983年以后,又由重视智力转向非智力因素,经过几十年的探索实践,终于奏完了"知识—智力—非智力因素"的三部曲。1995年,美国《纽约时报》的专栏作家、哈佛大学教授丹尼尔·戈尔曼出版了一本风靡全球的畅销书《情绪智力》,此书一出版,就在美国引起广泛关注,各阶层,各领域都在谈论、关注着一个崭新的概念——EQ(情商)。戈尔曼不仅认为EQ是人们最重要的生存能力,而且认为高人一筹的情绪能力在当今更是取得成功的关键。不久以前,有不少媒体宣传:任何人100%的成功$=20\%$的智商$+80\%$的情商。对于这条公式,我们暂且不分析其准确性如何,从中我们可以充分认识到,在非智力因素中占有重要位置的情商,对于人们事业的成功所起的决定性作用。世界著名足球教练米卢蒂诺维奇,他的训练方法与方式同我国著名足球教练员相比并不高明许多,但凭借"态度决定一切"的信念,经过对我国国家足球队的塑造,终于率领中国国家足球队冲出了亚洲,走向了世界,实现了中国人民几十年来的梦想,非智力因素在实践活动中所起的决定作用让我们再一次受到强烈震撼。

通过以上诸方面的阐述,我们应充分认识到非智力因素对于任何领域、任何人的目标达成具有决定性作用。未来社会充满机遇和竞争,对于任何领域、任何人来讲,重视非智力因素的发展与培养将是一个永恒的主题。由此,在我国体育事业蒸蒸日上、竞技体育蓬勃发展的今天,深刻认识并加强对青少年竞技运动员的非智力因素研究具有重大的理论意义与实践意义。

近二十年来,国内心理学界就有关非智力因素的问题进行了大量的理论探讨和实验研究,取得了丰硕的成果。这些理论成果或实验结论对于特殊群体——青少年竞技运动员是否适用有待考证。为了加强对青少年竞技运动员非智力因素问题的研究,笔者选择了本课题,目的就在于尽快明确山东省青少年竞技运动员非智力因素发展的现状,找出规律,提出建议,促使广大一线教练员在运动训练竞赛中有针对性地对青少年竞技运动员进行非智力因素方面的有效培养,进而提高他们的心理能力和竞技能力。这方面的研究不仅对于青少年竞技运动员的运动训练实践具有指导意义,而且也是对青少年竞技运动员进行心理测量与评价的重要内容。

二、文献综述

(一)我国心理学界对非智力因素的研究现状

"非智力因素"一词,是由上海师范大学燕国材教授于1983年发表在《光明日报》上的《应重视非智力因素的培养》一文中首先提出来的,此后在我国心理学界和教育界引起强烈反响,《华东师范大学学报》曾辟专栏发表有关"非智力因素问题"的争鸣文章。争论的问题主要涉及"非智力因素"概念的内涵、非智力因素的构成与功能、研究非智力因素的理论意义与实践意义、非智力因素的量化等。如今,绝大多数心理学工作者赞同"非智力因素"这一概念,并且肯定非智力因素在实践活动尤其是在学习活动中的重要作用。但非智力因素的理论与实践研究应继续向更广的领域和更深的层次发展。除了对非智力因素的理论探索外,我国心理学界还进行了以下几方面的研究:

1. 有关非智力因素培养的实验研究

在研究中发现,非智力因素在一个人成才、学习和智力活动中确实起着智力所不可替代的重要作用。人的成才和学习过程是一个智力与非智力因素相互影响,而又以非智力因素起决定性作用的过程。对传统的教育观,即只重视智力因素对学习效果的影响,忽视非智力因素对知识获得的作用,产生强烈冲击。因此,教育改革首先要在教育中引入非智力因素。

2. 对学习能力发展与非智力因素的研究

林崇德教授主持了国家教委"七·五"教育科学重点科研项目"中小学生心理能力发展与培养",他在研究中明确提出,培养思维品质是发展智力与能力的突破口,主张从非智力因素入手培养学生的智力与能力。

3. 对中小学生非智力因素发展现状的调查

在研究过程中,沈德立等人调查了我国青少年非智力因素发展的阶段性和特点,也分析了制约因素。

4. 对特殊类型儿童非智力因素发展的研究

近年来,国内外许多学者在对智力超常儿童进行研究时,已经不单纯局限于对"智力超常"本身进行分析研究,而开始对影响儿童"超常"的主客观条件进行综合研究。发现非智力因素是其中不容忽视的重要因素之一。

(二)我国体育界对非智力因素的研究现状

我国心理学研究起步较晚,因此与国外心理学的研究相比,尚有一定差距,这势必影响到我国体育心理学的研究水平。我国现行的体育心理学教科书或相关著作至今尚未正式引入"非智力因素"这一概念。通过对第四、第五、第六届全国体育科学大会论文集的细致查阅,发现"非智力因素"一词的出现率几乎为零。与非智力因素有关的文章或论文在20世纪80年代和90年代初期的《体育科学》《中国体育科技》和其他各类学报等体育刊物中所占的比例极低。通过网上检索1994—2002年的中国期刊全文数据库,检索到与非智力因素有关的文章或论文338篇,其中与体育有关的52篇。经过对这些论文和文章的归纳分析,得出如下结论。第一,绝大多数属于与体育教学有关的定性研究,主要阐述以下几方面的问题:培养学生非智力因素是深化体育教学改革、实现素质教育目标的重要途径,非智力因素与体育教学的关系,非智力因素在体育教学中的意义及功能,非智力因素是学生合理智能结构的重要成分,体育教学中非智力因素的培养途径,非智力因素的形成规律,体育教学培养学生非智力因素的特殊功能等。第二,检索到5篇属于实证研究方面的论文,均与体育教学有关。如李京诚对北京市中小学体育教师培养学生非智力因素的现状研究;谭先明运用心理测量方法,研究了非智力因素对体育院校学生学业成绩的影响;崔树林采用标准推理测验和卡特尔16PF问卷,对东北地区体育院校篮球专选班学生进行了智力、非智力因素现状分析,并探讨了智力、非智力因素与学习成绩的关系;霍红对体育院校学生智力因素和非智力因素与运动专项成绩的关系进行了研究等。第三,检索到的从整体上研究运动员非智力因素的论文很少,如解毅飞的《试论体育运动中非智力因素功能》等。对属于非智力因素范畴的具体因素还是有一定程度上的零碎研究。从内容方面看,主要集中在焦虑、情感、自信心、成就动机等方面;从研究方法方面看,基本上属于定性研究。由于"非智力因素"是一个内涵较为丰富的心理学术语,所以我们目前的这种对非智力因素的研究状况远远不能满足发展青少年竞技运动员心理能力的需求。这一现状已成为我国体育(或运动)心理学在竞技体育心理研究方面的薄弱环节。总之,为了对青少年竞技运动员进行更具可操作性的有效心理训练,提高其竞技能力,体育界应加强针对非智力因素的定性与定量相结合的整体研究和实际应用研究。

第二节 研究对象与方法

一、研究对象

以山东省八所省属或地属竞技体校的部分青少年竞技运动员和部分一线教练员为研究对象。

二、研究方法

(一) 文献资料法

首先,深入细致地研究了我国著名心理学家,如燕国材、沈德立等人关于非智力因素的理论。其次,认真查阅并研究了青少年竞技运动员的训练竞赛相关理论,尤其是这些理论中的心理内容,为与青少年竞技运动员生活和训练竞赛关系密切的非智力因素相关概念的界定打下坚实的理论基础。再次,认真研究了心理测量中关于自陈量表的编制程序和注意事项等理论知识。

(二) 逻辑分析法

从理论的角度,根据燕国材教授关于非智力因素的层次阐述,遵循具体的非智力因素既要穷尽又要互不包含的原则,拟定了13种与青少年竞技运动员训练和竞赛关系密切的非智力因素,作为初步的研究对象。

(三) 个案调查法

在深刻理解非智力因素理论的基础上,确定了13项与青少年竞技运动员关系密切的非智力因素。集中两个月的时间深入到淄博、泰安、曲阜等地市竞技体校及省二十届运动会比赛现场进行实地考察。同处在运动训练竞赛第一线的教练员和运动员进行了较为广泛的交流和接触,并使用"影响青少年竞技运动员训练竞赛的非智力因素调查问卷"对部分教练员进行了问卷调查。然后,根据非智力因素理论与实际考察结果进行数据汇总和逻辑分析,最终确定了基本上能够反映青少年竞技运动员非智力因素整体状况的10项非智力因素:成就动机(AM)、运动热情(SE)、运动焦虑(SA)、情绪稳定性(ES)、注意稳定性(AS)、运动自信心(SC)、运动责任心(SR)、运动好胜心(SW)、运动坚持性(SP)、运动独立性(SI)。

(四)自编自陈量表法

确定了与青少年竞技运动员训练竞赛关系比较密切的10项具体非智力因素以后,便着手编制"山东省青少年竞技运动员非智力因素调查问卷"。本项研究遵循标准化心理量表的编制程序。首先,界定各具体非智力因素的概念和其在青少年竞技运动员训练和竞赛中的表现,如:"运动独立性"主要表现为青少年竞技运动员对环境变化、教练员指导、队友意见等是否易受影响的情况;"运动好胜心"主要表现为青少年竞技运动员是否满足现状,是否希望超越他人或自我等。其次,根据10项具体非智力因素的实际表现形式,参考相关心理学量表和问卷编写条目数据库。再次,请多位专家对条目进行评定,形成初测量表。该初测量表是一个由105个项目组成的自陈式量表,包括10个诊断分量表和5个检验效度的测谎条目,每个诊断量表都由10个项目组成。问卷中每个项目的后面都有a、b、c三个备择答案,要求被试者必须从中选择一个与自己想法和做法最接近的答案。对于诊断量表中每个项目后面的答案,按其所反映的相应非智力因素水平的高低分为高、中、低三级水平,分别给以3、2、1记分(运动焦虑量表的记分规则正好相反)。然后,用初测量表对曲阜、淄博竞技体校的部分青少年竞技运动员进行小范围的测试。根据调查实际,不仅对数据进行了项目分析,而且缩短了问卷的长度。

通过改进初测量表,最后定稿量表由83个条目组成,并考虑到青少年竞技运动员心理防卫问题,把"山东省青少年竞技运动员非智力因素调查问卷"更名为"山东省青少年竞技运动员职业兴趣调查问卷",内容如下:

山东省青少年竞技运动员职业兴趣调查问卷

指导语:该问卷是关于山东省青少年竞技运动员职业兴趣的调查,不是任何形式的考试。它是由83个非常贴近你生活的很容易回答的问题组成,每一题都有3个可供选择的答案,请在答案纸上相应题号下填写一个最接近你实际情况的答案。注意:每一个题号的空格都要填写,不要空缺。望各位队员在做题时,按你的实际所想所做(而不是应该怎样想,应该怎样做)如实地回答。越快越好,不必花费许多时间用于考虑每一个具体问题。测试时间不得超过20分钟。

(1) 在体育运动方面你希望将来能(　　)。
  a. 干一番轰轰烈烈的事业
  b. 介于a与c之间
  c. 默默无闻

(2) 你的运动热情很高昂,有用不完的精力吗?(　　)
  a. 总是　　　　b. 有时是　　　　c. 不是

(3) 你一旦确定了训练目标,总会坚持到底吗?(　　)
  a. 总会坚持到底　　b. 有时动摇　　c. 总不能坚持到底

(4) 对于教练安排的任务你总是努力做得很完美吗?(　　)
  a. 总是　　　　b. 有时是　　　　c. 从未做得很完美

(5) 通常,对于训练或比赛中的事情,你要求的标准往往要高于其他人吗?(　　)
  a. 总是这样　　b. 有时这样　　c. 从不这样

(6) 你经常找机会自我加练吗?(　　)
  a. 经常加练　　b. 有时加练　　c. 从未加练过

(7) 你的队友说你训练太拼命了吗?(　　)
  a. 都这样说　　b. 有些这样说　　c. 没人这样说

(8) 你训练时能充分利用每一分钟吗？（　　）
    a. 总是　　　　b. 有时是　　　　c. 从不

(9) 教练不要求你，你会主动训练吗？（　　）
    a. 总会　　　　b. 有时会　　　　c. 不会

(10) 每次训练结束，你都感到很充实满足吗？（　　）
    a. 总是　　　　b. 有时这样　　　c. 从未

(11) 你在意训练环境的好坏吗？（　　）
    a. 不在意　　　b. 有些在意　　　c. 很在意

(12) 对于你训练过程中出现的问题，你总是喜欢寻根究底，直至找出原因吗？（　　）
    a. 总是这样　　b. 有时这样　　　c. 从不这样

(13) 你喜欢同周围的人谈论你的训练或比赛感受吗？（　　）
    a. 非常喜欢　　b. 有些喜欢　　　c. 不喜欢

(14) 你认为走运动训练和竞赛这条生活道路是明智的选择吗？（　　）
    a. 绝对是　　　b. 也许是　　　　c. 不是

(15) 你认为你目前的经济状况和训练环境，会妨碍你运动成绩的提高吗？（　　）
    a. 不会　　　　b. 介于a与c之间　c. 会

(16) 自进入体校以来，随着训练年限的增长，你（　　）。
    a. 越来越喜欢训练和比赛了
    b. 一般情况
    c. 越来越不喜欢训练和比赛了

(17) 为了第二天的训练，你总是保证充足的睡眠吗？（　　）
    a. 总是　　　　b. 有时是　　　　c. 从不

(18) 你总是把训练比赛的事看得最重，而把其他事情摆在次要位置吗？（　　）
    a. 总是　　　　b. 有时是　　　　c. 从不

(19) 在运动训练过程中你经常找各种理由偷懒吗？（　　）

a. 从不 　　　　　b. 有时 　　　　　c. 经常

(20) 训练课前、课后,你总是帮教练整理场地、收拾器械吗?(　　)

a. 总是 　　　　　b. 有时 　　　　　c. 从不

(21) 在训练和比赛中,对于教练的安排与要求,你会(　　)。

a. 完全服从 　　　b. 基本服从 　　　c. 很少服从

(22) 你是否经常与教练商讨自己的训练情况?(　　)

a. 总是 　　　　　b. 有时 　　　　　c. 从不

(23) 你平时怎样看待与你运动专项相关的运动理论知识?(　　)

a. 很感兴趣,主动学习

b. 有时了解一点

c. 不感兴趣,知道不知道无所谓

(24) 你认为你的运动水平的提高对于集体(　　)。

a. 很重要 　　　　b. 一般重要 　　　c. 不重要

(25) 如果得了感冒,你会不会马上停止日常训练?(　　)

a. 不会 　　　　　b. 有时会 　　　　c. 总会

(26) 由于训练很艰苦,你是否想过要放弃训练?(　　)

a. 从未想过 　　　b. 有时想 　　　　c. 经常想

(27) 每当你受到意外运动损伤的困扰时是否打算终止你的运动生涯?(　　)

a. 从未打算 　　　b. 有时动摇过 　　c. 常常

(28) 训练或比赛时总会遇到许多困难,对这些障碍你总是设法排除,以免影响训练或比赛吗?(　　)

a. 总是设法排除一切干扰

b. 有时设法排除干扰

c. 顺其自然

(29) 你觉得自己越来能吃苦了吗?(　　)

a. 是的 　　　　　b. 不好说 　　　　c. 不是

(30) 在比赛或训练的最后阶段你总是做得很好吗?(　　)

a. 总是 　　　　　b. 有时是 　　　　c. 总不能

(31) 假如你或你们处于被动状态时,你会(　　)。
　　　a. 坚持到底　　　b. 看情况而定　　　c. 总是轻易放弃

(32) 在运动训练过程中,从开始到结束,你(　　)。
　　　a. 总能集中精力　b. 有时能集中精力　c. 总不能集中精力

(33) 运动训练课上,别的队员做示范时你做自己的事吗?(　　)
　　　a. 从不做　　　　b. 有时做　　　　　c. 经常做

(34) 当教练员讲解示范时你思想经常开小差吗?(　　)
　　　a. 从不　　　　　b. 有时　　　　　　c. 经常

(35) 在比赛过程中,你的注意力受观众或对手影响的程度?
　　　(　　)
　　　a. 很小　　　　　b. 一般　　　　　　c. 很大

(36) 在学习复杂技术动作时你总是非常专心吗?(　　)
　　　a. 总是非常专心　b. 有时很专心　　　c. 不太专心

(37) 面对一般技术问题,你是否总是能想方设法尽快解决它?
　　　(　　)
　　　a. 总是能　　　　b. 有时能　　　　　c. 不能

(38) 在实力相当的比赛中,尤其到了最后时刻,你(　　)。
　　　a. 能够始终保持高度注意力尽量不失误
　　　b. 有时能够保持高度注意力
　　　c. 总不能始终保持高度注意力

(39) 在运动训练中你经常出现许多无谓的失误吗?(　　)
　　　a. 从不　　　　　b. 有时　　　　　　c. 经常

(40) 在目前的运动训练过程中,你经常受到日常琐事的影响吗?
　　　(　　)
　　　a. 从未受到　　　b. 有时受到　　　　c. 经常受到

(41) 比赛前,你是否明显感到吃不下、睡不着?(　　)
　　　a. 从不　　　　　b. 有时　　　　　　c. 总是

(42) 比赛过程中,当对方妨碍了你,你是否能够保持冷静?(　　)
　　　a. 总是能　　　　b. 有时能　　　　　c. 不能

(43) 如果教练员训斥你,你会放到心里去吗?(　　)
　　　a. 不会　　　　b. 有时会　　　c. 总会
(44) 在日常训练中你常常毫无原因地感到无精打采和厌倦吗?
　　(　　)
　　　a. 从不　　　　b. 有时　　　　c. 常常
(45) 如果比赛中,你输给了对手,你沉重的心情将延续多久?
　　(　　)
　　　a. 一两天　　　b. 四五天　　　c. 一周以上
(46) 在运动训练过程中,你是否常常无缘无故变得很激动或烦躁?
　　(　　)
　　　a. 从不　　　　b. 有时会　　　c. 常常
(47) 你觉得平时能心平气和、井然有序地进行训练吗?(　　)
　　　a. 总能　　　　b. 有时能　　　c. 总不能
(48) 面对重大赛事或者艰难训练任务,你会保持一颗平常心吗?(　　)
　　　a. 总能　　　　b. 有时能　　　c. 总不能
(49) 一听说"教练在第二天的训练中要加大运动量",你就感到害怕吗?(　　)
　　　a. 从不这样　　b. 有时这样　　c. 经常这样
(50) 你担心运动损伤吗?(　　)
　　　a. 不担心　　　b. 有时担心　　c. 总是担心
(51) 你对目前的运动专项成绩苦恼吗?(　　)
　　　a. 不苦恼　　　b. 有时苦恼　　c. 一直苦恼
(52) 你平时训练结束后能容易入睡,并且一夜睡得很好吗?(　　)
　　　a. 总能　　　　b. 有时能　　　c. 不能
(53) 想到训练或比赛,你会无缘无故紧张甚至害怕吗?(　　)
　　　a. 不会　　　　b. 有时会　　　c. 总会
(54) 在运动训练过程中,你担心教练和队友把你看成是没用之人吗?(　　)
　　　a. 不担心　　　b. 有时担心　　c. 非常担心

(55) 你现在担心辜负教练和家长等人对你的期望吗?（　）

　　a. 从不担心　　　b. 有时担心　　　c. 总是担心

(56) 在运动训练和比赛方面,你一般自信别人会对你有好印象?（　）

　　a. 总是相信　　　b. 有时相信　　　c. 总不相信

(57) 在日常的训练中,你总是喜欢完成有一定难度的训练任务?（　）

　　a. 总是　　　　　b. 有时是　　　　c. 不是

(58) 你认为自己能成为（　）。

　　a. 非常出色的运动员

　　b. 比较出色的运动员

　　c. 一般的运动员

(59) 在运动专项方面你认为比别人更有天赋吗?（　）

　　a. 一直认为　　　b. 不好说　　　　c. 不认为

(60) 目前,你认为你的训练水平会不断提高吗?（　）

　　a. 完全认为　　　b. 不好说　　　　c. 不认为

(61) 目前你有更高的训练目标吗?（　）

　　a. 有　　　　　　b. 有时有　　　　c. 没有

(62) 随着年龄的增长,对于训练和比赛,你觉得能搞得（　）。

　　a. 更好　　　　　b. 不好说　　　　c. 更糟

(63) 你觉得你目前的运动训练和竞赛有价值吗?（　）

　　a. 总是很有价值　b. 有时很有价值　c. 没有价值

(64) 你对自己目前的运动成绩感到满意吗?（　）

　　a. 非常满意　　　b. 比较满意　　　c. 不满意

(65) 对于教练员对你的评价,你在意吗?（　）

　　a. 非常在意　　　b. 有些在意　　　c. 从不在意

(66) 假如进行力量训练,对最大力量你会努力尝试多少次试图把它举起?（　）

　　a. 三四次　　　　b. 一两次　　　　c. 一次不试

(67) 你总是渴望得第一吗?（　　）

　　a. 是的　　　　　b. 有时　　　　　c. 从不

(68) 比赛中,当你发挥失常时,你会（　　）。

　　a. 很伤心　　　　b. 遗憾　　　　　c. 无所谓

(69) 你总是力求把比赛中的事情做得很好吗?（　　）

　　a. 总是　　　　　b. 有时　　　　　c. 从未想过

(70) 你总是敢于比赛吗?（　　）

　　a. 总是　　　　　b. 有时是　　　　c. 总是怯赛

(71) 你总是尽可能高地为自己设定运动训练的要求和目标吗?
（　　）

　　a. 总是这样做　　b. 有时这样做　　c. 从未这样做

(72) 如果不能实现自己目前的某些运动训练目标,你会觉得自己
很没有价值吗?（　　）

　　a. 一定会　　　　b. 没有想过　　　c. 不会

(73) 你觉得在比赛中能很好地控制你的情绪吗?（　　）

　　a. 总能　　　　　b. 有时能　　　　c. 不能

(74) 在比赛中,你总能很好地发挥你的真实水平吗?（　　）

　　a. 总能　　　　　b. 有时能　　　　c. 总不能

(75) 在比赛或训练前,你总能自己做好充分的准备吗?（　　）

　　a. 总能　　　　　b. 有时能　　　　c. 不能

(76) 比赛前,根据竞争对手情况,你总是精心设计一个应对计划
吗?（　　）

　　a. 总是认真准备　b. 有时认真准备　c. 从不准备

(77) 在日常的训练中,你是否总是想方设法提高自己的运动成绩?
（　　）

　　a. 总是　　　　　b. 有时　　　　　c. 没想过

(78) 你觉得你自我训练的能力（　　）。

　　a. 很强　　　　　b. 一般　　　　　c. 较差

(79) 你总能够承认并且正确看待你与队友之间的差距吗?（　　）

　　　　a. 总能　　　　　b. 有时能　　　　　c. 不能
(80) 对于训练或比赛中的事情,只要自己认为正确,就会不顾别人的反对而坚持自己的观点吗?(　　)
　　　　a. 总是这样　　　b. 有时这样　　　　c. 不会
(81) 对这次调查,你是(　　)。
　　　　a. 非常喜欢　　　b. 比较喜欢　　　　c. 不喜欢
(82) 今天你感到(　　)。
　　　　a. 精力很充沛　　b. 一般情况　　　　c. 困乏
(83) 你觉得回答以上题目(　　)。
　　　　a. 非常有意义　　b. 较有意义　　　　c. 没意义

(五) 专家访谈法

"山东省青少年竞技运动员非智力因素调查问卷""影响青少年竞技运动员训练竞赛的非智力因素调查问卷"和"关于青少年竞技运动员非智力因素的教练员调查问卷"三问卷,无论编制定稿还是实际操作,均受到了多位专家教授的精心指导。

(六) 问卷调查法

根据地域区分原则,把山东省17地市划分为东、西、南、北、中五大区域,从这五大区域中随机抽取烟台、日照、菏泽、泰安、滨州、淄博、济南、青岛八地市竞技体校。以这八地市体校的部分运动队的青少年竞技运动员作为研究对象,以运动队为单位进行集体测试和数据收集。同时,对以山东省为主的部分教练员进行了"关于青少年竞技运动员非智力因素的教练员调查问卷"的调查。

(七) 数理统计法

对山东省青少年竞技运动员正式测试1 050人,对收集到的数据进行质量检查,取得有效问卷911份;对教练员调查200人,经检查取得有

第一章　对山东省青少年竞技运动员非智力因素发展现状及提高对策的研究

效问卷 178 份。对所有数据的统计和整理,均用 SPSS10.0 处理。

第三节　对山东省青少年竞技运动员非智力因素发展现状的研究

一、"山东省青少年竞技运动员非智力因素调查问卷"的理论构架模式及 10 项具体非智力因素的概念界定

(一)"山东省青少年竞技运动员非智力因素调查问卷"的理论构架模式(见图 1-1)

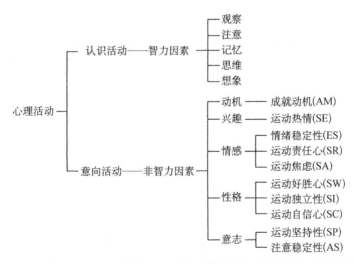

图 1-1　"山东省青少年竞技运动员非智力因素调查问卷"的理论构架模式

(二)青少年竞技运动员 10 项具体非智力因素的概念界定

(1)成就动机(AM):指青少年竞技运动员个人对自己训练和比赛

中认为重要或有价值的事情,不但愿意去做,而且希望达到完美地步的一种内在推动力量。成就动机是由成就需要转化而来的一种动机。

(2) 运动热情(SE):是指青少年竞技运动员在运动兴趣不断发展的基础上,对运动训练和竞赛所表现出来的一种比较强烈、稳定而深厚的情感状态。一个具有运动热情的运动员往往会表现出以下特点:能积极主动地训练或竞赛;会从训练或竞赛中体验到无比的快乐和满足;不会计较个人的生活和环境,专心训练和竞赛;往往养成积极主动和刻苦训练的习惯等。

(3) 运动焦虑(SA):是指青少年竞技运动员个体由于受到不能达到目标或不能克服障碍的威胁,导致自尊心和自信心受挫,或使失败感和内疚感增加,形成一种紧张不安、带有恐惧色彩的情绪状态。表现在每天把运动训练和竞赛挂在心上,担心失败、受伤、受到教练的训斥、寝食失常,严重者无法安心训练和竞赛。

(4) 情绪稳定性(ES):是指青少年竞技运动员的情绪状态受外界或内部条件变化而产生波动的一种重要的个性品质。情绪不稳定的青少年竞技运动员对发生的事件易引起情绪反应,一经引起情绪波动,控制力较差。

(5) 注意稳定性(AS):是指青少年竞技运动员能把自己的注意力长时间保持在与运动训练和竞赛有关的事物或活动上。

(6) 运动责任心(SR):是指青少年竞技运动员对其所属群体的共同活动(一般指训练和比赛)、行为规范以及个人所承担的运动训练竞赛任务的自觉态度。责任心包括三个成分:对责任的认识,责任感,负责行为。

(7) 运动独立性(SI):是指青少年竞技运动员在运动训练和比赛中独立地发现问题和解决问题的水平,独立性是一种宝贵的性格品质。明显地表现出以下特点,如善于独立思考、创新,独立完成任务的能力强等。

(8) 运动好胜心(SW):是指青少年竞技运动员不满足现状,敢于拼搏,敢于胜利,力争取得更大成功,以超越自己、超越他人的一种心理倾向或性格特征。具有好胜心的青少年竞技运动员往往表现出以下几个特征:不满足现状,希望超越自己,力求超越他人等。

(9)运动坚持性(SP):也就是通常所说的毅力,是指青少年竞技运动员在运动训练或比赛中不懈地保持充沛的精力与体力、不屈不挠地去克服困难,排除干扰,坚决完成任务的优良意志品质。

(10)运动自信心(SC):是指青少年竞技运动员对自己能力的确信,深信自己一定能实现所追求的目标。自信心是静态的,是由意志过程中处于动态的信心逐渐稳定下来而形成的一种宝贵的性格特征。具有自信心的青少年竞技运动员往往表现出以下特征:所定目标比较具体而且切合实际;对自己的能力有比较准确的估计;喜欢完成有一定难度的任务;有更高的抱负水平;具有谦逊的品质。

二、对"山东省青少年竞技运动员非智力因素调查问卷"的质量分析

(一)"山东省青少年竞技运动员非智力因素调查问卷"的重测信度检验

以初测量表为依据,用经小范围反复测试修改后的定型稿"山东省青少年竞技运动员非智力因素调查问卷",对曲阜竞技体校的部分运动员(80名)又进行了相隔四周的重新测试。统计结果如表1-1:

表1-1 各分量表和总量表的重测信度

项目	AM	SE	SA	ES	AS	SR	SI	SW	SP	SC	SUM
信度	0.75	0.78	0.66	0.56	0.71	0.72	0.74	0.76	0.73	0.71	0.83

据表1-1,各分量表和总量表的重测信度值均在心理测量的自编量表所要求的信度范围之内。这说明该问卷及其各分量表都具有一定的稳定性,是可靠的。

(二)"山东省青少年竞技运动员非智力因素调查问卷"的克隆巴赫系数

克隆巴赫系数(a),是指各分量表和总量表的项目的同质性程度。该问卷的 a 系数的计算结果,见表 1-2:

表 1-2　各分量表和总量表的 a 系数

项目	AM	SE	SA	ES	AS	SR	SI	SW	SP	SC	SUM
a	0.62	0.75	0.70	0.47	0.72	0.73	0.66	0.78	0.77	0.72	0.92

据表 1-2,除情绪稳定性外,绝大多数分量表的 a 系数都比较高,区间为[0.62,0.78],"山东省青少年竞技运动员非智力因素调查问卷"总量表的 a 系数为 0.92。由此可以看出,"山东省青少年竞技运动员非智力因素调查问卷"总量表和各分量表内部项目的同质性程度是比较高的。

(三)"山东省青少年竞技运动员非智力因素调查问卷"的效度检验

除"山东省青少年竞技运动员非智力因素调查问卷"的初稿和定稿经多位专家的审定外,为了进一步了解该问卷的有效性程度,又计算了各分量表之间和各分量表与总量表之间的相关系数,计算结果见表 1-3。

表 1-3　分量表与总量表间的相关系数

	SE	SA	ES	AS	SR	SI	SW	SP	SC	SUM
AM	0.45	0.14	0.17	0.35	0.39	0.42	0.51	0.44	0.50	0.63
SE		0.10	0.18	0.39	0.45	0.20	0.37	0.43	0.40	0.73
SA			0.35	0.23	0.17	0.23	0.28	0.10	0.11	0.52
ES				0.27	0.17	0.23	0.14	0.24	0.19	0.46
AS					0.46	0.35	0.38	0.44	0.41	0.72
SR						0.38	0.42	0.46	0.35	0.71
SI							0.41	0.32	0.45	0.65
SW								0.49	0.55	0.78
SP									0.61	0.79
SC										0.70

据表1-3,各分量表之间呈一定相关,但各分量表与总量表的相关均明显高于各分量表之间的相关。这就说明该问卷具有一定的结构效度。由专家的审定和表1-3的统计结果可以断定,"山东省青少年竞技运动员非智力因素调查问卷"的有效性程度较高。

三、对山东省青少年竞技运动员非智力因素发展现状的研究

（一）山东省青少年竞技运动员非智力因素发展的年龄阶段特点

1. 山东省青少年竞技运动员非智力因素发展的年龄阶段特点的统计结果

对被调查的两个年龄阶段的山东省青少年竞技运动员在"山东省青少年竞技运动员非智力因素调查问卷"各分量表上的得分差异进行T检验,统计结果见表1-4。

表1-4 青少年竞技运动员不同年龄阶段间各种非智力因素发展水平比较

	AM	SE	SR	SP	AS	ES	SA	SC	SW	SI
初中阶段 $\bar{X}$	2.3184	2.4668	2.3871	2.5066	2.4694	2.4176	2.2500	2.4388	2.5013	2.3790
$N=536$ S	0.6144	0.6184	0.6175	0.5629	0.5606	0.6050	0.6972	0.6540	0.5974	0.5804
中专阶段 $\bar{X}$	2.2744	2.3947	2.4132	2.4352	2.4410	2.3102	2.1701	2.3125	2.4884	2.3796
$N=375$ S	0.5832	0.6534	0.5731	0.5900	0.5827	0.6467	0.6705	0.6736	0.5973	0.6084
T	1.435	2.268	-0.880	2.481	0.980	3.430	2.338	3.812	0.433	-0.02
P	0.151	0.023	0.379	0.013	0.327	0.001	0.020	0.000	0.665	0.983
显著性		*		*		***	*	***		

说明:*** 表示差异极显著($P<0.001$),** 表示差异非常显著($P<0.01$),* 表示差异比较显著($P<0.05$),无星号者表示差异不显著($P>0.05$)。

据表1-4,两个年龄阶段的青少年竞技运动员有如下特点:①在运动热情和运动坚持性方面,初中阶段的发展水平高于中专阶段,而在运动焦虑方面,中专阶段的发展水平高于初中阶段,这三方面的差异均比较显著($P<0.05$)。②在运动自信心和情绪稳定性方面,初中阶段的发展水平高于中专阶段,这两方面的差异极显著($P<0.001$)。③在运动

好胜心、注意稳定性和成就动机方面，初中阶段的发展水平高于中专阶段，但在运动独立性和运动责任心方面，中专阶段的发展水平高于初中阶段，这五方面均不存在显著性差异（$P>0.05$）。

2. 对山东省青少年竞技运动员非智力因素发展的年龄阶段特点的讨论

通过对教练员和运动员的访谈了解到，广大教练员在日常的训练和竞赛中，能够始终注意对两阶段运动员的思想教育和职业理想教育，虽然这些教育没有以非智力因素的名义，但大多与非智力因素有关。每名运动员都从事着特定专项的训练，其训练目标就是在特定的专项上夺取比赛的胜利和创造优异的运动成绩，具有鲜明的专一性，可以说从选材开始教练员就注意对运动员进行相同训练目标的专一性教育。竞技体育区别于其他体育运动的最本质的特点之一，就是激烈的竞争性，体现在训练竞赛中就是公平性、艰巨性和残酷性等，它对两个年龄阶段的青少年运动员在要求上没有差别。处在这两个年龄阶段的青少年自我意识和独立意识明显增强，都渴望充分体现自己的能力等；表现在成就动机、运动独立性、注意稳定性、运动责任心和运动好胜心等方面，初中阶段与中专阶段（或高中阶段）的青少年竞技运动员没有形成显著性差异。从调查访谈过程中也了解到，运动员的训练年限越短，越坚信自己的运动天赋，对竞技运动的兴趣也越浓；另外，初生牛犊不怕虎，争强好胜也是青少年时期的典型特点。众所周知，竞技体育与学校体育、大众体育不同，它是以体育竞赛为主要特征，以创造优异运动成绩、夺取比赛优胜为主要目的。对青少年竞技运动员来讲，随着运动年限的增长，他们对竞技运动和个人竞技潜力的认识也越来越深刻，更多地考虑如何进一步发展自己的潜力及前途等方面的问题。因此初中阶段的青少年竞技运动员的情绪稳定性、运动焦虑（正好相反）和运动自信心的发展优于中专阶段（或高中阶段）的青少年竞技运动员，并构成不同程度显著性差异。

(二)山东省青少年竞技运动员非智力因素发展的性别特点

1. 山东省青少年竞技运动员非智力因素发展的性别特点的统计结果

对被调查的不同性别的山东省青少年竞技运动员在"山东省青少年竞技运动员非智力因素调查问卷"各分量表上的得分差异进行 T 检验,统计结果见表 1-5:

表 1-5 男女青少年竞技运动员各种非智力因素发展水平比较

		AM	SE	SR	SP	AS	ES	SA	SC	SW	SI
男运动员	$\bar{X}$	2.312 5	2.415 3	2.410 3	2.498 0	2.476 8	2.391 0	2.280 2	2.376 8	2.461 7	2.364 9
$N=593$	S	0.610 3	0.637 6	0.594 3	0.578 8	0.585 3	0.628 9	0.675 4	0.670 3	0.608 2	0.609 3
女运动员	$\bar{X}$	2.290 1	2.448 7	2.386 2	2.421 5	2.418 3	2.326 9	2.091 3	2.373 4	2.546 5	2.402 2
$N=318$	S	0.575 7	0.639 0	0.594 1	0.575 2	0.574 8	0.630 0	0.682 0	0.663 2	0.575 9	0.572 3
T		0.745	-1.024	0.793	2.597	1.971	1.683	5.441	0.101	-2.819	-1.227
P		0.456	0.306	0.428	0.010	0.049	0.033	0.000	0.920	0.005	0.220
显著性					**	*	*	***		**	

说明:*** 表示差异极显著($P<0.001$),** 表示差异非常显著($P<0.01$),* 表示差异比较显著($P<0.05$),无星号者表示差异不显著($P>0.05$)。

据表 1-5,男女青少年竞技运动员有如下特点:①在运动焦虑方面,女队员的发展水平高于男队员,且差异极显著($P<0.001$);②在运动坚持性方面,男队员的发展水平高于女队员,而在运动好胜心方面,女队员的发展水平高于男队员,这两方面的差异均非常显著($P<0.01$);③在情绪稳定性和注意稳定性方面,男队员的发展水平高于女队员,达到比较显著性水平($P<0.05$);④在成就动机、运动责任心和运动自信心方面,男队员的发展水平高于女队员,而在运动热情和运动独立性方面,女队员的发展水平高于男队员,这五方面均未达到显著性水平($P>0.05$)。

2. 对山东省青少年竞技运动员非智力因素发展的性别特点的讨论

从与一线教练员和运动员的访谈中了解到,教练员对男女运动员的思想与职业理想教育是经常性的。在训练和竞赛中,教练员对他们有共同的严格要求。在当今,残酷的现实是要求女运动员具备日益男性化的心理品质,不论男运动员还是女运动员,他们的独立意识和自我意识较儿童时的发展水平均有明显的增强。经年复一年的类似教育,使得他们对竞技体育的性质、目标,对自己运动能力的发展潜力和社会就业等问题,有共同的认识,在思想上也具有一致性。这些因素的共同作用成为青少年竞技运动员在成就动机、运动热情、运动责任心、运动独立性和运动自信心等方面无显著性差异的主要原因。从调查访谈中发现,男运动员明显多于女运动员,比例失衡现象严重。由此可以看出,现在社会上对女孩子从事竞技运动仍持有一定的偏见。比如:社会期望女性应在家庭中承担主要角色,或从事一些温文尔雅的轻体力劳动,如文职工作等;现在的绝大多数青少年都是独生子女,等等。这些来自社会、家庭和个体认知等方面的因素,造成了男女运动员之间在运动焦虑方面的极显著差异,在运动坚持性、注意稳定性和情绪稳定性方面的非常显著和比较显著差异。尤其值得注意的是:在好胜心方面,女运动员不仅强于男运动员,而且达到了差异非常显著的程度,原因可能是女运动员与男运动员相比更在乎"脸面"等自尊方面的事情,或者是因为在诸多不利因素影响下仍能从事竞技运动的绝大多数女运动员都很少怀疑自己的运动天赋,最终取得了自己满意的成绩。

(三)个人项目和集体项目山东省青少年竞技运动员非智力因素发展的特点

1. 个人项目和集体项目山东省青少年竞技运动员非智力因素发展特点的统计结果

对被调查的个人项目和集体项目的山东省青少年竞技运动员在"山东省青少年竞技运动员非智力因素调查问卷"各分量表上的得分差异进行 T 检验,统计结果见表 1-6:

表 1-6　个人项目和集体项目的各种非智力因素发展水平比较

		AM	SE	SR	SP	AS	ES	SA	SC	SW	SI
个人 $N=548$	$\bar{X}$	2.234 7	2.353 1	2.343 5	2.404 6	2.352 2	2.287 2	2.198 4	2.259 7	2.358 0	2.258 8
	S	0.594 7	0.655 1	0.613 7	0.588 4	0.600 8	0.653 1	0.701 8	0.677 8	0.616 7	0.608 0
集体 $N=363$	$\bar{X}$	2.331 3	2.466 9	2.407 3	2.486 3	2.431 7	2.394 7	2.297 5	2.329 6	2.461 8	2.317 3
	S	0.580 0	0.581 1	0.541 0	0.540 7	0.536 9	0.560 3	0.640 7	0.644 0	0.553 7	0.569 8
	T	-4.442	-4.749	-3.529	-4.25	-3.093	-4.699	-4.322	-2.590	-4.448	-1.887
	P	0.000	0.000	0.000	0.000	0.003	0.000	0.000	0.010	0.000	0.059
显著性		***	***	***	***	**	***	***	**	***	

说明：*** 表示差异极显著（$P<0.001$），** 表示差异非常显著（$P<0.01$），* 表示差异比较显著（$P<0.05$），无星号者表示差异不显著（$P>0.05$）。

据表 1-6，个人项目和集体项目的青少年竞技运动员有如下特点：①在成就动机、运动热情、运动责任心、运动坚持性、情绪稳定性、运动焦虑和运动好胜心方面的差异极显著（$P<0.001$），除运动焦虑外，集体项目的发展水平高于个人项目；②在注意稳定性和运动自信心方面，集体项目的发展水平高于个人项目，差异非常显著（$P<0.01$）；③在运动独立性方面，集体项目的发展水平高于个人项目，但无显著性差异（$P>0.05$）。

2. 对个人项目和集体项目山东省青少年竞技运动员非智力因素发展特点的讨论

据表 1-6，除运动独立性外，从事集体项目的青少年竞技运动员，在其余 9 项非智力因素方面，均优于从事个人项目的青少年竞技运动员（运动焦虑正相反），并且两者之间存在极显著或非常显著的差异。笔者认为主要原因有以下几点：一是处在青少年时期的运动员除仍具有儿童的某些特点之外，开始渴望满足自身独立需要和喜爱模拟成人之间的交往形式，对同龄人之间的交往需求开始超过其他的需求，喜爱群体活动是他们的天性。而集体项目就为他们自然天性的满足和共同目标的实现提供了条件。二是从事集体项目训练和竞赛的青少年运动员，在集体中，通过共同训练和竞赛的磨炼，他们可以得到需要的满足并获得一种安全感和认同感，并且为保持自己在运动集体中的地位和已获得的独立体验,他们总是高度重视运动集体的利益,严格遵从集体的准则和教练的要求,并接受运动集体期望的价值观念。三是从观察访谈中也了解到,集体项目教练员大多深受运动员多方面的信任,具有较高的权威性,运动员愿意接受教练员一致性的严格要求,使双方在思想上和行动上达到高度的一致性。四是竞技运动中的集体性项目,由于同质性强、相对小规模、队员之间互动机会多、竞技目标明确,另外,还有核心人物,如队长等主力队员在集体中具有重要的榜样作用,所以在教练的精心领导下,一般具有很强的群体凝聚力,成员满意度较高。五是外来的竞争会增强集体项目队员之间的价值认同,增强群体凝聚力、责任心和集体荣誉感等。

(四)体能主导类速度性项群山东省青少年不同等级竞技运动员非智力因素发展特点

1. 体能主导类速度性项群山东省青少年不同等级竞技运动员非智力因素发展特点的统计结果

对被调查的体能主导类速度性项群不同等级的山东省青少年竞技运动员在"山东省青少年竞技运动员非智力因素调查问卷"各分量表上的得分差异进行 T 检验,统计结果见表1-7:

表1-7 不同等级的青少年竞技运动员各种非智力因素发展水平比较

		AM	SE	SR	SP	AS	ES	SA	SC	SW	SI
一级 $N=69$	$\bar{X}$	2.2014	2.3125	2.3125	2.4514	2.4444	2.2778	2.0486	2.4236	2.4792	2.4028
	S	0.5743	0.6420	0.5729	0.5651	0.5767	0.6839	0.7510	0.6211	0.6027	0.5951
二级 $N=178$	$\bar{X}$	1.9904	2.2115	2.1824	2.2596	2.2500	2.0577	1.9808	2.1827	2.3365	2.2308
	S	0.6461	0.7060	0.6934	0.6826	0.6791	0.6510	0.7502	0.7209	0.7052	0.6111
	T	2.709	1.172	1.562	2.343	2.415	2.551	0.702	2.817	1.712	2.221
	P	0.007	0.101	0.120	0.018	0.010	0.011	0.483	0.005	0.880	0.270
	显著性	**			*	*	*		**		

说明:*** 表示差异极显著($P<0.001$),** 表示差异非常显著($P<0.01$),* 表示差异比较显著($P<0.05$),无星号者表示差异不显著($P>0.05$)。

据表1-7,体能主导类速度性项群不同等级的山东省青少年竞技运动员有如下特点：①在成就动机、注意稳定性和运动自信心方面，一级运动员的发展水平高于二级运动员，差异非常显著（$P<0.01$）；②在运动坚持性和情绪稳定性方面，一级运动员的发展水平高于二级运动员，差异比较显著（$P<0.05$）；③除运动焦虑外，在运动热情、运动责任心、运动好胜心和运动独立性方面，一级运动员的发展水平高于二级运动员，这五方面的差异均不显著（$P>0.05$）。

2. 对体能主导类速度性项群山东省青少年不同等级竞技运动员非智力因素发展特点的讨论

从与一线教练员和青少年竞技运动员的调查访谈中发现，该项群的这两个级别的运动员一般生活和训练在一起，外部环境没有差别，为赢得教练员、家长和队友的认可和赞扬，他们都能干劲十足地把全部精力倾注到艰苦的运动训练竞赛中。这两个级别的青少年竞技运动员都被教练员看作重点队员，并经常受到同样严格的人生观等方面的思想和职业理想教育，自我意识和独立意识明显增强，争强好胜，渴望表现自我。竞技体校的三集中特点，不仅需要而且也锻炼了他们的独立能力。这些原因是导致他们在运动热情、运动责任心、运动焦虑、运动好胜心和运动独立性方面，没有显著性差异的主要原因。运动员的竞技能力是体能、技能、战术能力和心理能力（包括非智力因素的发展水平）等诸多因素协调发展、高度整合的结果。由于生理和心理遗传方面的原因，通过多年的训练竞赛，一级青少年竞技运动员比二级青少年竞技运动员不仅竞技能力强而且得到的成功体验明显要多，作为运动员竞技能力重要组成部分的情绪调控能力、高度的注意力和顽强的拼搏精神等非智力因素都得到了相应的更好更多的锻炼。另外，由于一级青少年竞技运动员运动天赋高，运动成绩更好一些，较好的运动成绩也会反过来促使其运动自信心的进一步发展和抱负水平的进一步提高。这就是在成就动机、注意稳定性、运动自信心、运动坚持性和情绪稳定性方面，一级青少年竞技运动员与二级青少年竞技运动员之间形成非常显著和比较显著差异的主要原因。

(五)青少年竞技运动员非智力因素不同运动项群的作用等级判别

1. 研究青少年竞技运动员非智力因素不同运动项群作用等级的必要性

构成心理活动的智力因素和非智力因素在结构上是不同的。智力的结构特点是：在五大因素中，思维力是结构的核心，各个因素必然相互影响。也就是说，智力结构中的任何一个组成因素的水平，不仅会影响到整个智力的水平，而且会影响其他四个因素的水平。以思维力为例，它的水平高或低，则观察力、想象力、记忆力、注意力的水平都要受到相应的影响，整个智力的水平自然也要提高或降低。非智力因素的结构特点则与智力相反，即它没有一个因素作为结构的核心，各个因素不一定相互影响。以兴趣为例，它的水平高或低，动机、情感、意志和性格的水平不一定会产生相应的变化。从两者不同的结构模式可以看出，非智力因素各子因素间具有相对独立的关系，这就为了解和研究青少年竞技运动员非智力因素更进一步层次上各因素间的关系提供了理论依据。依田麦久教授对不同项群各竞技能力基础条件的作用研究可知，运动员的心理能力除在速度性项群、快速力量性项群和表现难美性项群中起重要作用外，在其余五大项群中均起决定性作用。按照燕国材教授等人的心理二分法可知，运动员的心理系统包括智力因素系统和非智力因素系统两个子系统，并且不论智力因素系统还是非智力因素系统都是非常复杂的，都包含诸多因素，作为构成心理能力重要成分的非智力因素，其作用也是相对于各项群而异。另外，从与一线教练员和青少年竞技运动员的个别访谈中了解到，心理训练问题是他们当今具体工作中非常关心的问题，也是他们时刻面对的难以操作的棘手问题。众所周知，理论研究的目的，最终是为了指导实践，解决实际问题，所以，在一定程度上，研究构成青少年竞技运动员心理能力的非智力因素系统与不同运动项群的关系具有重大的理论和现实意义。

2. 研究青少年竞技运动员非智力因素不同运动项群的作用等级的方法介绍及统计结果

首先,对以山东省为主的 200 余位一线教练员进行"关于青少年竞技运动员非智力因素的教练员调查问卷"的调查,经检查取得有效问卷 178 份。各项群被调查的教练员人数均不少于 15 人。按照决定性作用占 30%、重要作用占 40%和基础作用占 30%的比例进行人为划分,经统计,影响青少年竞技运动员竞技能力和竞赛成绩的 10 项具体非智力因素在八大项群中的作用结果,见表 1-8:

表 1-8 非智力因素不同运动项群的作用等级判别

项群 因素	体能主导				技能主导			
	速度性	快速力量性	耐力性	表现难美性	表现准确性	隔网对抗性	同场对抗性	格斗对抗性
成就动机	△	△	△	△	△	△	△	△
运动热情	△△	△△	△△△	△△	△△	△△	△△	△△
运动责任心	△△	△△	△△	△△	△△	△△	△△	△△
运动坚持性	△△△	△△	△△△	△△	△△	△△	△△	△△△
情绪稳定性	△△	△△	△△	△△△	△△△	△△△	△△△	△△△
注意稳定性	△△	△△	△△	△△△	△△△	△△△	△△△	△△
运动自信心	△△	△△	△△	△△	△△△	△△	△△	△△
运动好胜心	△△	△△	△△	△△	△△△	△△	△△	△△
运动焦虑	△	△	△	△	△	△	△	△
运动独立性	△△	△△	△△	△△	△△	△	△	△△

说明:△△△决定性作用　△△重要作用　△基础作用

3. 各项群青少年竞技运动员非智力因素特征分析

（1）体能主导类速度性项群青少年竞技运动员非智力因素特征分析

体能主导类速度性项群,在体能方面,要求运动员具有灵活性较高的神经过程、较强的心血管系统抗缺氧能力、出色的速度素质、良好的柔韧性和一般耐力。在技能和战术能力方面,要求运动员具有重心在水平方向上移动的平稳性和直线性、合理的节奏以及科学的分配运用体力的能力等。在智能方面,要求运动员有良好的感知觉能力和分析判断能力等。

从表 1-8 可以看出，体能主导类速度性项群，在非智力因素方面，情绪稳定性、注意稳定性和运动坚持性对青少年竞技运动员竞技能力和运动成绩起决定性作用。综合其他非智力因素的作用，该项群的青少年竞技运动员应具有顽强的拼搏精神、高度的注意力集中能力和情绪调控能力等。在训练和竞赛中，应努力养成行动果断、朴实率直、讲求实效的个性品质。

（2）体能主导类快速力量性项群青少年竞技运动员非智力因素特征分析

体能主导类快速力量性项群，在体能方面，要求运动员的神经系统兴奋过程占优势，磷酸原系统供能能力强，具有良好的协调性和柔韧性等。在技战术方面，要求运动员技术动作经济而实效，能够巧妙利用规则，努力实现参赛计划与争取首赛成功等。在智能方面，要求运动员具有一定的语言智商和操作智商，具备较高的分析问题和解决问题的能力等。从表 1-8 可以看出，体能主导类快速力量性项群，在非智力因素方面，运动好胜心、情绪稳定性和运动独立性对青少年竞技运动员竞技能力和运动成绩起决定性作用。综合其他非智力因素的作用，该项群的青少年运动员需要具有强烈的征服欲、高度的情绪状态的自控能力和出色的独立完成任务的能力等。

（3）体能主导类耐力性项群青少年竞技运动员非智力因素特征分析

体能主导类耐力性项群，在体能方面，要求运动员具有良好的能源物质存储能力、物质代谢功能和运动器官的运动功能，具有较好的最大速度、相对速度、专项耐力和相对耐力等素质。在技能方面，讲求动作技术的完善、经济和实效，具有出色的动作节奏感。在战术能力方面，据战术目的，应有创纪录战和夺取名次战之分；依所处位置，应有领先战术和跟随战术等区别；在智能方面，要求运动员有良好的分析判断能力和掌握一定专项理论知识等。从表 1-8 可以看出，体能主导类耐力性项群，在非智力因素方面，运动好胜心、运动坚持性和运动热情对青少年竞技运动员竞技能力和运动成绩起决定性作用。综合其他非智力因素的作用，该项群要求青少年运动员具有高度发展的忍受生理上和心理上极度疲劳的能力,最大限度地动员体能的潜力,有以苦为乐的世界观和强烈的不服输性格等心理品质。

(4) 技能主导类表现难美性项群青少年竞技运动员非智力因素特征分析

技能主导类表现难美性项群,在体能方面,要求运动员在具有优美体形的基础上,神经过程有较高的均衡性和灵活性,视觉、听觉、触觉及本体感觉准确而灵活,有较好的柔韧性、力量和动作速度等。在技能与战术能力方面,要求运动员时空判断准确、身体姿态控制能力强、动作布局与编排合理等。在智能方面,要求运动员有丰富的想象力和分析判断能力等。从表1-8可以看出,技能主导类表现难美性项群,在非智力因素方面,运动独立性、运动自信心和情绪稳定性对青少年竞技运动员竞技能力和运动成绩起决定性作用。综合其他非智力因素的作用,该项群要求青少年运动员独立完成任务的能力强,具有较高的情绪调节能力和自信果敢等心理品质。

(5) 技能主导类表现准确性项群青少年竞技运动员非智力因素特征分析

技能主导类表现准确性项群,在体能方面,要求运动员具有良好的视觉和本体感觉能力,有耐力和平衡能力等。在技能方面,要求运动员有出色的动作稳定性和准确性等。在战术能力方面,由于比赛时相互干扰较少等原因,对运动员要求并不高。在智能方面,要求运动员具有良好的感知觉能力、思维能力、运动表现能力和丰富的基础理论与专项理论知识等。从表1-8可以看出,技能主导类表现准确性项群,在非智力因素方面,运动坚持性、注意稳定性和情绪稳定性对青少年竞技运动员竞技能力和运动成绩起决定性作用。综合其他非智力因素的作用,该项群要求青少年运动员具有顽强的意志品质,有出色的心理定向能力和情绪调控能力等心理品质。

(6) 技能主导类隔网对抗性项群青少年竞技运动员非智力因素特征分析

技能主导类隔网对抗性项群,在体能方面,要求运动员具有良好的移动速度、弹跳力、灵活性和专项速度耐力等。在技能和战术能力方面，要求运动员基本功扎实，具有独特的技术风格，注意个人战术和集体战术的结合。在智能方面，要求运动员有丰富的专业理论知识，注重战术创新和理论研究，有丰富的临场经验和灵活应变的能力等。从表1-8可以看出，技能主导类隔网对抗性项群，在非智力因素方面，运动责任心、情绪稳定性和运动好胜心对青少年竞技运动员竞技能力和运动成绩起决定性作用。综合其他非智力因素的作用，该项群要求青少年运动员面对失误就要失分的状况要有良好的敢斗意识，有较强的情绪自我调控能力和高度的集体荣誉感与责任感等心理品质。

(7) 技能主导类同场对抗性项群青少年竞技运动员非智力因素特征分析

技能主导类同场对抗性项群，在体能方面，要求运动员具有良好的力量、速度、柔韧性、反应和心肺功能，以满足快速、灵活、激烈对抗的比赛需要。在技能和战术能力方面，要求运动员技术熟练、准确、实用、全面又有特长，做到比赛阵形和比赛意识有机结合，整体攻防意识强以及个人、组合与全队战术协调发展。在智能方面，要求运动员有良好的观察记忆能力、思维能力和想象能力等。从表1-8可以看出，技能主导类同场对抗性项群，在非智力因素方面，运动责任心、运动坚持性和注意稳定性对青少年竞技运动员竞技能力和运动成绩起决定性作用。综合其他非智力因素的作用，该项群要求青少年运动员具有顽强的意志品质，高度的注意力集中能力和责任感等心理品质。

(8) 技能主导类格斗对抗性项群青少年竞技运动员非智力因素特征分析

技能主导类格斗对抗性项群，在体能方面，要求运动员不仅有较好的速度、力量、耐力和灵敏性，而且要求运动员有良好的触觉和较高的前庭分析器稳定性等。在技能方面，要求运动员技术全面、实用且有绝招。在战术能力方面，要求运动员有先发制人、真假结合和消耗战与游击战相结合等战术思想和技巧。在智能方面，要求运动员具有良好的理解力、记忆力和分析判断能力等。从表1-8可以看出，技能主导类格斗对抗性项群,在非智力因素方面,运动坚持性、注意稳定性和运动好胜心对青少年竞技运动员竞技能力和运动成绩起决定性作用。综合其他非智力因素的作用,该项群要求青少年运动员要有顽强的意志力、强烈的敢斗性、稳定的心态与高度的警惕注意能力等心理品质。

4. 对青少年竞技运动员非智力因素不同运动项群的作用等级判别的讨论

在调查访谈中,通过与广大一线教练员的商讨,他们普遍认为调查的10项非智力因素不仅重要而且在不同项目中所起作用也有差别,例如,表现准确性项群教练员对青少年竞技运动员的情绪稳定性和注意稳定性的重要性表现出高度的一致性看法,而格斗对抗性项群的教练员对青少年竞技运动员的运动好胜心的重要性具有一致性看法,技能主导类集体性项目项群即同场对抗和隔网对抗两项群的教练员对青少年竞技运动员的运动责任心的重要性具有一致性看法。表1-8的实证调查结果,不仅进一步证明了田麦久教授关于心理能力在不同项群中具有不同作用的观点,而且具有帮助一线教练员克服心理训练难以操作的困难的参考价值,使心理训练重点突出,针对性和有效性更强。从非智力因素整体的角度,从表1-8可以看出,从事不同运动项目执教的一线教练员,对影响青少年竞技运动员竞技能力和运动成绩的10项具体非智力因素有一些共同认识。各项群教练员普遍认为:在青少年竞技运动员的成长过程中,运动焦虑、成就动机两因素起基础性作用,应常抓不懈;运动坚持性、注意稳定性、情绪稳定性和运动好胜心四因素起决定性作用,至少起重要作用,是制胜因素之一。另外,隔网对抗和同场对抗两项群的教练员比较重视运动责任心,快速力量性项群和表现难美性项群的教练员比较重视运动独立性,耐力性项群的教练员认为运动热情起决定性作用。广大教练员之所以在青少年竞技运动员非智力因素问题上有比较集中的看法,一是广大一线教练员有较丰富的实际工作体验,对与非智力因素有关的问题认识较深。二是由非智力因素在竞技体育中的功能决定的。在青少年竞技运动员的竞技能力系统中,非智力因素系统的功能不同于智能系统、体能系统、技能系统和战术能力系统,它是竞技能力系统中的一个起动力、定向、引导、维持、调节、强化功能的"动力-调节"子系统。三是不同项群对运动员在体能特征、技术特征、战术特征和智能特征等方面有较大的要求差异。四是特殊群体——青少年竞技运动员在兴趣爱好、运动天赋、生活环境等方面有许多相似之处。五是青少年竞技运动员的非智力因素系统具有非衡结构,其中几项因素的高度发展在一定范围内可以弥补其他因素的不足,并使其总体非智力因素水平保持在特定水平上。

第四节　对山东省青少年竞技运动员非智力因素发展现状提高对策的研究

根据对山东省青少年竞技运动员非智力因素发展现状的调查分析,不难看出,山东省青少年竞技运动员非智力因素发展呈现出复杂而不均衡的状况,如:在年龄阶段上,随训练年限的增长发展水平有下降趋势;在个人项目和集体项目上,表现出发展水平的较大差别等。另外,通过对教练员的调查访谈发现,由于没有从理论上真正认清非智力因素的意义、本质、结构和培养模式,所以对青少年竞技运动员非智力因素的培养工作还比较薄弱。为了充分利用青少年竞技运动员这一宝贵的人力资源,多出人才,出好人才,针对教练员在非智力因素培养问题上存在的盲目性和肤浅性,从理论的角度,提出以下几方面的提高对策。

一、充分认识影响青少年竞技运动员非智力因素的重要因素

非智力因素是一个外延甚为广泛的概念,故在探讨影响其发展的因素时,便很难按照各种具体的非智力因素各有哪些影响因素进行分析。下面主要是以青少年竞技运动员生活的不同领域为线索来进行描述。

1. 遗传因素

遗传因素是任何心理特质产生和发展的物质前提,因此,它对青少

年竞技运动员非智力因素的产生和发展有一定的影响。教练员在对青少年竞技运动员进行非智力因素培养时,就应适当考虑他们各自不同的高级神经活动类型、体貌特征、气质、性别等遗传素质。另外,需特别强调的一点是,遗传素质对青少年竞技运动员的影响在很大程度上还是与社会因素相互作用而产生的。归根到底,对青少年竞技运动员非智力因素的发展起决定作用的是后天的影响因素。

2. 家庭因素

从个体发展的角度来讲,这一时期的青少年竞技运动员对独立性、坚持性、自尊心、责任感、自信心、好胜心等方面的培养和发展要求十分迫切。他们正处在从儿童时的幼稚走向成熟,从依赖走向独立,各种非智力因素初步定型,开始逐步成长为一个完全的社会人的新的飞跃时期。由于竞技体校具有"三集中"的特点,这就要求绝大多数青少年竞技运动员不得不离开家庭,早早开始自己独立的职业竞技生涯。虽然家庭因素不再像对儿童的非智力因素发展那样具有较大作用,由教练员为主导的运动集体开始对他们的影响上升到第一位,但家庭对青少年竞技运动员非智力因素的发展仍有其他因素所不可替代的作用。主要体现在两方面:一是家庭氛围。家庭氛围是指一定时期内家庭成员相互间及家庭与外界间的较为稳定的处事态度及交往风格。一个民主、和谐、宽松的家庭氛围将为青少年竞技运动员自尊心、自制性、自信心的形成与发展起良好作用,并进而为其他非智力因素的形成和发展提供条件。二是家庭成员(主要指父母)的非智力因素品质。家庭成员的非智力因素品质对青少年竞技运动员非智力因素的形成和发展能产生潜移默化的影响。如果家长有较好的非智力因素,其孩子非智力因素的发展一般也较好。因此,青少年竞技运动员的家长不仅应意识到这个问题,而且应从现在做起、从自身做起,从家庭角度支持孩子的竞技事业,真正起到家长好榜样作用。

3. 人际交往因素

每个社会人各种非智力因素发展的前提条件就是必须进行人际交往。对于青少年竞技运动员来讲,他们最主要的交往是与队友、教练和家长之间的交往。在青少年竞技运动员队友交往问题上,应特别关注他们的两种交往:一是法定的运动集体成员之间的交往(如运动队),二是自发群体成员之间的交往。前者有明确的计划、任务、目标等,对培养他们的集体荣誉感、责任感、成就动机等非智力因素起重要作用。后者一般不具有明确的目的和任务,也容易形成一种向心力和凝聚力,对他们运动自信心、运动好胜心、运动独立性和情绪稳定性等非智力因素的形成和发展具有重要作用。教练和管理人员不仅应重视法定群体的作用,而且应充分认识到独特的亚群体文化的作用,并对青少年竞技运动员进行正确引导。在教练员与青少年竞技运动员的交往问题上,教练员已成为他们最重要的交往对象。青少年竞技运动员的自我意识、独立意识提高很快,他们希望在训练、生活中能平等地与教练员进行交往,尽管他们并不完全具备这种水平,但教练员充分尊重他们的这种愿望是对其各项非智力因素的发展施加影响的关键。在运动训练过程中,有些教练员往往态度强硬,实施高压政策等。这些不适当做法对青少年竞技运动员正在逐步走向定型的许多非智力因素,如运动自信心、运动好胜心、运动独立性和情绪稳定性等的发展非常不利,最好的方法应是以平等的态度对他们提出要求。在与他们的朝夕相处中,教练员不仅可以通过具体训练内容和训练方式方法有意识地培养他们的各种非智力因素,而且也更应注意从自身做起,在非智力因素诸方面给他们树立一个良好的榜样。

4. 个体的认知因素

青少年竞技运动员的各种非智力因素并非孤立于智力因素和其他竞技能力因素而单独存在,它们之间彼此作用,有着互动的关系。就与智力因素的关系而言,青少年竞技运动员的各种非智力因素是在智力因素的基础上产生的,如教练员对运动员进行的目的性教育可以激发训练动机,通过归因找出成败的原因以提高自信等,智力因素会以各种途径对非智力因素产生影响。因为教练员的任何要求,只有内化为青少年竞技运动员自身的主观需要后,才会对其行为发生作用,所以,在日常的训练、竞赛中,教练员应让青少年竞技运动员明确和端正对非智力因素的内涵、作用和意义的认识,这种认识会极大地促进他们非智力因素的发展。另外,他们对自身的评价客观与否以及对自身需求的明确程度都直接关系到各种内外影响因素能否真正内化为个体的心理品质及内化的程度。总之,教练员不仅应重视青少年竞技运动员的认知因素在他们非智力因素发展方面所起的前提性作用,而且应重视帮助青少年竞技运动员对自我作出客观评价,帮助他们更深刻、更明确地意识到对非智力因素的需求,激发他们更高涨的热情,培养和发展自己的非智力因素。

5. 青春期因素

青春期的青少年竞技运动员将经历人生最动荡的变化,将在心理上完成从一个依附者向一个独立的完全的社会人的转变,就非智力因素而言,他们将迎来发展的高速期。处在青春期的青少年竞技运动员主要呈现以下几个特点:一是容易同教练、文化课老师和家长等成人之间产生矛盾与隔阂。因为处在这一时期的青少年竞技运动员与其他青少年一样,对于获得像成人那样的地位与意志上的独立性有着十分强烈的要求,遗憾的是,在实际生活中,他们又往往被排斥和遭到干预。另外还有一个重要原因是成人的言行不一与不良的社会风气。因此,无论教练还是父母或文化课老师等,对热情、可爱、朴实而纯真的青少年竞技运动员应抱以一种宽容和理解的态度,并在某种程度上满足他们这种渴望独立和尊重的需求,以身教而不是以言教为他们树立一个好的榜样。如果这样,他们由此引发的热情将是巨大的,这会成为他们生活和运动训练竞赛的强大动力,从而全面促进其各种非智力因素的发展和提高。二是他们对同龄自发群体的重视与需要。处在青春期的青少年竞技运动员对同龄人之间的交往需求开始超过其他的交往需求,为此,他们会依据自身好恶自发形成大大小小的群体。在这种群体中,其成员往往得到需要的满足并获得一种安全感和认同感。他们也总是高度重视这种群体并按照群体的利益和准则行事,接受群体期望的价值体系。在青少年竞技运动员的日常生活中,教练等成人应注意尊重和正确引导这类群体所具有的与成人相异的价值体系,以平等的朋友身份提出自己的看法和建议,并充分认识到这种同龄人之间的交往是他们非智力因素发展的重要途径,是其他交往所不能替代的。三是对自身的关注和榜样的转移。处在青春期的青少年竞技运动员，无论从生理上还是从心理上都在发生着巨大而深刻的变化。他们不仅特别关注自身的身体变化，而且开始自觉不自觉地按照自己所认定的成人标准评价自己，高度重视自己在别人心目中的形象。在他们这段特殊的成长过程中，父母被视为权威和偶像的形象开始破灭，取而代之的是教练和队友。从此，他们将为自己获得独立人格和为实际得到独立而在事业等各方面刻苦努力，进行不懈的追求和探索。青少年竞技运动员正处在人生最多彩的季节，也是非智力因素发展与成型的关键期。教练员应正确引导，化危机为机遇，抓住机遇积极培养、正确引导他们各种非智力因素的发展。

6. 文化知识学习因素

在调查访谈中发现，青少年竞技运动员的文化课学习存在许多问题，譬如：文化课老师抱怨没有适合于他们的教材；有些教练员存在短视行为，认为运动员只要把成绩提上去就行，文化知识的学习不重要，更有甚者支持运动员做出了与文化课老师的要求背道而驰的事情，遇到竞赛随便停课的现象非常普遍。总之，青少年竞技运动员的文化知识学习和训练竞赛之间存在突出的矛盾。众所周知，各运动项目对运动员的智力水平有不同的要求，在高水平运动员的竞技比赛中，更容易发现他们优异的思辨能力、观察能力和想象能力等。无可否认，充分的文化知识学习对促进青少年竞技运动员智力水平的发展具有重要作用。由智力因素与非智力因素的关系可知，运动员智力水平的高度发展将会对他们非智力因素的发展起到促进作用。在调查访谈中还发现，凡是竞技体育搞得好的地区，他们对青少年竞技运动员的文化知识学习也格外重视。总之，教练应主动配合文化课教师抓好运动员的文化知识学习，想方设法提高他们的智力水平，以促进他们非智力因素和竞技能力的更高发展。

7. 社会氛围因素

社会对青少年竞技运动员非智力因素的影响，主要通过体貌特征、性别和社会文化传统几方面发生作用。体貌特征虽然不对青少年竞技运动员的非智力因素产生直接的影响，但会通过社会对他们的不同态度间接影响他们非智力因素的发展。只不过这种影响是积极的还是消极的要取决于他们自己如何看待这种影响,即社会态度最终还要通过自我意识才能起作用。这就需要教练员注意这方面的问题,予以正确引导。虽然性别本身不会对青少年竞技运动员非智力因素的发展产生影响,但自出生之日起,他们就陆续受到来自家庭、学校及其他社会环境方面不同的要求、训练和期望,他们的先天生理之别,被深深打上社会影响的烙印。这种社会影响必然造成不同性别的青少年竞技运动员非智力因素发展的差异。不同的社会文化传统对青少年竞技运动员非智力因素发展的作用也不同。比如中华文化特别是儒学将有利于培养青少年竞技运动员的坚持性、责任感、成就动机、荣誉感等非智力因素,而不利于他们的自信心、独立性等的培养,如有的学者提出了中国运动员的弱竞技性现象。广大教练员应充分认识这一现象,努力克服我们文化传统中的不利因素,发掘有利因素,促进青少年竞技运动员非智力因素的发展。

二、遵循培养青少年竞技运动员非智力因素的重要原则

1. 主体性原则

这里的主体性原则是指在培养青少年竞技运动员非智力因素过程中要尊重运动员的主体地位,注意调动运动员的自觉性与积极性。运动员自己是非智力因素发展的主体,内部矛盾是非智力因素发展的动力,外部或内部影响必须通过主体"自己运动"才能起作用。当代青少年竞技运动员,由于自我意识的不断增强,渴望别人尊重他们的意志与人格,任何轻视他们人格的言行都会引起他们强有力的心理抗拒。在调查访谈中发现,有为数不少的教练员,家长制作风严重。这样就严重损害了运动员的主体地位,限制了运动员主体作用的发挥。为了有效贯彻主体性原则,教练员应切实注意以下三点:必须相信、尊重、理解、关心和爱护每一个青少年竞技运动员,时刻注意发展他们每个人的创造力和个性;必须发现他们每个人所具有的人的价值(即地位和作用);从人本主义观点来看,必须发掘和发挥每一个青少年竞技运动员具有的所有竞技

潜能。

2. 发展性原则

发展青少年竞技运动员的心理能力（包括智力因素和非智力因素）是运动训练和竞赛的一项重要任务，也是衡量运动训练和竞赛效果的一项重要标准。根据苏联心理学家维果茨基提出的"最近发展区"理论可知，青少年竞技运动员的心理机能存在两种水平：现有发展水平和正在成熟又尚未成熟的心理机能发展水平。因此，只就非智力因素而言，教练员要发展青少年竞技运动员的非智力因素，就必须首先了解他们非智力因素发展的现有水平（即第一发展水平）和"最近发展区"（即第二发展水平）。然后把非智力因素的培养内容定位在"最近发展区"（即第二发展水平）上，不断实现由第一发展水平向第二发展水平的转变。只有这样才能真正注意青少年竞技运动员各项非智力因素发展的连续性和阶段性，把促进各项非智力因素发展的量变和质变的转变落到实处。要有效贯彻发展性原则，教练员应注意两点：一是在青少年竞技运动员非智力因素问题上切忌持形而上学的僵化看法。二是在明确非智力因素发展要求的基础上，做到对运动员的要求必须适当高于他们现有的非智力因素发展水平。

3. 激励性原则

根据心理学的观点，无论智力因素还是非智力因素都具有一定的潜力，都处于静态之中。所以，教练员应采取种种有效的激励手段，使青少年竞技运动员的非智力因素、智力因素的作用发挥出来，让两者积极地参加到运动训练和竞赛中，从而由静态转化为动态。教练员要有效贯彻非智力因素发展的激励性原则，应注意做到以下几点：一是以激发青少年竞技运动员的训练和竞赛的动机为中心。因为对任何人来讲，从事任何活动，总是从一定的动机出发，并指向一定的目标。二是注意引导青少年竞技运动员的自我激励和他人激励的有机结合。三是注意物质激励和精神激励的有机结合。就这一点，在现实中，存在不能两手抓的问题，如现在过分强调物质激励，轻视精神激励的作用。如果一味地搞物质激励，将不利于青少年竞技运动员非智力因素的顺利发展。因此，还要注意巧用各种激励手段,发挥各种激励手段的综合效应,促使青少年竞技运动员精神境界的提升。

4. 协同性原则

协同合作与矛盾斗争一样,是客观世界赖以存在和发展的内部动力,协同效应使得系统"整体大于部分之和"得以成立。众所周知,青少年竞技运动员的竞技能力系统是由运动知识系统、体能系统、技能系统、战术能力系统和心理能力系统(包括智力系统和非智力因素系统)等系统组成的。由此可以看出,运动员的竞技系统要发展就必须做到各系统要素的高度协同发展。实践也告诉我们,这些系统要素如果不能得到协调发展,要不断提高各项竞技能力并在竞赛中取得理想成绩是很难的。从调查访谈中了解到,许多一线教练员凭经验办事,过分看重青少年竞技运动员的天赋,在训练和竞赛中,一味追求发展运动员的体能、技能和战术能力,而无视或忽视对运动员的智力训练和非智力因素训练,没有真正做到促使运动员各项竞技能力的协同发展。教练员要有效贯彻协同性原则,应注意以下两点:一是在发展运动员体能、技能、战术能力的同时,对非智力因素在运动员竞技能力中的地位和作用应有充分的认识,并给予足够的重视,不忽视不无视。二是有非智力因素可以超前发展的意识,通过运动员非智力因素的优先发展,促进其他竞技能力的发展。

5. 成功性原则

由于竞技运动所追求目标的单一性和竞争的残酷性,青少年竞技运动员都要经受大量的成功与失败,同时体验由此产生的不同情绪,并且这种情绪体验都有一种循环效应。青少年竞技运动员的成功对于其非智力因素的发展具有激励作用,这是不以人的意志为转移的。为了青少年竞技运动员非智力因素发展水平的不断提高,教练员应让他们不断看到自己的进步、不断获得更多愉快满足的情绪体验,从而达成一种良性循环效应。要有效贯彻成功性原则,教练员应注意做到三点:一是根据每个运动员的能力提出要求,所提要求经过他们的艰苦努力是可以达到的。二是因材施训,帮助他们确定适宜的训练竞赛目标,让他们都能发现自己的进步、体验成功的快乐。三是要注意引导和帮助青少年竞技运动员正确对待成功与失败。

6. 根据青少年竞技运动员特点和运动专项特点寻找突破口的原则

青少年竞技运动员非智力因素的培养就是要充分发挥他们非智力因素范畴中的强项,弥补弱项,使之协调发展。也就是说,在非智力因素培养过程中也要注意"因材施教"。为了青少年竞技运动员非智力因素的协调发展,教练员应注意在整体观点的指导下,根据他们的特点和项目特点抓主要矛盾,分层次、分阶段地培养。如从训练年限的角度看,训练年限短的青少年竞技运动员非智力因素的培养要以成就动机和竞技兴趣为突破口;从性别的角度看,教练员更要注意对女运动员的情绪调控;从竞技项目的角度看,表现准确性项群对运动员的注意稳定性和情绪稳定性要求较高,教练员应常抓不懈;与集体项目的青少年竞技运动员相比,教练员应注意对个人项目的青少年竞技运动员非智力因素水平的全面提高。

三、合理利用培养青少年竞技运动员非智力因素的有效方法

培养青少年竞技运动员非智力因素的基本方法应是"启发-发现法"。从教练员的角度说,就是启发法;从青少年竞技运动员的角度说,就是发现法。根据内因和外因的辩证关系,在培养青少年竞技运动员非智力因素的过程中,这两种方法必须有机结合,即青少年竞技运动员的发现一定要在教练员的启发诱导下进行,教练员的启发一定要在青少年竞技运动员的发现需求下采用。只有这样才能收到好的效果。具体的方法有以下几条:

1. 说服法

在青少年竞技运动员非智力因素的培养过程中,说服教育是工作的基础。不论进行哪一种非智力因素的培养,教练员应首先向青少年竞技运动员说明培养该种非智力因素的作用和意义。当然,说服的形式可以是多种多样的,至于采取哪种形式,要视所要培养的非智力因素的性质、

青少年竞技运动员的特点(如年龄和智力水平等)和运动项目的特点等具体情况而定。

2. 自我教育法

让青少年竞技运动员学会自我教育,有助于提高他们完善自身非智力因素的主动性。教练员可以引导他们采用以下三种自我教育的方法:一是自我反省,二是自我认识与自我评价,三是自我调节。

3. 创设环境法

环境包括青少年竞技运动员的生活环境、训练环境、比赛环境等硬环境和群体气氛等软环境。不论是硬环境还是软环境,都是运动员动机和行为的一个重要决定因素。由于各种有利或不利的环境因素都会对青少年竞技运动员非智力因素的发展产生巨大影响,教练员应有意识地创设必要的各种适合他们特点的两种环境锻炼他们,让他们学会正视现实、敢于面对各种困难,在环境的适应和积极改造中,培养相应的非智力因素。

4. 心理辅导法

心理辅导就是要根据实际需要对青少年竞技运动员进行以下几方面的教育:开设适合青少年竞技运动员特点的心理学常识课和心理健康教育方面的知识讲座,让他们了解一些相关的心理知识,初步掌握一定的心理学规律和心理调控方法等;对有心理障碍或心理承受能力弱的青少年竞技运动员进行专门的心理辅导或训练指导;向青少年竞技运动员讲授建立良好人际关系的方法等。

第二章

运动非智力因素的内涵与特征

任何人不可能在任何情景下都表现得聪明得体。在不同情景之中,包括运动情景在内的特殊情景对人的心理有着特殊的需求和影响。正如现代体育心理学越来越强调研究心理问题时必须紧密结合体育运动的实际需求,充分考虑体育领域的特殊性。鉴于此,为更好地培养运动员的运动非智力因素,提高训练成效和发展运动员的综合竞技能力,以下针对运动员的运动非智力因素的基本性质、特点、功能以及具体运动非智力因素的内涵与基本特征等问题进行系统阐述。

第一节 运动非智力因素的基本性质、特点和功能

一、运动非智力因素的基本性质

根据我国非智力因素理论,运动员的任何运动训练竞赛活动都是以运动员相应的内隐的心理活动为基础。在具体的运动训练竞赛活动中,不仅存在运动员的认知活动,也存在意向活动,并且两者是辩证的互动关系,见图2-1。

图 2-1 运动训练竞赛活动与运动员心理活动的关系

在运动训练竞赛活动中,运动员需要发挥自己的运动兴趣、运动需要、运动动机、运动情感、运动意志等心理因素来有效应对和处理训练竞赛中的各种事物,这反映在运动员的心理上就是意向活动。这些意向在运动员长期的运动训练竞赛过程中就会逐步稳定下来形成一系列稳定的心理特点,这些在运动员意向活动中所形成的心理因素总称为运动非智力因素。要深入理解运动非智力因素的基本性质,还需要明确以下三点:①运动非智力因素不属于运动智力活动范畴;②除参与制约运动智力活动的心理因素以外,不参与运动智力活动、对运动智力活动不产生影响的心理因素都属于运动非智力因素范畴;③运动非智力因素参与运动智力活动固然能发挥作用,不参与具体运动智力活动也能独立发挥作用。另外,有必要从系统论的角度来全面把握运动非智力因素的外延问题。根据我国非智力因素理论,如果把运动非智力因素看作第一层次的话,那么,运动非智力因素系统的亚层次即第二层次则包括运动动机、运动兴趣、运动情感、运动意志和运动性格五大因素。根据运动实践,处在第二层次的五大因素的概括性还是很强,不便于实际操作和具体培养。因此,还可以继续划分为由若干具体运动非智力因素构成的第三层次。从这一层次上看,这些具体因素有运动兴趣、运动成就动机、运动自信心、运动热情、运动自制性等,不胜枚举。

二、运动非智力因素的特点

为加深对运动非智力因素性质的理解,有必要阐述运动非智力因素的特点。从与运动智力区别的角度看,运动非智力因素具有以下特点:①意向性。据图 2-1,运动非智力因素属于意向活动范畴,是运动训练竞赛活动中运动员的种种意向活动所形成的运动非智力因素的综合。运动非智力因素就是运动员在运动训练竞赛活动中选择、适应与改造运动情境的意识倾向的表现,它决定运动员在运动训练竞赛活动中"一事当前是肯干还是不肯干"。而运动智力因素则决定运动员"一事当前是能干还是不能干"。②习得性。运动非智力因素虽然也有一定的先天基础,但它主要是运动员在后天的运动实践当中逐步习得的。与此相对应,运动智力因素则具有遗传性,即它是由遗传得来的。一般来讲,一个运动员运动智力是超常、中常还是低常,是由先天决定的,后天的作用在于开发其运动智力,而不可能把低常运动智力的运动员培养成超常运动智力。③聚合性。根据我国非智力因素理论,运动非智力因素是运动员运动智力因素以外的所有心理因素的结合,这些心理因素是聚合性的而非结构性的。运动非智力因素不是在众多心理因素中以某一种心理因素为核心而组成一个完整的统一结构,而是诸心理因素机械地聚合为运动非智力因素,它们独自发挥着各自的独特作用,彼此之间也不存在明显的相互制约。而运动智力因素则是以运动思维力为核心构成完整的统一结构,各因素之间明显地存在"一损俱损,一荣俱荣"的关系。④波动性。根据运动实践,各种运动非智力因素不论在质的方面,还是在量的方面都不是很稳定,有时高,有时低,有时作用大,有时作用小。正因为运动非智力因素具有很大的波动性,所以它是比较难测量的。而运动智力则正好相反,它是相当稳定的。也正因为运动智力是比较稳定的,所以它是可以测量的。⑤积极性。没有任何心理活动的东西是无积极性可言的,所谓积极性指的就是心理的积极性。根据我国非智力因素理论,运动非智力因素具有动力、定向、引导、维持、调控和强化等功能,所以它有积极性。而运动智力则没有这些功能,所以运动智力没有积极性。因为运动智力没有积极性,而运动非智力因素有积极性,所以,要发挥运动员的运动智力的作用必须从调动运动非智力因素入手,排斥运动非智力因素的积极性而直接去调动运动智力的积极性,只能是缘木求鱼。⑥适度性。根据运动经验,在运动训练竞赛活动中,只要把运动员的运动非智力因素的积极性调动起来,就能对运动训练竞赛活动产生效果和影响。但必须注意的是,运动非智力因素的积极性和运动效果之间的正比例的关系,即积极性越高,运动效果就越大,并不是无条件的;而是只有当运动非智力因素处于适度水平时,其与运动效果的关系才会呈现正比例的关系。而运动智力则不然,一般来讲,运动员的运动智力的作用调动得越好,运动成效就越好。这种现象也可称为运动智力因素的非适度性。

三、运动非智力因素的功能

根据我国非智力因素理论,运动非智力因素具有以下几方面的功能:①动力功能。毫无疑问,运动训练竞赛活动需要运动员有运动的动机,成为推动运动员进行这种或那种运动的动力。一般地说,这种由运动非智力因素转化而来的运动动机,其动力作用较大,维持的时间也较长。根据经验,运动非智力因素中的荣誉感、自信心、兴趣、好胜心、责任感等都可称为推动运动员进行运动训练竞赛活动的动力。②定向功能。所谓定向就是确定方向、规划目的。以往不少人都认为是认识来确定人们的活动目的,其实不然。运动实践表明,运动员的认识能为运动目的打下初步基础,但还不能使运动目的固定化,必须借助运动非智力因素才行。比如,一个对乒乓球运动有非常痴迷的热情,或对射击运动有浓厚兴趣的运动员就会把练习乒乓球或射击争取优异运动成绩作为追求的运动训练目的。③引导功能。任何运动训练竞赛活动要想取得好的运动成效,运动员只有动机和目的还不行,还需要有一个从运动动机走向运动目的的问题,这一问题的解决依靠的就是运动非智力因素的引导功能。如运动兴趣、运动自信心、运动责任心、运动荣誉感等运动非智力因素都能完成这一使命任务。④维持功能。在具体的运动训练竞赛活动中,从运动动机出发,以运动目的为终点,都需要一个心理历程。在这个过程中,运动员是知难而进,还是知难而退,都有赖于运动非智力因素的作用的发挥。所谓维持作用,就是借助运动非智力因素使运动员的具体运动训练竞赛活动得以坚持,指导运动训练任务完成,达到运动目的为止。⑤调控功能。运动训练竞赛活动是典型的运动成就情景,经常使运动员处于喜悦与痛苦、精力充沛与情绪低落、自信与悲观等内心冲突之中。面对这些不可避免的矛盾就需要运动员运动非智力因素的积极参与,并对之进行有效干预、调控。⑥强化功能。根据运动经验,运动非智力因素的积极参与可以提高运动员处于低谷的心理或生理能量,从而使其保持旺盛的精力、昂扬的斗志和不断进取的拼搏精神。但必须注意,对于运动员不能一味地进行强化训练,应具体问题具体分析。虽然超负荷的训练或竞赛是必要的,但是在运动员极度疲劳的情况下,就不能一味"强化"。大量的事实表明,一个具有良好运动非智力因素的运动员,一般不易产生疲劳,尤其是心理疲劳,即使产生了疲劳,也易于把它消除掉。

第二节 具体运动非智力因素的内涵与基本特征

以上是从运动非智力因素系统的整体层面来剖析其性质、特点和功能,为更好地在运动训练竞赛实践中把握、运用和培养运动非智力因素,还需要从第三层次的诸多非智力因素入手做进一步的深入分析。在此,仅对前期研究所确定的对运动训练竞赛活动有重要影响的10项具体运动非智力因素的内涵和特点等问题进行系统阐述。

一、运动成就动机的内涵及其与目的、成就需要的关系

(一)运动成就动机的内涵

运动成就动机是指一个运动员在运动训练竞赛活动中对自己认为重要或有价值的活动,不但愿意去做,而且能达到完美地步的一种内在推动力量。运动成就动机是由运动员的成就需要转化而来的一种运动

训练竞赛动机。要正确理解运动成就动机还应深刻理解"动机"的基本内涵。现在有不少论述动机的文章或著作都把它定义为——激励人们进行某种活动的内在原因或内部动力。这一界定只是就"推动活动"这一点来说明动机的性质,应当说具有片面性。张春兴教授给动机下的定义:"所谓动机(motivation)是指引起个体活动,维持已引起的活动,并导使该种活动朝向某一目标进行的一种内在历程。"笔者认为,这个定义较全面阐述了动机的性质:第一,动机是人们从事某种活动的原因,是推动人们从事某种活动的内部动力,这是动机性质的一个侧面;第二,动机把某种活动引起之后,不会立即停止,会继续发挥它的功能;第三,动机是一种"内在历程""中间变量",不能直接观察,只能通过一个人当时所处情境及其行为表现予以解释。人们参与不同的实践活动会有不同性质的活动动机。如学生参与学习活动的动机就是学习动机,运动员面对运动成就情境会有运动成就动机等。这里讨论的运动成就动机是一种专指运动员的特定运动情境条件下的动机,它自然也包含以上三层涵义。

(二)运动成就动机与目的的关系

要进行某种活动,一般来说,人们总是先有一定的动机,并指向一定的目的。包括成就动机在内。动机是活动的原因,它表明一个人为什么去从事某种活动。目的是人们从事某种活动所追求的结果,它表明一个人为了什么去从事某种活动。人的各种活动一般都是有头有尾,有出发点和归宿,动机和目的的关系就分别表示了人的活动的这两端。在日常的实践活动中,人们往往把动机与目的混为一谈,其实,两者既有联系又有区别。首先,动机与目的具有不可分割的关系,有动机必有与之相伴的目的,反之亦然;第二,动机与目的有时又几乎是一致的,这主要体现在一些简单的活动之中;第三,动机与目的可以相互转化;最后,动机与目的的关系,就像原因与结果的关系一样,是错综复杂的关系。实践证明,人们从事某些活动时动机可能只有一个,但可能有若干个阶段性的目的,反之亦然。另外,事实也证明,在同一个人或不同的人身上,即使是同样的动机也可以体现在不同目的的活动之中。同样,在同一活动目的的情况之下,也可以源自不同的动机驱使。了解动机和目的这两个心理因素之间的这种复杂关系,我们就可深入、全面认识在具体的运动训练竞赛情境中运动员的运动成就动机与运动目的的关系。

(三)运动成就动机与成就需要的关系

为加深对运动成就动机的认识,还应掌握成就动机与成就需要之间的关系。当运动员面对某种运动成就情境时,为克服困难,发挥自己的竞技能力,会产生力求尽快尽好地解决所面临难题的心理需要。这种心理需要是运动员力求成功、敢于成功的动机和害怕失败、避免失败的成就需要两种成分的动态整合。在具体的运动训练竞赛情境中,运动员的成就需要和成就动机可表现为以下四种基本情况,见图2-2:

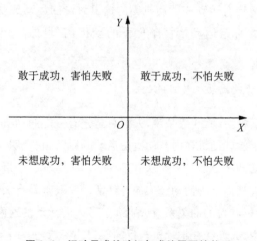

图2-2 运动员成就动机与成就需要的关系

据图2-2,第一象限的运动员特别想成功,成就需求强度大,同时不怕失败;第二象限的运动员特别想成功,同时怕失败,成就需求小;第三象限的运动员追求成功的想法不强烈,同时还惧怕失败,成就需求小;第四象限的运动员追求成功的想法不强烈,但成就需求强度大,同时也不害怕失败。由此可见,运动员的运动成就动机和运动成就需要之间也是非常复杂的关系。

二、运动兴趣的内涵与基本特征

(一) 运动兴趣的内涵

运动兴趣是指在运动训练竞赛活动中运动员基于自己对某一训练或比赛活动的需要、愿望或情感而表现出的一定的趋向性和选择性。运动兴趣一般与运动员对运动专项的肯定性情绪相联系。

(二) 运动兴趣的基本特征

运动兴趣属于运动员的意向过程,是意识倾向性的表现,是运动员的意识对一定客体(事物或活动)的内在趋向性和内在选择性的表现。运动兴趣的内在选择性和内在趋向性具有不可分割的关系:一方面,运动员在选择的基础上确定趋向;另一方面,运动员也可以在趋向的过程中加以选择。内在选择性和内在趋向性是运动兴趣的两个基本特征。另外,运动员的运动兴趣也遵循兴趣发展的一般过程,一般也要经历"有趣—乐趣—志趣"这样几个演进环节。感觉运动有趣是运动员运动兴趣发展过程的第一阶段,具有为时短暂性、盲目性和广泛性等特点。乐趣是运动兴趣发展的第二阶段,是在有趣基础上定向发展的中级阶段,这个阶段的基本特点是基本定向、时间较长、带有专一性和坚持性。志趣是运动兴趣发展的高级阶段,是运动员的运动兴趣与崇高的运动理想和远大的奋斗目标的结合,其基本特征具有社会性、自觉性和方向性。

三、运动热情的内涵与基本特点

(一) 运动热情的内涵

运动热情是指运动员对运动训练竞赛活动所表现出的一种比较热烈、稳定而深厚的情感状态。运动热情是运动员在运动兴趣的基础上产生的,但它是一种比运动兴趣更为固定、更为持久的情感。要正确理解运动热情,笔者认为,还需要深入探讨人们对情感概念的一般看法。在我国的心理学著作中,一般把情感定义为人们对客观事物的态度的体验。在这个概念中由于用了态度与体验这两个术语,显得晦涩难懂。个人比较赞同燕国材教授等人的观点,由于情感同情绪、性格、意志等一样,也属于人的意向过程,是人的意识倾向性的表现。因此,情感就是由一定的客观事物所引起的意识的波动性和感染性。从一个人的情感发生、发展和形成的过程来看,是由情绪发展到情感,再发展到情操。情绪、情感和情操是广义的情感的三种表现形式。①情绪。情绪是一种较低级、简单的情感。它一般与人的生理需要或物质需要相联系,但也有与社会需要或精神需要相联系的。一般来讲,情绪的持续时间比较短暂,外部表现明显,通常以激情和心境两种形式来表现。激情也就是人们通常所说的激动或冲动,它发生迅速、表现强烈,是持续时间较短暂的一种爆发式的情绪。从性质的角度看,激情既可以是积极的,也可以是消极的。心境即人们通常所说的心情,它是一种比较持久、微弱平静、弥漫式扩散的情绪状态。心境与激情一样也有积极与消极之分。②情感。情感(狭义的)是一种比较高级、复杂的情感(广义的)。它一般与人的社会或精神需要相联系,其持续时间比较长,外部表现一般不明显。情感通常以迷恋与热情两种形式来表现。在日常生活中,人们有时会热烈地追求这一件事,有时又热烈地渴望另一件事,这就是迷恋的表现。迷恋不够稳定,与人的基本生活目标一般没有本质的联系。而热情却是一种比较强烈、稳定而深厚的情感状态。根据经验,迷恋和热情也都有积极与消极的两面性。③情操。情操是一种更加高级、更加复杂的情感,它一般与人的社会需要相联系、具有更大的社会意义,是一种最深厚、最稳固、最坚定的高级社会情感,它反映一个人的精神世界和个性。

(二)运动热情的基本特点

在运动训练竞赛情境中,运动员的运动热情,一般具有如下几个特点:①情境性。运动员的运动热情总与一定的运动情境相联系,情境改变了运动热情自然改变,甚至消失;一旦情境再现,相应的运动热情也可以重新点燃。②感染性。依心理学,以情动情就是指情感的感染性。如教练员对运动训练工作的高度热情,在一定程度上,就能调动运动员训练与竞赛的兴趣和热情。③外显性。在运动训练竞赛情境中,运动员所表现出的运动热情总可以通过自己的语言、身体行为和面部表情等表现出来。④波动性。运动热情是运动员在运动训练竞赛情境中所表现出的一种心理的波动状态。在这种状态下,不仅运动员的心理处于波动状态,而且与之相联系的生理方面也会处于波动状态。⑤扩散性。在一定条件下,运动员的某种运动热情可以自行传播或弥散到别人身上。它显然具有四种形式——向内扩散(向自身扩散,使自己的整个心理和行为在一定时间内都笼罩上一定程度的感情色彩);向外扩散(自身的热情传播、弥漫到别人身上);时间扩散(在一定时间段不消失)和空间扩散(弥漫到许多人或物上)。

四、运动情绪稳定性的内涵及其与运动效率的关系

(一)运动情绪稳定性的内涵

运动情绪稳定性是指在运动训练竞赛活动中,运动员的情绪状态受外界或内部条件变化而产生波动的情况。

(二)运动情绪稳定性与运动效率的关系

在运动训练竞赛情境中,运动员必然会产生一定的运动情绪状态,而这些不同性质的情绪,又可引起运动员机体相应的激奋水平或生理反应,并对运动训练或竞赛的效果产生影响。根据 Yerkes and Dodson 定律,面对不同难度的训练竞赛任务,运动员的运动效率与其兴奋水平有关:运动效率先随兴奋水平的升高而提高,达到最佳水平后,又随兴奋水平的升高而下降,即运动效率在适中的兴奋水平下最高,但这种适中的

兴奋水平,当进行简单运动时应偏高,进行复杂运动时应偏低,见图 2-3:

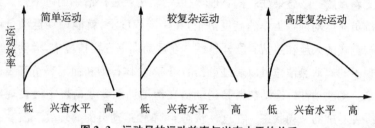

图 2-3　运动员的运动效率与兴奋水平的关系

据图 2-3,像举重和游泳这样一些技术较简单的体能项目,在进行训练或竞赛活动时,应注意充分调动运动员的情绪水平,激发其具有较高的激奋水平。而对于技术复杂、战术变化多、心理作用明显的一些技能类竞技项目,如乒乓球和射击项目则应注意调低运动员的情绪,严格控制他们的激奋水平,不能过高,也不能过低,具有适度的情绪稳定性水平才好。笔者认为,在具体的运动训练竞赛实践中,应根据运动项目和运动员个人的特点,有针对性地积极调控运动员的情绪水平,以良好的运动情绪稳定性促进运动训练竞赛活动的成效。

五、运动荣誉感的内涵与基本特征

(一)运动荣誉感的内涵

运动荣誉感是指运动员在运动训练竞赛活动中追求光荣声誉的一种情绪体验。《辞海》对"荣誉"的解释:"个体或团体由于出色地履行义务而获得的公认的赞许和奖励,以及与之相应的主观上的肯定感受,是客观评价和主观感受的统一。在不同的社会或阶级中有不同的内容和表现形式。"对于什么是荣誉感,库利(C. H. Cooley)称为"求荣誉"的心理,托马斯(W. L. Thomas)称为"求荣誉"的愿望,燕国材教授等人认为荣誉感就是人们追求光荣声誉的一种情绪体验。对于肩负特殊使命的竞技运动员来讲,他们的荣誉感就是运动荣誉感,就是运动员在运动训练竞赛活动中追求光荣声誉和自我实现的一种情绪体验。

(二)运动荣誉感的基本特征

运动荣誉感这种情感实质上反映了运动员个人与运动集体、小运动集体与大运动集体之间的关系。一个运动员受到其所在运动集体的承认、重视或赞许,他就会感到愉悦和自豪;如果受到运动集体的疏远、批评,甚至排斥,就会感到苦闷和内疚。一般地说,运动员总是渴望创造优异的运动成绩、表现出令人赞赏的竞技行为,以赢得所在运动集体的肯定和尊重,获得集体给予的荣誉。同时,运动员也总是盼望自己所在的运动集体,比别人的运动集体更优秀,受到社会和他人的称赞、仰慕等。根据运动实践,运动员的运动荣誉感可以有两种形式:一是个人荣誉感,它是运动员只关心个人在运动小集体中的地位;二是集体荣誉感,它是运动员关心本集体在更大的集体中的地位,并且自觉、主动地把个人的运动成绩与所在运动集体联系起来。在运动训练竞赛实践活动中,应当引导和教育运动员既要重视个人的运动荣誉感,也要重视集体的运动荣誉感,把两者有机统一起来。坦诚地讲,过去在很长的一段时间内我们只强调集体荣誉感,把个人荣誉感作为个人主义来批判,这显然是错误的,因为集体荣誉感和个人荣誉感是紧密联系在一起的。当然,我们也不要抹杀集体荣誉感的意义和价值。很多事实表明,如果运动员因荣誉而沾沾自喜,不能保持冷静头脑,影响自己进步和发展,被荣誉所累的现象也不鲜见。从一定意义上讲,运动荣誉感是运动员在与自己的虚荣心不断冲突中形成和巩固起来的。所谓虚荣心就是满足于虚假的荣誉或沽名钓誉,或自欺欺人,它是荣誉感的扭曲和不正常发展。为了培养运动员形成真正的运动荣誉感就必须杜绝虚荣心。培根说:"名誉有如江河,它所漂起的常是轻浮之物,而不是确有分量的实体。"如果我们的每一位运动员对荣誉都有如此的认识,那他一定不会泛起个人虚荣心。

六、运动毅力的内涵与基本特征

(一)运动毅力的内涵

运动毅力是指运动员在运动训练竞赛过程中保持充沛精力,不屈不挠地克服困难,坚决完成任务,努力实现自己运动训练竞赛目标的一种意志品质。马克思指出,人离开动物愈远愈带有经过思考的、有计划地向着一定的和事先知道的目标前进的特征。因此,人们在从事各种实践活动时,并不是像动物那样消极被动地顺应环境,成为自然的奴隶,而是积极主动地改造世界,成为社会的主人。对于运动员来讲,为了提高自己的竞技能力,追求训练活动的"双效",运动员在运动过程中不仅要做到高度集中注意力,抵制、排除影响训练的一切不利因素,而且还要忍受超负荷训练给自己机体带来的巨大不适,不折不扣地完成训练任务。这就是一个运动员预先设计训练目标,根据训练目标组织、支配、调节训练行为,克服种种困难最后实现目标的过程。

(二)运动毅力的基本特征

根据运动实践,具有顽强运动毅力的运动员,一般具有这样一些特征:①对自己的运动生涯有坚定的信念,并执着追求;由于自己的理想、信念的坚定与自信,在日常的运动竞技生涯过程中会一贯表现出方方面面的高度自觉性,主动发挥自己的能动性应对各种事情,努力把各种事情做好。②不怕困难,并千方百计地追求进步。运动员的运动毅力在运动训练竞赛中会表现出坚韧的"坚持性"。一个具有坚韧意志力的运动员绝不会因一时的成功而骄傲,也不会因一时的失败而气馁。而一个缺乏运动毅力的运动员在运动训练竞赛实践中往往会表现出某种"执拗性"或"动摇性"行为。另外,具有良好运动毅力的运动员在具体的运动训练竞赛活动中,也会表现出思维和行动方面的种种"果断性"。③善于总结运动训练与竞赛方面的经验与教训。具有良好运动毅力的运动员深知自己竞技能力的发展是一个长期的、复杂的过程，对于日常的、各个训练环节的积极把控马虎不得，会以训练日记或与教练谈心等形式不断总结自己的各种体会与收获，寻求各种训练问题的有效解决。

七、运动自制性的内涵与基本特点

（一）运动自制性的内涵

运动自制性（或自制力）是指一个运动员在运动训练竞赛活动中善于控制自己的情绪和思维，约束自己的言行的一种宝贵的意志品质。苏联《普通心理学》中把自制力定义为——自制力就是善于使不合愿望但很强烈的动机服从自己；能够抑制住妨碍达到目的的心理现象和生理现象所表现出来的个性意志特征，称为自制力或自持力。自制力的这两个定义对于我们正确把握运动员的运动自制性颇有借鉴意义。运动员自制性的发展与变化，从内部看，主要依赖于运动员自我意识与内抑制机制的发展与增强；从外部看，是在他制的基础上，依他制为转移的；从过程上看，大致可划分为四个阶段——他制阶段、他制与自制相结合阶段、内心自制阶段和形成自制习惯阶段。

（二）运动自制性的基本特点

在运动训练竞赛活动中，运动员绝不可能随心所欲，完全自由，必须遵从诸多运动训练与竞赛的客观规律和规则。这就要求运动员必须克制自己，以适应运动训练竞赛活动的需求。同时，为了达到或实现自己一定的运动训练或竞赛目标，必须能够抵制来自外界或内在的种种干扰和诱惑，所有这些品质都是一个竞技运动员意志自制性的表现。综合起来看，一个具有自制性的运动员，在运动训练竞赛实践活动中，可主要表现出以下几个特点：①善于迫使自己执行已经采取的决定，并能战胜与执行自己的决定相冲突的一切因素；②善于在行动中抑制自己的消极情绪和冲动行为,并能适时地调节自己的思想和行动,表现出良好的灵活性和机智;③在集体利益和个人利益面前,能够牺牲个人利益,以集体利益为重;④在成功面前,不骄傲自满,在失败面前,不灰心丧气,能再接再厉。而一个缺乏自制性的运动员,则表现出放纵自己、悲观失望、随波逐流、不负责任等不良运动行为。

八、运动责任心的内涵及其影响因素

(一) 运动责任心的内涵

运动责任心是指一个运动员对其所属运动团队的共同活动、行为规范以及自己所肩负的运动训练竞赛任务的一种自觉态度。运动员的责任心包括对自己责任的认识、自己的责任感和自己的负责行为。在运动训练竞赛活动中,一个运动员总是要参加一定的运动集体的共同活动,维护运动集体的行为规范,承担一定的运动训练竞赛任务,而且还要对这种共同活动、行为规范和训练竞赛任务,采取自觉的态度和积极的行动,认真负责,努力完成。

(二) 运动责任心的影响因素

运动责任心的发展、变化依赖于许多因素和条件,主要有:①依赖于运动员对运动训练竞赛任务的理解程度。一般来说,如果运动员对自己应当完成的运动训练竞赛任务的重要性和必要性有充分的认识,那就容易养成积极的责任心,反之,就很难养成责任心。因此,培养运动员的运动责任心需要从让他们重视自己所负责任的认识上着手。②依赖于运动员所具有的完成某种运动训练竞赛任务的竞技能力水平。根据实践经验,如果一个运动员有足够的竞技能力完成某种活动任务,那他就容易形成相应的运动责任心,反之,就很难形成什么责任心。从这个角度讲,运动责任心是随运动员竞技能力水平的发展变化而发展变化的。③依赖于能否预见运动训练和竞赛行为的后果。如果一个运动员对自己的某种运动训练或竞赛行为的结果有较高的预见性,那么,他在运动训练或竞赛活动中表现的责任心水平就越高,反之,就越低。④依赖于运动员是否敢于对自己的运动训练竞赛行为后果承担责任。如果一个运动员,对自己的运动训练或竞赛行为的后果敢于承担责任,就表明他有责任心。

九、运动自信心的内涵与基本特征

（一）运动自信心的内涵

运动自信心是指运动员对自己的竞技能力或运动能力的确信,深信自己一定能够实现或达到自己追求的运动目标。如"我行""我有把握"和"我能"等都是运动员具有自信心的写照。

（二）运动自信心的基本特征

在运动训练竞赛活动中,具有自信心的运动员往往表现出以下特征:①所定运动目标比较具体且切合实际。具有自信心的运动员总是根据自己的竞技能力水平,定出经过自己一定的艰苦努力才可以实现的运动训练竞赛目标。不论是长期的还是短期的目标,一般都比较具体。②对自己的竞技能力有着比较准确的估计。具有自信心的运动员从不盲目地相信自己的能力,总是把自己的自信建立在对自己竞技能力的正确认识基础之上。③喜欢完成有一定难度的运动训练竞赛任务。具有自信心的运动员也总是喜欢探索新的东西,挑战有一定难度的训练与竞赛任务。④有更高的运动抱负水平。在实践中,我们也会发现,充满自信的运动员总是朝气蓬勃,乐观向上,精力充沛,不满足自己目前的运动成就,渴望承担和冲击一个又一个新的运动训练竞赛任务。⑤具有谦虚、谨慎的品质。一个具有自信心的运动员,能够深刻认识到"人外有人、天外有天"的道理,总会表现出谦虚谨慎、勤学苦练的运动态度和行为。实践证明,运动员良好的运动自信心有助于提高运动训练竞赛的效果,但是,我们也应注意识别运动员在自信心方面所表现出的复杂情况,也就是要注意识别运动员不良的运动自信心包括自信心不足和虚假自信心两种情况。运动员的自信心可用一连续体表示,见图2-4:

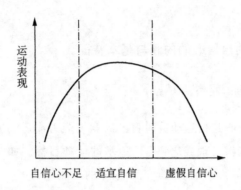

图2-4 运动员运动自信心水平与运动表现的关系

在具体的运动训练竞赛活动中,每个运动员的自信心水平都与特定的运动表现具有一定的对应关系。据图2-4,运动员的运动自信心不足和虚假自信心都不能满足运动员比赛的需要,运动训练与竞赛所需要的是适宜的运动自信心。由此,为更好地组织训练和竞赛活动,还需深刻认识运动员虚假自信心的一般特征:①运动员表现为缺乏自知之明,会把以前偶然获得的成功当作自己的真实水平,有时也会把教练和别人对他的提醒看作是小瞧他。②把以前获胜的经历看作是下次比赛的预期,赛前往往心存侥幸,赛前准备不认真,总相信幸运的天平能够再次向自己倾斜。③赛前心高气盛,心态不稳,但是一旦遇到挫折,便可能惊慌失措,变得情绪低落、不理智。④赛前往往过度兴奋,但比赛一开始便技术动作僵硬走样,会从一个极端走向另一个极端,甚至会鲁莽地放弃努力等。

十、运动好胜心的内涵与基本特征

（一）运动好胜心的内涵

运动好胜心是指一个运动员在运动训练竞赛活动中表现出的不满足现状、力争取得更大运动成绩、力求不断超越自己,超越他人的一种运动性格特征。一个运动员的好胜心是与其自信心和自尊心紧密地联系在一起的。只有当一个运动员认为自己有价值,也为社会作了贡献,别人应该平等地对待自己,尊重自己,并相信自己具有一定的能力和品德时才可能有好胜心。

（二）运动好胜心的基本特征

具有好胜心的运动员,一般具有以下几个特征:①不满足于现状。好胜心强的运动员,善于寻找自己心目中的榜样,善于发现自己的优点和缺点,善于自我动员和激励,自我监督,不安心于现有运动成就。②力求超越他人。具有好胜心的运动员总是渴望战胜一切对手,尤其在被别人小瞧时,会表现得更为强烈。③总希望不断超越自己。有好胜心的运动员不愿"吃老本",会认为过去的成绩只代表过去,从"零"开始新的拼搏是他们的一贯思路,总是力求做到今天的我要比昨天的我好,明天的我要比今天的我更强。

第三章

PIN 结合运动训练理论概述

第一节 PIN 结合运动训练理论的提出

从历史发展的角度看,我国竞技体育各项目基本上都走过片面发展运动员体力和技战术的道路,直到现在,某些项目还没有赶上世界先进水平。究其原因,我们认为主要症结有三:①对运动训练过程的本质缺乏足够的认识,②对各竞技运动项目的性质把握不准,③与体力相比运动员的心理能力发展不足。经过对我国运动训练实践和理论的分析思考我们认为出现这些问题的主要原因在于我们运动训练理论的陈旧和思想观念的落后。从本质上讲,运动训练是一种具有更高要求的特殊教育,自然我们的运动训练理论体系也需要引进非智力因素理论。坦诚地讲,我们之所以心理训练水平不高很重要的一个原因就在于没有一种行之有效的、可操作性强的包含心理训练系统内容的运动训练理论做指导。我们相信非智力因素理论的创立和引进必将进一步丰富和完善我们的运动训练理论体系成为对运动员进行科学化心理训练的指南。运动训练理论主要是针对为何练、练什么、怎样练、练多少,即训练目标、训练内容、训练组织等重大问题而进行,所以我们提出的 PIN 结合运动训练理论的基本内容主要有:①表达公式及理论假设,②竞技能力系统的理论构架,③科学基础,④训练原则,⑤训练模式,⑥训练策略六个方面。

PIN结合运动训练理论体现了和谐发展、以人为本等现代人文思想,吸收了系统论、观察学习理论和动机理论等的精神内核。

第二节 PIN结合运动训练理论的基本内涵

一、PIN结合运动训练理论的表达公式

PIN结合运动训练理论认为运动员的成功可以用公式:$A = f(P, I, N)$来表示。A代表运动员的成功,英文单词为:Athlete achievement;P代表运动员的身体能力即体力(或体能),英文单词为:Physical ability;I代表运动员的智力,英文单词为:Intelligence;N代表运动员的非智力,英文单词为:Non-intelligence。理论假设为:在其他条件相同的情况下,运动员的成功(即运动员内在竞技能力的不断提高)取决于运动员体力(P)、智力(I)和非智力(N)三项因素。这里所说的"其他条件"是指运动员训练竞赛过程中的外部客观条件。

二、PIN结合运动训练理论的科学基础

(一)运动员的综合竞技能力是其身心协调发展的产物

现在通用的《运动训练学》教科书指出,运动员竞技能力系统包括体能、技能、战术能力、心理能力和运动智能等。对此,我们有三点不同看法。一是将运动员心理能力和运动智能并列不够科学。《运动训练学》教科书所提的"心理能力"基本上指的是非智力因素;而"运动智能"则基本上等同于智力因素。根据心理学二分法,运动员心理能力由智力因素和非智力因素两大系列构成;另外根据系统论观点,不同层次的子因素不能并列。也就是说,运动员心理能力不应仅指运动员的非智力,而且

也应包含运动员的智力。二是"运动智能"不规范。"非智力因素"一词已被《辞海》收入,而"智能"却未作为词条收录于《辞海》之中,况且用"智能"来描述运动员是否恰当尚值得商榷。三是运动训练过程的本质就是不断发展运动员体力(P)、智力(I)、非智力(N)的过程。依心理学观点,从本质上讲,一切训练竞赛活动都是建立在心理活动的基础上,运动员各项竞技能力的发展与提高都是其身心共同参与的结果,没有运动员P、I和N三因素的积极参与,运动训练和竞赛不可想象。就运动员的技战术而言,技战术的学习与掌握离不开P、I、N三因素,但技术与战术一旦形成,运动员随后所面临的将是继续发展提高运动员的P、I、N三因素的问题。到目前为止,P、I、N三因素都是可以通过测验或调查等手段予以估计或量化的,故可以用公式来描述这三个变量对于运动训练过程的意义,并表示运动员的成功。

(二)发展运动员体力既是运动训练的重要任务与目的,又是手段和途径

依运动训练学观点,运动员的体力包括:身体形态、身体机能和身体素质。运动员这三方面因素的发展水平,在特定的时间和场合综合地表现为体力的状况与水平。虽然这三方面的因素具有各自的特点和相对独立的作用,但它们彼此之间既密切联系又相互制约,其中任何一个因素的水平都会影响到运动员体力的整体水平。不论体能主导类还是技能主导类项群的运动员,体力都是其综合竞技能力的重要组成部分,是运动训练的主要内容之一。

(三)智力是影响训练竞赛活动的重要的基本因素

依心理学观点,智力是运动员训练竞赛活动的执行操作系统,它的基本功能是认识功能。运动员的智力具有低级和高级两种形式。其中两类低级形式的主要作用在于搜集和获得训练竞赛信息,所获信息只有通过运动员的各种高级智力形式做进一步的加工处理才能为运动员所用。高级智力形式构成运动员的心理结构,其中思维力是核心,各因素

之间相辅相成。运动员的体力、非智力和技战术能力的发展均离不开运动员智力的积极参与。从运动训练的内容来讲,主要内容之一就是发展运动员的技术能力和战术能力。综合心理学和训练学观点,运动员要掌握某种运动技术,必须首先在头脑中形成一定的智力技能,然后通过具体身体练习的反复检验与强化,才能最终形成条件反射。

(四)非智力是影响训练竞赛活动的基本因素

非智力因素是人们在改造世界的意向活动中逐渐形成的一些稳定的心理特点。从有利于提高训练效果的角度看,运动员的非智力因素包括动机、兴趣、情感、意志和性格等五大因素。非智力因素构成运动员的心理条件。运动员的非智力因素对于训练竞赛活动的作用是间接的,必须通过以下四方面的"中介"因素:①通过促进运动员智力的实现和发挥来影响训练竞赛活动,②通过控制运动员某些不良的主观因素来影响训练竞赛活动,③通过克服某些消极的客观条件的限制影响训练竞赛活动,④通过调节、挖掘和弥补运动员体力、智力等方面的潜力影响训练竞赛的质量和效果。

(五)运动员体力、智力和非智力三因素彼此互动,共同影响训练竞赛活动

古罗马谚语云:健康的精神寓于健康的体魄。从一般意义上说,人的心理素质依赖于生理素质,而从更为具体意义的方面讲,则是生理素质的质量水平直接影响到心理素质的质量水平。所以要有效发展运动员智力和非智力,就必须高度重视发展运动员的体力。

三、PIN结合运动训练理论的基本训练原则

运动训练原则是针对一定的训练目的而制定的指导运动训练活动的基本要求,它介于理论和方法之间。PIN结合运动训练理论认为,现代运动训练必须遵循以下六项原则:①主体性原则。教练员和运动员的

关系是构成运动训练过程的主要关系。根据马克思主义的观点:"内因是根据,外因是条件,外因通过内因而起作用。"运动员是运动训练过程的唯一主体,故PIN结合运动训练理论提出主体性训练原则。这一原则的基本含义就是要尊重运动员的主体地位,发挥运动员的主体作用,调动运动员P、I、N三因素的积极性。在具体的训练实践中,越是基层越存在不能很好地贯彻这一原则的现象。通过调查发现很多教练员官僚主义作风严重,具体表现在:不尊重运动员的感受,不注重发挥运动员的创造性,急功近利等。②发展性原则。根据维果茨基的"最近发展区"理论,运动训练应将训练和发展结合起来。对于运动员的P、I、N三因素应做到在发展中训练,在训练中追求发展。遵循这一原则最根本的一点就是切实追求P、I、N三因素的最佳组合训练效应,用运动员的P、I和N是否获得了有效发展作为评估训练效果的重要标准。③协同性原则。PIN结合运动训练理论认为,运动员不仅应保持P、I和N内部因素的协调统一,而且必须保持P、I和N内部因素与外部环境的协调统一。就内部因素的协调发展讲,我们的训练实践较普遍地存在不能协调发展运动员P、I、N三因素的现象;所谓追求内部因素和外部因素的协调发展,就是要注重创设和谐、融洽、团结、合作的训练气氛,建立相互尊重、理解、关心、信任的人际关系,因为良好的训练环境和人际关系是搞好训练竞赛的首要条件。④创造性原则。PIN结合运动训练理论认为,每个运动员都有一定的创造潜能,只要创设一定的条件,他们的创造力就会得到相应的培养和提高。从根本上讲,训练竞赛离不开运动员创造能力的运用与发挥。心理学研究与实践证明,运动员的创造力既与智力有关,更与非智力有关。训练竞赛活动复杂而富于变化,如疲劳的消除、能量的储备、技术的改进、战术的培养等都需要充分发挥运动员的创造力。要有效贯彻创造性原则,关键是把运动员的创造力培养与发展运动员P、I和N三因素辩证地统一于日常训练实践。⑤成功性原则。PIN结合运动训练理论认为,经过精心选材而从事运动训练的运动员都具有一定的运动潜能,通过长期的科学化训练能够发展到一定竞技水平,并获得一定成功。要有效贯彻成功性原则就应深信每一个运动员都有一定的运动潜能,想方设法为运动员的成功创造条件,坚决克服体力决定论、天赋论和技术决定论等错误思想,坚定不移地坚持 PIN 结合的运动训练。⑥激励性原则。众所周知,影响运动训练的因素可归结为内因和外因两大系列。训练竞赛的根本目的就在于把外部的客体因素转化为内部的主体因素。

四、PIN 结合运动训练理论的训练模式

(一)理论基础

PIN 结合运动训练模式主要以以下观点为理论基础:①运动员的体力和智力是影响其训练竞赛活动的直接因素,而非智力因素是间接因素。②体力构成运动员的物质条件系统,智力构成运动员的执行—操作系统,非智力构成动力—调节系统。体力是运动员进行训练竞赛活动的物质基础和重要手段,而智力是运动员的心理结构,非智力因素是运动员的心理条件。③运动训练过程由运动员的感知、理解、习练、运用等环节构成,这四个环节实质上包含了运动员心理结构的诸因素。可以说,运动员的心理结构就是运动训练过程的心理结构。④没有非智力因素的参与,训练活动无法进行。因为训练活动是运动员有目的的行为活动,更是一种强动机、强意志的行为过程。⑤运动员的体力和智力是没有积极性的,而非智力才有积极性。因为积极性是与生命物质的心理水平相联系的,它不是心理活动一般作用的表现,而是动力、定向、引导、维持、调节和强化等功能的表现,智力与体力不具备这些功能,只有非智力才具有这些功能。⑥智力指导运动员体力的增强、分配和非智力的发挥,非智力主导运动员体力和智力的运用,体力影响运动员智力的操作和非智力的调节活动。⑦体力、智力和非智力在运动员不同的训练阶段对其运动成绩都具有重要影响,这三因素均可以通过一系列有效的训练活动进行培养。⑧运动员的技术能力和战术能力等竞技能力都是体力、智力和非智力共同作用的产物,运动训练过程是一个协调增强运动员体

力、发展运动员智力和培养运动员非智力的长期过程。

（二）目标体系

运动训练的目标体系是运动训练模式的核心，它具有导向的作用。目标有总体目标和具体目标。为了达到一个总体目标，在不同的训练阶段应具有不同的具体目标，而且各目标之间有一定的层次结构，并构成一个完整的目标体系。从总体上讲，PIN结合运动训练理论的总体目标是：发展体力、智力和非智力三者兼顾，密切配合协调统一。不论处在什么阶段的运动员都应根据本阶段和自己的特点而高度重视体力的发展，因为体力是运动训练的重要基础因素，也是重要的制胜因素，对于青少年和体能主导类项群运动员尤其如此。在高效发展运动员体力的同时，也要高度重视发展运动员的智力。智力包括一般性知识、专业理论知识和各种高级与低级形式的具体智力，其中应以发展运动员的思维力为核心。

（三）训练方法

任何一种运动训练模式都有相应的训练方法。PIN结合运动训练理论认为，《运动训练学》关于运动训练的方法介绍很多，均可以运用，但对这些众多训练方法的选择、运用必须在追求运动员P、I、N三因素协调发展思想指导下进行，从属于运动员特殊时期、阶段特点和训练目标。这就冲破了过去传统的发展体力、技术或战术等思想认识的范畴。

（四）操作程序

操作程序是运动训练模式的关键环节。任何一种训练模式都有相对固定的操作程序。PIN结合运动训练模式的操作程序，就是运动训练方法和步骤的进一步结构化、程序化，以便运动员操作。我们认为这一训练模式的操作程序应包含以下几个步骤：①营造良好的运动训练气氛。②确立训练目标。运动员应根据自己已有的发展水平和客观可能性等，来确定每一次训练活动的内容和标准。在确立运动训练目标时，应注意处理好两对关系:即总体目标和具体目标的关系;具体目标和现有水平的关系。③运用各种有效激励手段。由于运动训练极其艰巨复杂,因此应充分引导运动员自我激励和他人激励有机结合。④习练、质疑和反馈密切结合。运动训练目的任务的实现离不开身体的适度练习。在练习中出现的体力、智力和非智力问题,运动员应善于留意发现,并寻求解决。至于反馈就是为了让运动员及时了解训练效果。

五、PIN结合运动训练理论的训练策略

自20世纪50年代美国心理学家布鲁纳提出认知策略后,关于学习策略问题的研究曾在我国教育心理学界引起一场热烈的争论。从本质上讲,运动训练也是一种教育,并且是一种特殊的教育心理活动,自然对于运动训练的策略问题也应进行深入细致的研究。运动训练策略是指为达到某种训练目的与目标而对运动训练的步骤、方法和技巧等所做的优化组合。PIN结合运动训练理论认为,因为P、I、N三因素既是运动训练的手段和途径,又是运动训练所追求的目标与任务,所以针对P、I、N三因素在运动训练过程中的地位与作用,可把运动训练策略划分为三个层次。①一般运动训练策略。其特征与对运动训练的态度和动机有关。②宏观运动训练策略。其特征有:高度的概括性、随训练年限的增长而增长、随训练竞赛经验的积累而改进。③微观运动训练策略。其特征有:概括化程度较低、精细化程度较高、容易为运动员所掌握和运用;同有效的体力发展和技战术能力的提高技巧构成完整的运动训练体系。

(一)PIN结合运动训练策略的构成因素

PIN结合运动训练策略主要有五项因素:①理论指导。PIN结合运动训练策略,主张不仅要分别考虑到运动员P、I、N三因素的作用,还要注意考虑到P、I、N三因素的彼此关系和不同组合效应。②训练目标。从总体上说,PIN结合运动训练的目标就是倡导对运动理论知识的掌握,在互为条件的前提下,实现运动员P、I和N三因素的协调发展。在

制定和运用任何运动训练策略时，所提出的目标应符合难度适中、自我检查性强、具体目标和总体目标兼顾的要求。③训练步骤。因为发展运动员P、I、N三因素不可能一蹴而就，需要经历一个包含几个连续而又各具特色的阶段。所以在制定运动训练策略时，必须根据运动员具体的训练目标和各发展阶段特点以及个人特点，采取相应的步骤。训练步骤即训练程序，一般以训练计划的形式表现出来。④训练方法。运动训练方法的选择与运用、训练方法和手段如何组合匹配，是体现一个运动员训练策略水平高低的重要标准。需要强调的一点是，具体的训练方法仅是训练策略系统的一个方面，而不是全部。训练策略必须是多种训练方法的选择、运用与匹配，一种具体的训练方法不能称为训练策略。⑤意识调控。培养运动员良好的运动训练意识，对于制定与贯彻训练策略至关重要。在运动训练过程中，教练员和运动员都应高度重视意识问题，强调积极主动地发展运动员P、I、N三因素的自我意识的敏锐性与高度的警惕性。

（二）PIN结合运动训练策略的基本特点

PIN结合运动训练策略的基本特点有：①交互性。由于P、I、N三因素在运动训练过程中具有不同的重要地位和作用，所以任何运动训练策略的选择和使用，运动员都必须自觉地充分利用P、I、N三因素各自功能和彼此之间的关系。②针对性。运动员在使用这一策略时，不仅能够充分认识它的重要作用，自觉自愿地加以创造性应用，而且能够清楚地意识到操作的进程及其所取得的效果并及时加以反馈、分析与调节。③灵活性。因为运动训练过程是一项复杂的系统过程，所以必须根据P、I、N三因素的变化情况和不同类型的训练活动，灵活地选择训练的方法和步骤，采用不同的组合形式，而不必拘泥于较为固定的特定训练程式。④可操作性。PIN结合运动训练策略的可操作性主要体现在运动训练方法的选择和步骤的安排上。⑤精巧性。因为整体可以大于部分之和，所以，PIN结合运动训练策略要求运动员应按照具体的目的与要求，对运动训练的步骤、原则、方法、方式等进行精细而灵巧的组合。这样就更能打破固定运动训练模式保证取得最佳的训练效果。

(三) PIN 结合运动训练策略的主要形式

PIN 结合运动训练策略有三种表现形式。①智力操作策略。智力操作策略是以智力因素对运动训练起直接作用为依据的。运动员在运动训练过程中的智力有两种基本表现形式：一是低级形式，包括感觉能力和知觉能力；二是高级形式，包括观察力、记忆力、注意力、思维力和想象力等心理因素。因此，运动训练活动中的智力操作策略可划分为：感觉策略、知觉策略、注意策略、记忆策略、观察策略、思维策略和想象策略等具体形式。这些策略又可以根据其性质与运用方法等再进行细分。按思维类型区分则有：求同思维策略、求异思维策略、再造思维策略、创造思维策略等；按思维的方法区分可有：分析策略、综合策略、抽象策略、概括策略、比较策略、系统化策略等。②非智力调控策略。非智力调控策略建立在非智力因素对运动训练活动起间接作用的基础上。非智力因素系统主要有动机、兴趣、情感、意志和性格等五项基本因素。经实证调查和逻辑分析与优秀运动员关系密切的具体非智力因素主要有：运动成就动机、运动兴趣、运动情绪稳定性、运动焦虑、运动好胜心、运动责任心、运动独立性、运动自信心、运动坚持性、运动注意稳定性 10 项因素。这些非智力因素具体地表现为五种训练态度：即愿练、好练、乐练、勤练和独立训练等。动机、兴趣、情感、意志和性格分别是这五种训练活动的心理基础。因此，也就相应地可划分为愿练策略、好练策略、乐练策略、勤练策略和独立训练策略。从心理基础的角度看，这五种非智力因素调控策略具有递进关系，即愿练是好练的基础，好练又是乐练的基础，依次类推，独立训练是运动训练活动的最高层次，让运动员养成独立训练的态度、能力和习惯，乃是运动训练活动所追求的最高境界和最终目的。③体力、智力、非智力匹配互动策略。实践证明，在 P、I、N 三因素问题上，搞"单打一"不会取得好的训练效果，更不会取得最终成功。遵循整体大于部分之和的科学原理，实施体力、智力、非智力匹配互动策略，就是要根据具体的目的与要求，把属于体力、智力和非智力范畴的训练方法、步骤、原则等予以灵活与精巧搭配,追求运动训练成效的最大化。这种策略主要有两种形式:整体策略,即兼顾三因素的训练策略;重点策略,即在特定时间和阶段突出重点因素的训练策略。

第三节 提出 PIN 结合运动训练理论的重要意义

一、PIN 结合运动训练理论有助于丰富和完善我国运动训练的理论体系

随着我国非智力因素理论的日臻完善,及其在教改实践中巨大作用的日益显现,非智力因素理论已被越来越多的理论和实践工作者所认识和应用。由于运动训练是一种特殊的教育,所以我们也需要引入非智力因素的相关理论。从历史发展的角度看,我们所学习和运用的运动训练理论绝大部分是照搬苏联或西方的相关理论,即使在当今这种状况也无多大改变。在我国运动训练理论体系中,除田麦久创建的"运动项群"理论以外,几乎没有国产理论。这与我国是有悠悠五千年历史文明的大国极不相称。时代变迁,竞技体育突飞猛进,在当前形势下,越来越多的有识之士清醒地意识到我们运动训练观念的落后和寻求新的理论突破的迫切性。提出 PIN 结合运动训练理论的意义主要在于:①运用非智力因素理论独特的心理二分法思想,为运动员的心理训练提供了系统而完整的内容体系;②有利于提高心理训练的可操作性;③引入非智力因素,并把它同运动训练过程的体力和智力两项基本因素结合起来,这样就赋予了运动训练理论以特殊的性质和功能,使它具有了崭新的面貌。PIN 结合运动训练理论既整合了国内外相关运动训练理论,又植根于我国丰腴的文化理论土壤之中,不再像以往那样,唯西方或苏联马首是瞻。因为它进一步揭示了运动训练过程的本质,并对运动技战术、训练模式和训练策略等问题进行了一定的分析描述,所以它在运动训练理论体系中具

有宏观性的一般指导意义,属于运动训练系统的一般理论层次。

二、PIN运动训练理论有助于我们加深对运动训练过程本质的理解

运动员的竞技能力体现在体力、技术能力、战术能力和心理能力等方面。从技战术的掌握过程和构成因素方面看,运动员技战术的形成和各项能力的培养都是其体力、智力和非智力三项主要因素共同发挥作用的结果,而技战术形成后的训练仍然是运动员体力、智力和非智力的发展问题。这就启示我们需要透过运动训练的任务层面,真正认识运动训练的过程本质——发展运动员的体力、智力和非智力三项主要因素。探究运动训练过程本质的训练学意义主要在于——提高训练效益,转变传统的落后观念,审视和纠正实践中的弊端。PIN结合运动训练理论赞同体力、智力和非智力的个别优先发展,更强调三者协调地结合发展和优化组合效益。

三、PIN运动训练理论有助于竞技体育人才的选拔与培养

PIN结合运动训练理论认为,运动员只具有优异的体力充其量成小器,若运动员不仅具有优异的体力,而且具有优秀的智力和非智力,就有可能成大器。按照PIN结合运动训练理论来指导我们的运动训练实践,就有可能在选拔和培养体育人才方面少走弯路。这样就大大扩展了选拔和培养人才的范围,增强了我们的信心,从而为多出人才、出好人才打下坚实的理论基础。

第四章

PIN 结合论的基本内涵

PIN 结合论认为,影响一个运动员运动训练成功的因素很多,但归纳起来,不外乎外部因素(外因)和内部因素(内因)两大系列。前者指的是影响运动训练的一系列客体方面的环境条件,可用"E"(Environment)来表示;后者指的是影响运动训练的一系列主体方面的身心因素,它又可以划分为三个方面:即体能因素"P(Physical ability)"、智力因素"I(Intelligence)"和非智力因素"N(Non-intelligence)"。由此,影响运动员运动训练活动的因素最终可归结为:E、P、I 和 N 四个系列。这些主客体方面的因素对运动训练活动的影响各不一样,它们与运动训练成功"A"(Achievement)的关系,可用如下的一个公式来表示:"在其他条件基本相同的情况下,$A = f(P, I, N)$"。这里的"其他条件"指的是外部客体条件。这个公式的意思是说,假定外因基本一致,则每个运动员运动训练活动的成功归根结底可由体能因素(P)、智力因素(I)和非智力因素(N)三者的函数关系"f"来表示,或者说,运动训练活动的成功是由体能因素(P)、智力因素(I)和非智力因素(N)共同决定的。我们提出的这个表示运动员运动训练活动的成功公式试图阐释 E、P、I、N 四因素在运动训练活动中的关系及其作用。为了进一步揭示 PIN 结合运动训练理论的实质,我们还归纳总结了 11 组 25 个命题。这 11 组 25 个命题分别从 P、I、N 三因素的区别维度、对运动训练活动的影响维度和彼此之间联系的维度进行了如下考究。

第一节 PIN 结合运动训练理论的 11 组 25 个命题

一、P、I、N 三因素的区别维度

（一）第一组命题：运动员的智力（I）属于认识活动范畴，起认识作用；运动员的非智力（N）属于意向活动范畴，起意向作用；运动员的体能（P）属于物质基础范畴，起基础性的支持作用。

我国教育心理学家燕国材在 20 世纪 80 年代初，在国内首次公开独立地提出"非智力因素"的概念之后，又以此为基础构建了一种新的学习理论："IN 结合论"，成功学习之道，四"五"学习法等非智力因素理论，对我国 40 年来的教育教学改革发挥了巨大的推动作用。依据我国非智力因素理论，任何人生活在世界上都肩负着两大任务：认识世界和改造世界。要认识世界就需要认识活动，要改造世界就需要意向活动。因此，PIN 结合论认为，运动员的智力（I）属于认识活动范畴，起认识作用；运动员的非智力（N）属于意向活动范畴，起意向作用。在对运动员体能因素的认识方面，PIN 结合论认为，运动员的体能有广义与狭义之分。广义的体能就是运动员"身体能力"的简称，包括身体形态、身体机能和运动素质三个方面；狭义的体能即通常所说的"体能（或体力）"指的是由运动员的各项运动素质综合而成的基本运动能力。根据运动训练学，运动员的运动素质包括速度、力量、耐力、柔韧和灵敏等五项基本因素，是发展运动员体能的基本训练内容。众所周知，在一切运动训练活动中，不论是纯粹的体能训练，还是技术能力、战术能力、心理能力（包括智力和非智力）训练，都离不开运动员体能因素的参与，运动员的体能因素对运动员完成各项训练任务都起着基础性的支持作用。因此，运动员的体能

(P)属于物质基础范畴,起基础性的支持作用。

(二)第二组命题:运动员的体能和智力没有积极性,运动员的非智力才有积极性。

在日常训练中,我们都很重视调动运动员的训练积极性问题。什么是运动员的"积极性"呢?实际上,运动员的积极性就是运动员心理的积极性。可以想象,离开运动员的心理活动而谈论调动积极性问题是不可能的。自20世纪80年代以来,人们在纠正了以往把心理科学看成是"伪科学"的错误认识之后,开始逐步重视人的心理问题,并认识到人的心理才是积极性的源泉。但是一直以来,人们也认为人的一切心理因素都具有积极性,实则不然。依据我国非智力因素理论,"智力因素的功能是分析与综合、比较与归类、抽象与概括、系统化与具体化、归纳与演绎等;非智力因素的功能是动力、定向、引导、维持、调节与强化等";体能因素的功能就是对一切运动训练活动都起着物质方面的基础性支持作用。从积极性的内涵上讲,PIN结合论认为,积极性指的就是动力、定向、引导、维持、调节与强化等功能,是非智力因素的本质属性。因此,运动员的体能因素和智力因素是无所谓积极性的,只有运动员的非智力因素才有积极性。

(三)第三组命题:运动员的智力是比较稳定的,运动员的非智力和体能的波动性较大。

依据心理学的观点,一个运动员的智力是超常、中常,还是低常,生来就已经基本定型。后天的训练只不过是把他在智力方面的属于超常或中常水平的潜力进一步地挖掘出来,使其获得充分的发展。无论通过什么样的训练手段都不会使他由低常智力提升为超常智力。正如孔子所言:"唯上智与下愚不移。"当然,这里说的"不移"并不是绝对不变动、不发展之意。所谓运动员智力的稳定性,还具体地表现在:一般来讲,一个运动员不会在今天的训练竞赛中表现为聪明,而在另一天的训练竞赛中则表现为愚钝。而运动员的非智力因素则不然,在今天的训练活动中,可能表现为精神抖擞、热情高涨,而过几天却可能显得无精打采、毫无生气,这是属于运动员非智力因素中的情感因素所表现出来的一种波动性。由实践经验可知,运动员非智力因素中的其他因素如兴趣、动机、意志等,也存在不同程度的波动性和不稳定性。依据运动生理学,一次运动训练活动是由负荷、疲劳、恢复、超量恢复和训练效应的消退等五个环节构成。在这个过程中运动员的能量不断消耗,机体的相关组织、器官的结构受到一定程度的"破坏性"影响,两者的变化表现为运动员各项运动素质水平的降低即体能水平显著性下降。另外,从运动员的全程性运动训练过程即从参加竞技运动训练开始到鼎盛时期来看,运动员的各项运动素质和非智力因素在整个过程中的变动都是很大的。

(四)第四组命题:运动员的智力活动和非智力活动是内隐的;运动员的体能活动是外显的。

根据我国非智力因素理论,运动员的心理活动包括智力活动和非智力活动,都是大脑的机能对客观现实的反映。它们既不同于人们可以直接感觉到的具体事物,如桌子、书本、篮球,也不同于借助科学仪器才能了解的分子、原子,它们具有内隐而复杂的特点,对它们的测量没有绝对的标准,只能通过外显行为的角度对它们作出相对的评估,而运动员的体能活动是其运用、发挥力量、耐力、速度、柔韧或灵敏等基本运动素质的身体活动。在这些身体活动中,运动员的各项体能因素不仅可以直接被体现出来,而且也都可以通过精确的数量单位表达。

(五)第五组命题:运动员的智力和体能对运动训练活动起直接性作用;运动员的非智力对运动训练活动一般起间接性作用。

依据我国非智力因素理论,就运动员的智力来讲,运动员的智力是由观察力(感知)、注意力、记忆力、思维力和想象力五大因素构成,对训练活动起着直接的作用。可以想象,如果运动员不运用智力因素操作各种训练活动,则一切训练活动都不能发生。在训练活动中,一个运动员总是通过观察力获得有关运动知识和各种操作感受;通过想象力、思维力的直接参与理解教练员的意图,掌握各种运动技术与战术;通过记忆力实现对运动情境、运动情绪、运动动作,运动知识等的保持与巩固;没有注意力的参与,一切训练活动将寸步难行。就运动员的非智力来讲,非智力因素主要包括动机、兴趣、情感、意志与性格等五大基本要素。由实践经验可知,一般来讲,运动员的非智力因素对训练活动产生间接的影响,因为,任何一个运动员都不可能直接通过动机、兴趣、意志、性格和情感等非智力因素发展各种竞技能力。如学习技战术时,运动员是在非应激情况下进行的,运动员的相关非智力因素是通过对其智力活动的调控,间接影响学习的进程。但在高度应激的情况下,不论这种高应激是主观认知引起,还是客观因素所致,运动员的某些非智力因素也可直接引起他的自主神经系统活动和肾上腺皮质分泌活动的变化,进而引起他的力量素质的变化。譬如,通常所讲的"情绪具有增力性或减力性"现象。在这种情况下,运动员的个别非智力因素对运动训练活动又有直接作用。因此,运动员的非智力对运动训练活动一般起间接性作用。就运动员的体能来讲,不论是发展各种运动素质,还是发展各种技战术能力,甚至进行智力训练与非智力训练都离不开运动员体能因素的手段性参与,因此,体能对运动训练活动起直接性的基础作用。

(六)第六组命题:运动员的智力是运动训练过程的心理结构,运动员的非智力是运动训练过程的心理条件,运动员的体能是运动训练过程的物质基础。

根据我国非智力因素理论,运动员的心理结构是以思维力为核心,由彼此相关的五大智力因素构成。由于运动员是运动训练活动的主体,所以,运动员的心理结构就是运动训练活动的心理结构。理论依据是——人的实践活动和心理活动具有统一性即一切实践活动都是建立在人的一定心理活动(包括智力活动和非智力活动)基础之上,并且人的认识活动贯穿于一切实践活动之中。所以,运动员的运动训练过程与运动员的认识活动基本一致,运动员的心理结构就是运动训练活动的心理结构,并且运动员的智力结构为运动训练过程所固有,并非从外部强加进去的。运动员非智力因素的间接作用具体表现为是训练过程的心理条件。所谓"条件"就是指如果一种事物能够影响另一事物的变化发展，那么前者就是后者发展变化的条件，条件是外加的，不是受其影响的事物本身所固有的。运动员非智力因素与运动训练活动的关系正是如此，也就是说，运动员的非智力因素并非运动训练过程本身所固有，是外加进去的，所以，运动员的非智力因素是运动训练过程的心理条件。众所周知，运动选材就是慎重遴选那些在运动素质等体能方面有天赋的，有培养前途的可塑之材，这是运动训练活动开展的前提。从运动训练过程的目的任务角度看，运动训练过程就是不断发展运动员的体能、技术能力、战术能力和心理能力的过程。运动员体能即各项运动素质的综合，不仅是进一步发展各种运动素质的物质基础和手段，也是发展各种技术能力、战术能力、智力和非智力的基础与手段，因此，运动员的体能是运动训练过程的物质基础。

（七）第七组命题：运动员的智力是运动训练活动的"执行-操作"系统，运动员的非智力是运动训练活动的"动力-调节"系统，运动员的体能是运动训练活动的物质"基础-支持"系统。

依据我国非智力因素理论，"智力因素的功能是分析与综合、比较与归类、抽象与概括、系统化与具体化、归纳与演绎等"。在训练实践中，不论是运动训练计划的制定、运动素质的发展，还是技战术的学习与掌握等活动，时时刻刻都离不开运动员智力因素这些功能的直接操作与执行。所谓智力的直接作用就是指运动员的智力制定、执行训练计划，操作各种训练活动。"非智力因素的功能是动力、定向、引导、维持、调节与强化等"。同样，在运动训练实践中，运动员如能有效发挥非智力因素的以上六项功能，通过有效调动其智力的积极性和体能因素的基础性作用，必将有效促进训练的效果，对运动训练过程产生推动与调节作用。运动员的体能不仅是发展其各项运动素质和其他各种竞技能力的手段，而且具有良好的体能意义。因为良好的体能是技术训练、战术训练和提高运动成绩的基础，是承受大负荷训练和高强度比赛的基础，是在训练和比赛中保持稳定、良好心理状态的基础，也是预防运动伤病和延长运动寿命的基础。

（八）第八组命题：运动员的智力在运动训练活动中表现为"5会"，运动员的非智力在运动训练活动中表现为"5练"，运动员的体能在运动训练活动中表现为"5发展"。

根据我国非智力因素理论，运动员的智力是由观察力(感知)、注意力、记忆力、思维力和想象力五大因素构成。从这五因素出发，在训练活动中，运动员只有做到会观察(感知)、会注意、会记忆、会思维和会想象，才能达到高水平。由实践经验可知，优秀运动员在以上"5会"方面都是非常出色的。由此，PIN结合论认为，培养运动员"5会"的过程就是发展运动员智力的过程。非智力主要由动机、兴趣、情感、意志和性格等五大因素构成。从这五因素出发，审视运动员的运动训练活动，就是要求运动员做到愿练(以动机为基础)、好练(以兴趣为基础)、乐练(以情感为基础)、勤练(以意志为基础)和独立训练(以性格为基础)。从"5练"来看，彼此之间存在内在的逻辑关系即愿练是好练的基础，好练是乐练的基础，乐练是勤练的基础，勤练是独立训练的基础。毫无疑问，培养运动员的最终目标就是要把他们培养成优秀运动员，而优秀运动员具有的一个共同特征就是都有很强的自我训练意识与能力。当然，对于运动员非智力因素的"5练"，也需要在教练员的指导下，长期的自觉培养。同样，PIN结合论认为，运动员"5练"的过程，就是培养运动员非智力因素的过程。值得一提的是，不论是教练员，还是运动员在具体的心理训练方面还存在很多不足，属于系统训练工程中的薄弱环节，主要原因可能有以下几点：一是对竞技体育的本质在认识上有一定片面性，仍信奉"身体素质决定论"；二是缺乏心理学知识，主要症结应在于运动训练学和体育心理学至今未能提供一个系统而有效的"心理训练"的内容体系，从而影响了人们对"练什么"的全面把握；三是对心理能力在现代运动训练竞赛中的地位和作用认识还不够；四是对所从事的运动项目的性质及其对运动员智力和非智力的需求认识不足等。由此可见，PIN结合论提出的"5会"和"5练"为运动员进行有效的心理训练，在一定程度上提供了明确的心理训练"抓手"。从选材开始，运动员完整的运动训练生涯，一般要经过基础训练、专项提高、最佳竞技和竞技保持4个阶段。在这个漫长的多年培养过程中，在任何阶段都必须把五项运动素质：速度、力量、耐力、柔韧和灵敏，作为首要的训练任务来抓。当然，由于受运动员生理发展敏感期、运动项目的特点以及训练阶段与条件等因素的影响，这五项运动素质的发展应有先后，但总的来看，都必须追求五项运动素质的充分发展。因此，PIN结合论认为，运动训练的过程也是一个不断发展运动员五项运动素质的过程。

二、P、I、N三因素的联系维度

（九）第九组命题：运动员的智力活动指导非智力活动，运动员的非智力活动主导智力活动，运动员的体能活动受两者的共同支配。

潘淑和燕国材等人对人的心理系统都有划分为认识和意向两大系列的一致观点。他们认为：意向总是认识指引下的意向，而认识总是意向主导下的认识；没有一定认识活动指引下的意向活动是没有的，不在一定意向活动主导下的认识活动同样也是不存在的，所以，PIN结合论认为，运动员的智力活动指导非智力活动，非智力活动主导智力活动。实际上，由于智力属于认识活动范畴，运动员总是通过各种智力活动认识各种运动训练规律和发展各种竞技能力，所以运动员的智力活动能对其非智力活动起指导作用。反之，运动员的非智力因素在智力因素指导下一旦形成，也会反过来调控、支配其智力活动，起主导作用。众所周知，运动训练活动是一项以身体练习为手段的操作或较量身体的艺术过程，离不开各种体能活动的基础与支持作用。运动员的体能活动受其智力活动的直接操作，一般情况下，受其非智力活动的间接调控。正如前面所讲，在高度应激情况下，运动员的个别非智力因素也会对其体能活动直接产生影响。所以，PIN结合论认为，运动员的体能活动受智力和非智力活动的双重支配。

(十)第十组命题:运动员的智力、非智力与体能三因素彼此之间相互促进。

本命题实际上是运动员的智力因素、非智力因素和体能因素三者相互制约规律的体现。运动员在进行智力活动的过程中,可以要求非智力活动的积极参与和体能活动的支持,在这一完成智力任务的过程中,它们自然也就获得了锻炼与提升。比如要求运动员独立解决困难,也就提高了运动员性格的独立性等。同样,运动员在进行非智力活动时,一般都伴随艰苦的体能活动和一定程度的智力活动,通过这种非智力活动,也必然能促进其他两项素质的发展。比如非智力活动要求运动员发扬拼搏精神,坚持到底,这就锻炼了运动员的耐力;非智力活动要求运动员制定合理的思维程序和行为程序,这就锻炼了运动员的思维力和想象力等智力。诸如此类,不胜枚举。竞技体育是一项异常艰苦的体力劳动,通过长期艰苦的运动训练的洗礼,运动员身体的各器官系统的结构与机能得到进一步的发展完善,尤其是心理活动的核心机构——大脑与神经系统变得更加发达,这必将为运动员的专项智力活动和非智力活动不断提供生理基础保障。相反,如果运动训练偏离了科学化的轨道,如造成严重的伤病和过度疲劳,同时,也包括"训练不足",必然会制约运动员的智力和非智力的健康发展。

总之,运动员的智力因素、非智力因素与体能因素彼此之间是相互促进的互动关系。

(十一)第十一组命题:运动员的智力、非智力和体能三因素彼此之间具有补偿效应。

PIN结合论认为,运动训练过程的本质就是运动员体能(P)、智力(I)和非智力(N)有机结合,协调发展的过程。同优秀运动员的竞技能力特征模型相比,每一个运动员的体能(P)、智力(I)和非智力(N)三者的发展总是处在相对不均衡的状态。在训练竞赛过程中,运动员三因素中某方面的缺陷或不足,一定范围内可以由其他高度发展的因素予以补偿,以维持自己竞技能力总体上的特定水平。譬如在比赛时,某运动员认识到自己的体能存在问题,他便会采用有效的体力分配战术、速战速决等智力策略予以克服,也可能会采用咬紧牙关,发扬拼搏精神的非智力策略以坚持到底;在日常训练中,如果某运动员认为自己在某些智力因素如专项运动感知觉、思维速度、记忆力等方面相对薄弱,他可能会发扬勤能补拙,笨鸟先飞精神,努力钻研专业理论知识,苦练基本功等策略予以弥补;对于自己在非智力方面的不足,同样,运动员更会通过艰苦的体能训练、智力训练来刻意锻炼。

第二节 结 语

(1) PIN结合运动训练理论属于运动训练理论体系中的一般理论层次。表达公式为:$A = f(P, I, N)$,该公式适用于运动员的一切训练竞赛活动。理论假设为:在客观条件基本相同的情况下,运动员竞技能力的不断发展或成功取决于智力因素(I)、非智力因素(N)和体能因素(P)的共同作用。

(2) PIN结合运动训练理论的基本内涵可以归结为区别维度、对运动训练活动的影响维度和联系维度三个维度的11组25个命题。

(3) P、I、N的区别维度:①运动员的智力因素(I)属于认识活动范畴,起认识作用;运动员的非智力因素(N)属于意向活动范畴,起意向作用;运动员的体能因素(P)属于物质基础范畴,起基础性的支持作用。②运动员的体能和智力没有积极性,运动员的非智力才有积极性。③运动员的智力是比较稳定的,运动员的非智力和体能的波动性较大。④运动员的智力活动和非智力活动是内隐的,运动员的体能活动是外显的。⑤运动员的智力和体能对运动训练活动起直接性作用,运动员的非智力对运动训练活动一般起间接性作用。⑥运动员的智力是运动训练过程的心理结构,运动员的非智力是运动训练过程的心理条件,运动员的体能是运动训练过程的物质基础。⑦运动员的智力构成运动训练活动的"执行-操作"系统,运动员的非智力构成运动训练活动的"动力-调节"系统,运动员的体能构成运动训练活动的物质"基础-支持"系统。⑧运动员的智力在运动训练活动中表现为"5 会",运动员的非智力在运动训练活动中表现为"5 练",运动员的体能在运动训练活动中表现为"5 发展"。

(4) P、I、N 的联系维度:①运动员的智力活动指导非智力活动;运动员的非智力活动主导智力活动,运动员的体能活动受两者的共同支配。②运动员的智力、非智力因素与体能三因素彼此之间相互促进。③运动员的非智力、智力和体能三因素彼此之间具有补偿效应。

第五章

PIN 结合论对运动训练几个基本问题的看法

PIN 结合论所涉及的问题和观点是多角度、多层次的,本文将着重阐述 PIN 结合论对运动训练活动的性质、运动训练过程的本质、运动训练涉及的变量和运动训练的原则等四大基本问题的看法。

第一节　PIN 结合论对运动训练四个基本问题的看法

一、关于运动训练的性质问题

什么是运动训练?《运动训练学》(体育院校通用教材)对其作了这样的释义:"运动训练是竞技体育活动的重要组成部分,是为提高运动员的竞技能力和运动成绩,在教练员的指导下,专门组织的有计划的体育活动。"通过查阅现代汉语词典,它对"性质"的解释为"一种事物区别于其他事物的根本属性"。由此,我们认为,《运动训练学》对"运动训练"的以上释义虽然指出了运动训练的直接目的与最终目的,也指出了运动员与教练员的地位与关系,但在概括"运动训练"的根本属性方面尚有一定距离,基本上是一个现象性的描述,属于一般教育学性质的一个界定。到目前为止,不论是《运动训练学》,还是《体育心理学》对于运动训练的性质问题,都尚未进行专门的论述,因此,很有深入探讨的必要性。

　　PIN结合论认为,运动员的运动训练活动是一种特殊的学习活动,这种学习活动与学生的学习活动的不同之处在于运动训练活动离不开运动员体能的参与,并以身体练习为手段。为了说明PIN结合论对运动训练活动的性质的认识,有必要首先了解一下国外各种现代学习理论派别对这一问题的主要观点。目前,国外的学习理论对于学习性质的解释主要有6种:一是联结派,以桑代克为代表。在桑代克看来,学习就是刺激与反应的联结,并且桑代克还把刺激的情境与行为反应之间的联结归结为神经元之间的联结。PIN结合论认为,这种联结说只能解释较低级的机械的学习。二是"格式塔"重组派。依据格式塔学派的观点,学习是由于对情境中的事物之间的关系进行理解并构成一种"完形"而实现的,并且,这一学派还认为,在这种完形或组织过程中,如果外界环境发生变化从而遇到困难时,与此相适应,头脑中的"格式塔"就会不断地发生组织与再组织,出现一个又一个的完形,这种组织与再组织或完形的作用也就是学习。PIN结合论认为,格式塔派重视综合在学习中的作用是可取的,而忽视分析在学习中的作用,则是片面的,而且,格式塔派认为"格式塔"是与生俱来的,因此具有一定的神秘色彩。三是条件反射说,代表人物是巴甫洛夫和斯金纳等人。他们都认为学习就是条件反射的形成与巩固。巴甫洛夫的经典条件反射说认为,学习就是S(stimulate)-R(respond)的过程;斯金纳的操作性条件反射说认为,学习就是R(respond)-S(stimulate)的过程。PIN结合论认为,条件反射说实质上属于联结派学习理论,也只能适用于较低级的机械学习。四是认知学派,其代表人物很多,但各有侧重点。如苛勒的顿悟说、加涅的认知积累说、布鲁纳的认知发现说、奥苏贝尔的认知同化说、托尔曼的认知目的说等。这些认知说,大同小异,都重视认知的作用,都认为学习就是认知的发展、变化及其结果。PIN结合论认为,认知派重视认知的作用,可以来解释较高级的意义学习,但它却忽视了非认知的作用。根据我国非智力因素理论,人的心理活动由认识活动和意向活动共同构成,因此,认知派只重视智力而忽视非智力,由此而得出的学习理论也带有片面性。五是信息加工派。这类学习派别属于认知派。它运用系统科学即信息论、控制论、系统论等知识与方法来研究和解决学习问题。它把学习看作是信息的输入、加工、存储和输出,并构成一个完整的执行—操作系统。从非智力因素理论的角度看,这类学习派别也是把学习的性质局限在认知或智力的范畴之内,仍然忽视了非认知或非智力活动的作用,因此也具有一定的片面性。六是观察—模仿派。代表人物是社会心理学家班杜拉。在他看来,任何一种行为的获得都是通过对别人行为或学习过程结果的观察并加以模仿的结果,并非都是直接经验的结果。PIN结合论认为,班杜拉的社会学习理论非常适合于解释人的道德行为方面的学习,而对于解释人对知识、技能和问题解决策略等内隐的心理活动是无能为力的。

通过对国外六大学习理论派别对学习性质所持观点的分析,可以看出,都有一定的合理性,也都存在一定的片面性。鉴于此,PIN结合论在考虑到运动训练这一学习活动的特殊性的基础上,把运动训练的性质具体化为两点:"一是内化与外化的结合与统一,二是运动员机体组织器官结构重建与机能恢复的结合与统一。"

运动训练活动是内化与外化的结合与统一,理论依据主要有四点。首先,在运动训练过程中,除运动员作为唯一的主体,属于内部因素外,其余一切所要学习与训练的对象,如运动理论知识、技术、战术、职业道德等都是客体、外部的东西。运动训练就是要把那些客体的外部的东西转化为运动员主体的内部的东西,也就是所谓的内化。其次,运动训练是内化的依据是什么?毫无疑问,运动员是运动训练活动的唯一主体,是内因,其余因素都是外因。在内因与外因问题上,历来存在四种观点:片面强调外因决定内因,这属于机械唯物主义;片面强调内因决定外因,这属于唯心主义;现代西方心理学大多坚持内因和外因互动论,虽然这种观点现在很受赞扬,很有市场,以为它解决了内因与外因的关系问题,但PIN结合论认为,这一观点仍属于机械的唯物主义观点;马克思主义认为"内因是根据,外因是条件,外因通过内因而起作用"。实践证明,马克思主义的这一观点才真正回答了内因与外因的辩证关系问题,只有依据这一观点才能真正理解和处理运动训练过程中的种种复杂的内化问题。再次，运动员主体的内因指的是什么？PIN结合论认为，就是运动员这一主体的身心。运动员的身心可以划分为心理因素和体能因素两部分。既然"外因通过内因而起作用"，所以要有效地进行运动训练，除合理选择、安排好训练的内容、方法和手段等外部因素外，关键在于打开运动员主体的内因大门，也就是把运动员的全部心理因素和体能因素都积极地调动起来。最后，有内化，就必有外化。众所周知，通过系统科学的训练，运动员会掌握运动知识、学会运动技术和战术等制胜方法，同时，也会去利用这些知识和方法去完成发展体能、技术能力、战术能力和心理能力的各项训练、竞赛任务。前者说的就是运动训练的内化过程，后者就是运动训练的外化过程。由此可见，运动训练不仅是内化，更重要的是内化与外化的统一。

在运动训练是运动员机体组织器官结构的重建与机能恢复的结合与统一方面。众所周知，在运动训练过程中，特别是在采用大强度训练时，运动员相关组织、器官的微观结构会发生一定程度的紊乱和改变，这变化了的组织器官的结构需要依靠训练后营养物质的及时补充和充分的休息才能获得良性的恢复与重建。因此，运动训练过程是运动员组织器官结构重建的过程；另外，运动训练要消耗大量能量，由于能量的消耗导致运动员各器官系统的机能水平和运动能力的下降。通过训练后的恢复，消耗掉的能量等物质得以补充，运动员各器官系统的机能也得到恢复。根据"超量恢复"原理，一个运动训练过程可包括负荷、疲劳、恢复、超量恢复和训练效应的消退等五个阶段。为了保证运动员竞技能力的不断提高，必须保证每次训练都是在上次训练后获得超量恢复时进行，并且待运动员对一定负荷适应之后，还应适时采用超负荷进行新的训练，进而达到新一层次的适应。运动训练就是运动员承受负荷、机体疲劳、能量恢复、超量恢复，再承受负荷、再疲劳、再恢复、再超量恢复……循环往复，不断推进的连续过程。所以，运动训练过程也是运动员机体机能不断恢复的过程。

二、关于运动训练过程的本质问题

在探讨了运动训练活动的性质之后，便紧接着探索运动训练过程的本质问题，这两个问题往往是紧密结合而又不可分割的。《运动训练学》虽然对运动训练的任务、组织、原则、方法等问题进行了概论性的阐述，但没有对运动训练过程的本质这一深层次问题进行解释。因此，也很有深入探讨的必要性。

由于运动训练活动是一种特殊的学习行为，所以也非常有必要首先回顾国外的学习心理学对学习过程的基本观点。国外对学习过程主要存在三种基本的观点：一是学习过程就是试误的过程。这种观点以联结派的桑代克为代表。他依据对猫等动物行为习得的实验，认为人和动物最典型的学习就是试误性学习。即在学习过程中，学习者尝试地进行某种行为或反应，对于特定情境下的正确的反应予以强化，对错误的反应则不予强化。经过这样的多次反复之后，正确的动作会逐渐巩固下来，错误的动作会逐渐消失，从而使刺激情境和行为反应之间建立起一种联结，也就是学习获得成功。PIN结合论认为，这种对学习过程本质的解释还是现象层面的，可能由于人的心理活动具有内隐性，所以这种解释就回避了心理因素在学习过程中的作用。另外，PIN结合论也认为，试误性学习是存在的，但它只能解释某些局部的学习过程，却不能对一般的学习过程都能作出合理的解释。二是学习过程就是顿悟的过程。代表人物是格式塔学派的苛勒。他是以大猩猩为研究对象，通过设置问题情境，然后观察其行为反应。通过实验，他发现大猩猩的学习不同于其他动物的学习即学习是反复试误的过程，它是借助头脑中的固有的完形作用或一种组织功能，对刺激情境的整体性和结构性有所突然的接通、顿然的领悟。PIN结合论认为，苛勒关于学习过程的顿悟观也是存在的，但他断言，学习的成功和实现完全是由于顿悟的结果，的确绝对了。同试误观一样只能解释局部的学习过程，难以解释一般的学习过程。三是学习过程是特殊的认识过程。代表人物是苏联的凯洛夫。他认为人的学习过程是与认识过程相一致,但是由于人的学习活动又有教师的参与、学习内容需要巩固等因素,因而又不完全等同于人的认识过程,所以学习过程是一种特殊的认识过程。PIN结合论认为,凯洛夫的这一观点是有缺陷的,因为他忽视了学习过程中的非智力因素的作用。

通过分析国外的三种典型的学习过程的本质观可以看出,都存在一定的片面性,因此,联系运动训练的性质和实际,PIN结合论对运动训练过程的本质也提出了自己的观点:"运动训练的过程就是运动员的智力(I)、非智力(N)和体能(P)有机结合、协调发展的过程。"PIN结合论认为,智力因素系统是一切训练活动的执行-操作系统;非智力因素系统是一切训练活动的动力-调节系统,而由各种运动素质构成的体能因素系统是一切训练活动的物质基础-支持系统。依《运动训练学》,PIN结合论认为,运动训练的主要任务就是发展运动员的体能、技术能力、战术能力和心理能力,并且,从根本上讲,这四大类竞技能力的形成和发展都是以运动员的体能(P)、智力(I)和非智力(N)为基础和手段的。就发展运动员的体能来讲,在具体的运动素质发展过程中,既离不开智力因素的执行和操作,也离不开非智力因素的动力和调节。就发展运动员的心理能力即智力和非智力来讲,任何心理能力的发展都必须以运动员的体能发展水平为基础,与具体的体能活动相配合。另外,我们需要注意这样一个问题,不论是运动员的智力因素系统,还是非智力因素系统都非常庞杂,我们要发展的运动员的智力和非智力必须是运动员所从事的专项所需求的智力和非智力。坦诚地讲,到目前为止,运动心理学也尚未讲明不同项群或具体竞技运动项目对运动员的智力和非智力有哪些特殊需求,运动员的智力和非智力与一般学生学习所需要的智力与非智力有什么不同等问题。这是一个涉及科学化训练的前提性问题,在高度重视心理训练的今天更是至关重要。如由于对这一问题缺乏深刻认识,许多学者直接运用各种测查一般学生的国外的"智力量表"来测量优秀运动员,所以得出了一些与现实完全相反的结果是必然的。就技术能力和战术能力来讲,不论是技术和战术的学习,还是发展技术能力和战术能力,都需要以运动员的运动素质为基础和手段,依靠智力因素和非智力因素的直接或间接地操控。

综合以上分析,PIN结合论认为:"运动训练过程就是运动员的体能(P)、智力(I)和非智力(N)有机结合、协调发展的过程。"从运动训练过程是P、I、N有机结合的角度看,也可以将PIN结合论概括为"三位一体"的运动训练过程论。

三、关于运动训练的变量问题

《运动训练学》应当解释影响运动训练效果的变量及其相互之间的关系问题。当然,这个问题与对运动训练的性质及其过程本质的理解有密切关系。PIN结合论认为,影响运动训练效果的因素包括主体因素和客体因素两方面。在客体方面,主要有训练设施、训练环境、运动队伍的训练氛围、教练员训练水平、家庭条件和人际关系等。在主体方面,包括心理因素和体能因素两方面。其中,心理因素可划分为智力因素(I)和非智力因素(N)两大系列。"体能"因素(P)有广义与狭义之分。广义"体能"是指身体能力的简称,包括身体形态、身体机能和运动素质;狭义的"体能"即通常所说的体能(或体力)是指运动员各项运动素质在身体活动中综合表现出来的基本运动能力。身体形态是运动员身体机能和运动素质的外在的静态表现,是运动员体能的解剖学基础;身体机能是运动素质的生理基础。因此,从系统的角度看,PIN结合论认为,运动员竞技能力系统的第三层次是由狭义的体能(P)、智力(I)和非智力(N)三大因素系列构成。在运动训练实践中,运动员的这三大因素系统所发挥的作用是不同的。一般来讲,运动员的体能因素对运动训练的影响是直接的,起基础性的支持作用,属于物质基础-支持系统;智力因素对运动训练活动的影响也是直接的,起认识性作用,属于执行-操作系统;非智力因素对运动训练活动的影响一般是间接的,起意向性作用,属于动力-调节系统。总之,在运动训练活动中,运动员的这三大主体因素彼此之间是互动关系。

综合主体和客体两方面的因素,影响运动训练活动的变量可归结为四个系统:环境因素系统(E)、体能因素系统(P)、智力因素系统(I)和非智力因素系统(N)。由于这四个系统的变量对一切运动训练活动都有一定的影响和作用,而且彼此之间具有相互促进和相互促退的辩证关系,所以,PIN结合论用下面的一个公式来表述这四个系统因素的互动关系:"在其他条件基本相同的情况下,$A = f(P,I,N)$。"这个公式表达了三层意思:一是它包含了所有的运动训练变量;二是由于"E"变量很难由运动员来控制,因而就用"在其他条件基本相同的情况下"来加以限制;三是P、I、N三因素在运动训练活动中是辩证的互动关系,所以用数学上的函数关系"f"来表示。PIN结合论提出这一表达公式的最终目的就是试图克服西方三大学习理论在对待学习变量问题上的各执一端的片面性,并紧密结合运动训练实际,把E、P、I、N四大系统因素辩证地统一起来。当然,在实践中要真正做到这一点,并非易事,还需要从理论、实证和实践等方面进行大量的探索工作。

四、关于运动训练的原则问题

运动训练的原则是根据运动训练的规律提出的。上述对运动训练的性质、过程本质和变量的剖析,实质上就是对运动训练规律的探索。不论是国外各学习理论流派在其学习理论体系中归纳出的一些学习原则,还是目前国内外运动训练学中概括归纳的一些运动训练原则,对于我们思考这一问题都有很大的启发作用。PIN结合论基于自己对运动训练的性质、过程和变量的独特见解,提出如下五条训练原则:①主体性原则。运动员是运动训练活动的唯一主体。这一训练原则的基本涵义就是在运动训练活动中要尊重运动员的主体地位,发挥运动员的主体作用,调动运动员的一切身心因素投入训练并获得共同的协调发展。在这三句话中,第一句是运动训练的前提,第二句是手段,第三句是目标。总之,只有尊重、相信、理解、关心和爱护运动员,才能调动他的一切身心因素,取得理想的训练效果。②成功性原则。PIN结合论认为,绝大多数的运动员都具有中等或中等以上的智力水平,如果再加上非智力因素和体能因素相应的发展和培养,那么,每一个运动员都能获得一定的成功。PIN结合论提出成功性原则,就是要反对长期以来的"天赋决定论""身体素质决定论""智力决定论"等极端片面的观点和做法。实践证明,每一个优秀运动员的成功都是P、I、N三大主体因素有机结合并协调发展的结果。③发展性原则。影响运动员竞技能力不断进步和发展的主体因素是智力因素、非智力因素以及体能因素。这三大因素既是运动训练的基础,也是运动训练的重要任务。一切技术能力、战术能力、心理能力和体能的提高都离不开它们的有机结合和协调发展。因此,要贯彻发展性原则,最根本的就是把P、I、N三因素的发展统一于运动训练实践之中,用运动员的P、I、N三因素是否在运动训练中共同获得了充分的发展为标准,来评估训练效果。④协同性原则。PIN结合论认为,运动训练活动内部诸因素之间及其与外部诸因素之间,都必须保持和谐统一、协同合作,才能保证运动训练活动得以有效开展,完成既定的训练任务。要有效贯彻协同性原则,还要求创设和谐、融洽、团结、合作、奋进的训练氛围,建立相互尊重、相互理解、相互信任的人际关系。现在国内外运动训练界越来越认识到良好的运动训练氛围和人际关系不仅是搞好运动训练的前提条件,而且也是影响运动训练效果的一项重要因素。⑤创造性原则。每个运动员都有一定的创造潜能,只要有一定的条件作保证,使其得到有效的培养和发挥,就能把他们培养成不同层次的创造者。心理学研究证明,创造力不但与智力有关,更与非智力有关。如发明大王爱迪生曾说,他的发明创造来自百分之一的灵感和百分之九十九的汗水。从某种意义上讲,运动训练的过程就是不断突破运动员竞技能力进展缓慢或停滞不前的过程,要冲破前进道路上的各种壁垒,非常需要发挥运动员的创造能力。因此,PIN结合论认为,顺应现代运动训练竞赛的发展趋势,必须高度重视发展运动员的智力和非智力,提高他们的自我创新能力。

另外,PIN结合论认为,运动训练的基本原则就是P、I、N三因素有机结合原则。上面提出的五条原则是这一基本训练原则的细化。如果把PIN结合论关于运动训练的所有原则看成一个系统的话,那么以上五条训练原则则属于基本训练原则的亚层次。目前《运动训练学》中介绍的一些运动训练原则基本上是从教育领域借鉴、移植而来，与以上五条训练原则都有着内在的联系。如激励性原则、区别对待原则与主体性原则有关，直观教练原则与成功性原则有关，竞技需要原则、周期安排原则、适时恢复原则、适宜负荷原则与发展性原则有关，系统性原则与协同性原则有关，有效控制原则与创造性原则有关等。当然，具体的运动训练原则还有，并且都与以上五条训练原则有着千丝万缕的联系。

第二节 结 语

（1）PIN结合论的数学表达公式为："在其他条件基本相同的情况下，$A = f(P, I, N)$"。

（2）PIN结合论认为，运动训练的性质有两层意思：运动训练是运动员内化与外化的结合与统一，运动训练是运动员机体组织器官微观结构的重建与机能恢复的结合与统一。

（3）PIN结合论认为，运动训练过程的本质就是运动员体能（P）、智力（I）和非智力（N）有机结合、协调发展的过程，PIN结合论也可概括为"三位一体"的运动训练过程论。

（4）PIN结合论认为，影响运动训练的变量系统有环境因素（E）、体能因素（P）、智力因素（I）和非智力因素（N）四大因素系统。

（5）PIN结合论认为，运动训练的基本原则是体能因素（P）、智力因素（I）、非智力因素（N）有机结合原则，可细化为主体性、成功性、发展性、协同性和创造性等五条运动训练原则。

第六章

PIN 结合论的运动负荷观

PIN 结合论所涉及的问题和论点较多,是一个多视角、多层次的复杂系统,对运动训练的诸多问题都有自己独特认识与观点。其中,运动训练负荷是运动训练活动中的最活跃的因素,贯彻一切运动训练活动的始终,是教练员的日常重要工作之一。从某种意义上讲,没有负荷就没有训练。从 PIN 结合论的新视角研究探讨运动负荷问题,不仅对具体的运动训练活动具有重大的实践意义,而且对丰富和完善运动训练理论体系,也具有重要的理论意义。所以,本文专门阐述了 PIN 结合论在运动负荷问题上的一些基本看法。

第一节 PIN 结合论对运动负荷的主要观点

一、PIN 结合论对运动负荷内涵的认识

PIN 结合论认为,运动负荷是提高运动员竞技能力的直接手段,没有运动负荷,就没有运动训练,更没有运动员竞技能力的提高。深刻认识运动负荷的本质和内涵,对科学筹划与操作一切训练活动都具有前提性意义。通过查阅传统的《运动训练学》论著发现,它们对"运动负荷"内涵的认识都存在一定的片面性和狭隘性,如把运动负荷系统仅概括为运

动量和运动强度两个因素。这一概括既不全面，也不严谨。根据运动生理学，"运动负荷"是指人体所承受的一定的外部刺激，这种外部刺激能引起机体作出生理和心理方面的"应答反应"。据此，要正确认识"运动负荷"的内涵，应注意两点：一，从性质上讲，运动负荷是一种"外部刺激"。来自外部的对运动员机体的各种刺激的性质，都取决于所选择的训练内容。从内容决定形式，内容与形式具有统一性角度看，传统训练理论在对运动负荷内涵的阐述方面忽视了"负荷内容"这一物质基础。由此可见，运动负荷的内涵系统应包括负荷内容、负荷量和负荷强度三方面因素，详见下图6-1。二，注意对运动负荷与运动负荷效应两概念的区别。运动负荷这种外部刺激能引起运动员做出生理和心理方面的机体反映即"运动负荷效应"。从逻辑上讲，运动负荷和运动负荷效应是原因与结果的关系，是两码事。而传统的运动训练理论却未强调这两个概念的本质关系，因此，导致实际应用中的大量混用现象是必然的。PIN结合论认为，对"运动负荷"的描述，应该用"训练学指标"表示，如长跑（负荷内容）训练，$400 \text{ m} \times 2 \times 4$（负荷量），以90%的速度（负荷强度）完成每次练习；而"运动负荷效应"用"生理或心理指标"表示。一般来讲，心理指标都是相对指标，难以用准确的数值表示，而生理学指标多是绝对指标，可以用准确的数量来表达，如血浆ph值：7.4、EPO（促红细胞生成素）：18.6 U/L等。总之，正确理解和把握运动负荷的本质和内涵，不论是进行相关理论研究，还是对具体的运动训练操作都具有直接的指导意义。

二、PIN结合论对运动负荷的分类及其适用范围的确定

（一）PIN结合论对运动负荷的分类

PIN结合论认为，对运动训练过程进行有效控制的核心就是对运动负荷的准确把握，分析运动负荷的内涵与外延，最终目的在于为科学控制运动训练效果提供理论支持。从联系的和系统的视角看，运动负荷是

一个多因素、多层次的完整结构系统,见图6-1。

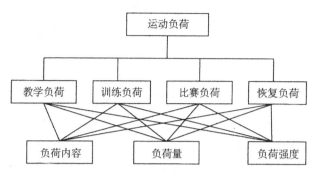

图 6-1 运动负荷的内涵与分类

据图 6-1,PIN 结合论认为,从运动负荷所肩负的训练任务角度看,运动负荷一般可划分为:教学负荷、训练负荷、比赛负荷和恢复负荷四种基本类型。其中,"教学负荷"是指运动员在学习专业理论知识,掌握各种运动技术和战术过程中所承受的各种外部刺激,这种负荷以心理活动(即智力活动和非智力活动)为重点;"训练负荷"是指运动员机体在发展体能、技术能力和战术能力过程中所承受的外部刺激;"比赛负荷"是指运动员在各种比赛过程中所承受的外部刺激;"恢复负荷"是指运动员在训练、比赛后为了机能恢复或在治疗伤病过程中所承受的外部刺激。这四种负荷都是来自机体外部的刺激,但由于它们都因内容的差异各有自己特殊的性质和功能。在关于运动负荷的分类问题上,还需要特别说明一点,就是有的学者从所谓"负荷产生的机制"上,对运动负荷又进行了"内部负荷"和"外部负荷"的划分。PIN 结合论认为,这种划分明显的错误在于混淆了"运动负荷"和"运动负荷效应"的区别。正如前面所述,运动负荷是原因,运动负荷效应是结果,原因与结果是不同的,一个事物不可能既是原因又是结果。所以,把运动负荷划分为"内部负荷"和"外部负荷",违背了运动负荷的概念本质,是不科学的。

(二)PIN 结合论对不同类型运动负荷适用范围的确定

从 PIN 结合论对各种类型运动负荷概念的释义可以看出,不同类型的运动负荷与不同的训练任务之间具有对应关系。依据这种对应关系可以确定这四种运动负荷的主要适用范围。"教学负荷"主要应用于学习掌握运动技术、运动战术以及专业运动理论知识等训练活动之中,"训练负荷"主要应用于发展体能、技术能力和战术能力等训练活动之中,"比赛负荷"主要应用于各种形式的竞技比赛活动,"恢复负荷"主要应用于训练、比赛后为了机能恢复或在治疗伤病过程中所安排的各种训练活动之中。从完成运动训练任务的角度看,这四种运动负荷,基本上概括了所有功能的运动负荷。总之,根据运动负荷和运动训练任务之间的对应关系,进行以上四种类型的划分,有助于教练员和运动员对运动负荷的合理选择与安排,对具体的训练工作具有实际操作意义。

(三) PIN 结合论对运动负荷属性的认识

PIN 结合论认为,在运动训练活动中,给运动员安排一定量度的运动负荷并不是根本目的,根本目的是完成特定阶段的具体训练任务。要正确安排运动负荷的量度,还应该明确运动负荷有哪些属性也是非常必要的。PIN 结合论认为,一切运动负荷都具备四种属性——结构属性、机能属性、个体属性和专项属性。①运动负荷的结构属性。运动负荷的结构属性是指任何运动负荷的确定,都应考虑到在一定时间跨度的训练过程结构中所应占有的适当位置。训练课的训练任务决定应该安排何种内容和量度的运动负荷,教练员和运动员不应追求运动负荷的高绝对值,能完成特定训练任务的负荷内容和量度就是适宜的运动负荷。②运动负荷的机能属性。运动负荷的机能属性是指每一次运动负荷,对机体的各个组织、器官、系统都有不同程度的影响。由于运动员身体发育的阶段性,决定了其机体各器官系统所能承受的各种性质的运动负荷限度,所以,在训练实践中,还要注意不能因为运动员机体具有较好的适应性,而盲目地让运动员承受无限度的负荷,会对运动员机体造成运动损伤,或导致过度疲劳等损害。当然,如果在运动员某项机能发展的敏感期,未给予足够的负荷刺激,也会导致训练不足。运动员某一机能系统在一定时间段内所能承受的运动负荷的最大值,应是训练安排中的最大值。对运动负荷量度的这一最大值进行准确把握应是教练员和运动员进行科学化训练所追求的重要目标。③运动负荷的个体属性。运动负荷的个体属性是指不同运动员对同一内容和量度的运动负荷的承受能力不同。只有针对运动员个体特点和现实承受能力来安排运动负荷,才能保证训练过程的顺利进行。从运动员成长的不同训练阶段来看,随着训练阶段的增长,运动负荷的个体性应体现得越明显。④运动负荷的专项属性。运动负荷的专项属性是指每个运动项目都有自己独特的制胜规律,对各种性质的运动负荷有着不同程度的需求。在训练实践中,由于对专项运动的性质认识不清,导致对负荷内容、负荷量度安排不合理,严重影响了运动训练效果的现象仍较普遍。我们认为,这是制约我国许多竞技项目水平低下的主要原因之一。因此,在安排运动员每次训练课的运动负荷时,至少应逻辑性地考虑以下三点:本专项是什么性质的运动,本次训练课的训练任务是什么,运动员机体的主导机能系统承受负荷的水平。

三、对 PIN 结合论运动员竞技能力发展模型与运动负荷的关系分析

(一) PIN 结合论的运动员竞技能力发展模型

根据我国非智力因素理论,运动员的智力因素(I)系统是运动训练活动的"执行—操作"系统,它的功能是分析与综合、比较与归类、抽象与概括、系统化与具体化、归纳与演绎等;运动员的非智力因素(N)系统是运动训练活动的"动力—调节"系统,它的功能是动力、定向、引导、维持、调节与强化等。运动员的体能因素(P)系统是运动训练活动的运动素质"基础—支持"系统,它的功能是为一切运动训练活动提供运动素质方面的身体基础,对一切运动训练活动起支持性作用。毫无疑问,一切运动训练活动需要运动员的身心因素皆参与其中,并相互作用,所以,在排除

客体方面的外部因素条件下,PIN结合论提出了表示运动员运动训练活动的成功公式:"在其他条件基本相同的情况下,A = f(PIN)。"这里的"在其他条件基本相同的情况下"就是指运动员的外部环境因素"E"。因为客体条件是运动员难以改变甚至无法左右的,因此,用"在其他条件基本相同的情况下",对客体条件加以限制。这样的表述是合情合理的,因为任何公式都不可能把所有的因素全部囊括进去,只是在某些条件限制的情况下,去探索和确定少数几个因素之间的关系。另外,PIN结合论认为,P、I、N三因素在运动训练过程中是函数关系而不是其他关系,并且,运动员竞技能力的进步或成功不是由P、I、N三因素中的某一个因素所决定,而是共同决定的。由于运动员P、I、N三因素恰好是三维关系,因此,PIN结合论构建了运动员竞技能力的发展模型:"立方体模型",见图6-2:

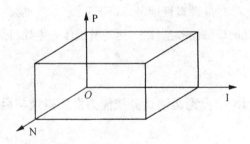

图6-2　PIN结合论的运动员竞技能力发展模型

如图6-2所示,PIN结合论用P、I、N三因素构成的"立方体"的体积形象地表示运动员综合竞技能力的大小。

(二) PIN结合论的运动员竞技能力发展模型与运动负荷的关系

由于不同类型的运动负荷的实施,对运动员P、I、N三因素的需求不同,所以,PIN结合论的竞技能力模型应处于一个不断变化的动态过程之中,受运动负荷类型的直接影响,两者之间具有密切关系。根据运动心理学,由于一切运动技术的掌握过程都是从"视觉表象"逐渐向"动觉表象"转移的过程。而不论是视觉表象,还是动觉表象,都属于智力的范畴,所以在技术学习活动中运动员的智力投入是最大的。就运动战术来讲,根据运动训练学的观点,运动战术可看作是技术的有目的运用,所以学习运动战术也需要运动员有相对较高的智力投入,更不必说,运动员对专业理论知识的学习了。由于"教学负荷"主要适用于学习技术、战术、专业理论知识的训练课,所以,一般来讲,"教学负荷"类训练课,P、I和 N 三因素彼此之间的关系可表示为:"P＜N＜I"模式,"训练负荷"主要适用于发展体能、技术能力和战术能力的训练课型。因为这种类型训练课的主要目的在于有针对性地发展运动员的某些运动素质,以保证技术能力和战术能力的提高。虽然在这类训练课中运动员也投入智力和非智力活动,但相对来讲,体能因素的投入或消耗最大,所以,P、I、N 三者的关系可表示为"I＜N＜P"模式。"比赛负荷"主要适用于各类正式或非正式的竞赛活动。众所周知,凡是比赛,运动员都应该做到"P""I""N"三者的高度统一与充分投入。所以,在比赛课中,一般情况下,P、I、N 三者的关系可表示为"P＝I＝N"模式。"恢复负荷"主要适用于运动员治疗伤病、调整、恢复体能等训练课。这类课主要是运动员在心理完全放松的条件下,通过较小量度的身体练习,尽快消除疲劳,获得超量恢复,以激发下一步的训练欲望。在这类训练课中,一般来讲,P、I、N 三者的关系应是"I＜P＜N"模式。

第二节 结 语

(1) PIN 结合论认为,传统的运动训练理论对运动负荷内涵的认识存在一定的片面性和狭隘性,运动负荷系统不仅包括负荷量和负荷强度,而且还应包括负荷内容。

(2) PIN 结合论认为,运动负荷可划分为教学负荷、训练负荷、比赛负荷和恢复负荷四种基本类型。

(3) PIN 结合论认为,运动负荷具有结构属性、机能属性、个体属性和专项属性等四种基本属性。

(4) PIN结合论认为,从运动负荷类型与运动员竞技能力发展模型的关系角度看,有四种基本的竞技能力发展模式:$P<N<I$、$I<N<P$、$P=I=N$ 和 $I<P<N$。

第七章

运动智力的品质

第一节 研究运动智力品质的意义

通过长期的实际观察和访谈发现,运动员的运动智力发展水平对其运动训练竞赛活动的影响是很大的。具体来说,可概括为以下三点:一是运动智力因素是影响运动员运动训练竞赛活动质量的重要因素之一,即指影响运动训练竞赛的质。菲拉古曾提出,篮球运动员的智商最低值不得低于90(罗季奥昂诺夫,1984),苏联的研究者还规定"智商在120以下者,原则上不能出席重大的国际比赛"(罗季奥昂诺夫,1984),虽然这种具体规定的理论和实践依据无从查找,但是,在一定程度上也说明了人们对运动员智力水平的高度重视。但从智力来讲,其一般的趋向是超常(上智)者能取得较高的训练水平,中常(中人)者能达到中等的训练水平,低常(下愚)者能获得较低的训练水平。孔子曾说:"中人以上,可以语上也;中人以下,不可语上也。"根据孔子的这一观点,在一定程度上也可以推断,不同智力水平的运动员可以达到不同的运动水平。二是运动智力因素是影响运动员技战术等训练活动速度的重要因素之一,即指能影响运动训练的量。也就是说,智力水平高的进步得快些,智力水平低的则进步得慢些。三是运动智力因素影响运动员参与运动训练竞赛活动的方式。从心理学的角度看,运动员的训练方式可以分为接受式和发现式两种,前者运动员往往被动地接受教练员的训练和指导,而后者往往积极主动地,甚至能独立进行训练。一般来说,这两种训练方式对运动员运动智力水平的要求是不一样的,后者往往对运动员运动智力的水平要求较高。实践证明,高水平运动员都具有本专项所需要的较高的运动智力水平和独立训练能力,而这种训练能力也是许多教练员所高度重视的,正所谓教练员们日常都要求运动员"带着自己的脑子"去进行训练和比赛。以上仅是简要地说明了运动智力对运动员运动训练竞赛活动的质、量和方式三方面的影响,实际上,运动智力还能对运动员的训练目的、态度和效果反馈等方面均产生一定影响。总之,运动智力的发展水平在很大程度上会深刻影响到一个运动员的成长和成才。若干年来,学界虽然就运动员的智力问题一直都在进行着若干视角与层面的探索,但是由于运动智力属于心理学范畴,对它的科学评价一直是一个悬而未决的重要理论与实践问题。本书是我们在前人研究的基础上,针对运动智力的品质问题进行的专门探讨,本研究不仅有助于丰富现代运动训练学与运动心理学的理论体系,而且还可为奋斗在运动训练一线的广大教练员有效甄别具体运动员的运动智力发展水平、提高训练与竞赛成效提供直接参考。

第二节 运动智力因素释义

《体育心理学》(高等学校教材,2001)指出,"讨论智力时应明确指明相应的领域"。因此,为增强研究的科学化,有必要对竞技运动员这一特殊社会群体在运动训练竞赛活动中的智力因素和非智力因素进行严格意义上的操作性界定。我国教育心理学家燕国材等人给智力因素与非智力因素的界定是:"人们的认识活动在认识客观世界的过程中逐步形成起来的一系列稳定的心理特点,我们把这些特点统称为智力因素";非智力因素是智力因素以外全部心理因素的总称,是意向活动在改造客观世界过程中逐步形成起来的一系列稳定心理特点的综合。联系竞技运动员的运动训练竞赛实际,采用演绎法,那么,运动智力因素就是指运动员通过认识活动在运动训练竞赛活动过程中逐步形成的一系列稳定心理特点的综合;运动非智力因素就是运动员通过意向活动在运动训练竞赛活动过程中逐步形成起来的一系列稳定心理特点的综合。

第三节 运动智力和非智力因素的划分依据与互动模式

以上对运动智力和运动非智力因素进行了操作性界定,在这里,还有必要进一步阐述两者划分的哲学依据。依据潘淑和燕国材等人所倡导的心理活动的"二分法",运动训练竞赛活动是一种典型的实践活动,这种实践活动必然包括认识活动和意向活动两大系列。在运动训练竞赛活动过程中,运动员既有认识活动的参与,也离不开意向活动的参加。前者要求运动员必须进行观察(感知)、注意、记忆、思维和想象等主体认识活动;后者要求运动员也必须有动机、兴趣、情感、意志和性格等意向活动的积极参与。因此,运动员复杂的心理系统可划分为运动智力因素系统和非智力因素系统两大系列。其中,运动智力因素系统构成运动员运动训练竞赛活动的心理结构,起着认识作用,是"执行-操作"系统;而运动非智力因素系统则是运动员一切运动训练竞赛活动的心理条件,是"动力-调节"系统,具有动力、定向、调节、强化、引导、维持等六大基本功能。毫无疑问,一切运动训练与竞赛活动都必须建立在运动员全部心理活动亦即运动智力因素和运动非智力因素的基础之上,也就是说,运动员的运动智力和运动非智力因素都要积极投入到运动训练或竞赛过程之中。实践证明,在运动训练竞赛活动过程中,运动员的认识活动和意向活动是相互制约,相互促进的,即运动智力和非智力因素彼此之间具有互动关系,两者共同影响各种运动训练与竞赛过程。从运动智力活动的角度看,在运动智力活动中,要求运动非智力因素的积极参与,以支持运动智力活动的有效开展,于是运动非智力因素在支持运动智力活动、坚持完成运动智力任务的过程中,其本身自然也就获得了锻炼与提高。比如运动智力活动要求运动员克服困难,这就锻炼了运动员的意志品质。从运动非智力因素的角度看,运动非智力因素参与运动智力活动,使其得以坚持下去,取得最后成功,这就必然要促进运动智力的发展。通常我们所讲的天才出自勤奋,就充分说明了运动非智力因素对运动智力因素的促进作用。另外,依据心理学理论,人的各种意向或认识活动受大脑皮层某一神经中枢的控制,在某一时刻或时间段总有某一神经中枢处于主导地位(或优势地位),虽然具有其他功能的其他神经中枢也在发挥作用,但处于可意识层面的心理活动(包括智力活动和非智力因素活动)在某时间段或时间点却是唯一的,换言之,在有意识层面上,运动智力活动和运动非智力因素活动是交替进行的。不言而喻,以运动员的心理活动为基础的整个运动训练过程是一个持续的动态过程。综合以上分析,我们认为运动员的运动训练竞赛过程存在两条相互作用着的心理流,一条是认知流即运动智力流,一条是意向流即运动非智力因素流。因此,控制运动员运动训练与竞赛活动过程的运动智力和非智力因素的关系可用如下互动模式来形象表示,见图7-1。

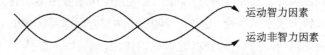

图7-1 运动智力和非智力因素的互动模式

为了解运动智力因素和运动非智力因素对运动训练竞赛过程的影响情况,我们也专门跟部分有经验的教练员进行了交流。据访谈,许多教练员认为,深刻认识运动智力和非智力因素的这种辩证互动关系不仅对于取得理想的运动成效至关重要,而且对于一个运动员的不断成熟和健康成长也是具有决定性意义的。还有教练员认为,因为不论是运动员的运动智力系统,还是运动非智力因素系统都涉及众多因素,所以,在具体的执教过程中,教练员就必须不断总结运动员和具体运动项目在这些方面的需求特点,这是由具体运动项目的性质所决定的。有教练员也认为,只有以对具体运动项目具有决定性作用的那些运动智力和非智力因素为训练竞赛抓手,才可能真正把提高运动效益和提升运动员的专项运动素养与综合竞技能力落到实处。

第四节 运动智力的主要品质

在详细阐述了与运动智力有关的几个问题的基础上,我们再深入探讨运动智力的品质问题。运动实践证明,运动智力是一个完整、独特的个性心理特征,运动员运动智力的好坏、水平的高低,不是由运动智力各构成因素分别决定的,而是由运动智力的整体结构决定,所以,具有完整结构的运动员的运动智力,应具有一些密切联系和相互制约的心理品质。据《辞海》,品质是指"行为、作风上所表现的思想、认识、品性等的本质"。在这里,运动智力的品质是指运动员在运动训练竞赛活动中所表现出的认识即智力方面的本质。通过多年的实践观察与理论分析,我们认为,运动智力主要有以下六大品质。

一、运动智力的针对性

所谓运动智力的针对性,是指在运动训练竞赛活动中运动员的智力活动能针对既定的运动目的和任务。运动智力的针对性能保证运动员一切智力活动能最顺利、最经济地进行,能保证每一个具体的智力活动细节都是整个智力活动的有机组成部分,它是特定运动情境条件下的智力活动的总指导。据访谈,许多教练员认为运动员在这一品质方面的差距是很明显的。在具体的运动过程中,有的运动员的智力活动表现出了很强的针对性,他们目标明确,善于抓住问题的关键,总是有的放矢地去不断解决阻碍运动顺利进行的各种问题。而有的运动员则表现出智力活动的低针对性,漫无目的,总是东想西想,抓不住问题的关键。由于运动员的运动智力是一个完整的结构,运动智力的其他品质都会受到针对性这一品质的制约,进而影响运动效果。因此,在具体的运动实践中,广大教练员应高度重视有意识地培养运动员运动智力活动的针对性。可以说,没有运动智力的针对性,运动员智力活动的其他品质都将会失去它应有的光彩。

二、运动智力的预见性

所谓运动智力的预见性就是指运动员的智力活动能在现实运动过程中预测马上或以后发生的情况并能做出适当的行动安排与计划。如在决胜时刻高水平举重运动员和教练员对试举重量的明智选择就是运动智力具有预见性的一种表现。根据智力理论,运动智力的预见性是运动员智力结构整体活动的集中表现,也就是说,在具体的运动实践活动中,如果没有运动员各具体运动智力因素的完整整合,那么是无所谓运动智力预见性的。因为一切预见性都是以掌握事物发展的客观规律为基础的,所以,对运动员来讲,运动智力的预见性是以他们掌握大量运动规律为前提或基础的。运动实践证明,运动智力的这一宝贵品质在不同的运动员之间也存在明显的差别。如有的运动员在具体的运动实践中能够站得高、看得远,对活动的发展动向能够了如指掌,在行动上能够做到明智的选择,并能取得好的运动成绩;而有的运动员则表现出通常讲的思维麻木,就事论事,鼠目寸光,对活动的发展动向无法预测。众所周知,运动过程是典型的动态过程,影响其发展,演变的主客观因素很多,这些因素并且时刻都处在此消彼长的变化之中,要达到理想的运动成效,的确离不开运动智力活动的预见性。

三、运动智力的广阔性

运动智力的广阔性是指在运动过程中运动员的任何一种智力活动都不局限于一定的范围之中,而是能合理地向周围扩展。不论在训练活动中解决训练难题,还是应对竞赛困难都需要运动员有出色的广开思路、触类旁通的智力品质。其实,教练员们通常所讲的有些运动员在大赛中表现出的"脑子活、办法多、思路开阔"等特点,实质上就是说这些运动员的智力活动具有广阔性。孔子认为"闻一知二"的智力水平,不如"闻一知十"者,是很有道理的。现在,国外心理学界认为,富有求异思维的人比富有求同思维的人具有更高的智力水平,这也是基于智力活动的广阔性来说的。在运动过程中,运动员所表现出的智力活动的广阔性差异主要体现在:①有的运动员思路宽广,能从多角度、多层次、多水平去考虑问题。②有的运动员则思路狭窄,常常把自己的智力活动局限在习惯的,或固有的框框之中。通过对一些教练员和优秀运动员的谈话了解到,运动员这一宝贵的智力品质是以不断积累丰富运动经验和广博的专业知识为基础的。运动实践反复证明这样一个道理,一个运动员运动经验越丰富,运动知识越多,则解决运动难题的路子就越宽。因此,从一定意义上讲,强调运动员一般文化知识的重要性是必要的,但作为职业运动员来讲,教练员更应该重视运动员专业运动规律和知识的教育与传授。

四、运动智力的灵活性

所谓运动智力的灵活性是指运动员的智力活动对运动过程中出现的各种各样的问题和困难能够迅速地做出最好的解决。从理论分析的角度看,正确理解运动智力的灵活性,需要注意三点:①任何运动过程中的问题和困难都必须能够及时解决,如果在运动困难面前束手无策,那就谈不上运动智力的灵活性。②在运动过程中,如果情势发生了变化,运动员的智力活动能够迅速适应形势,立刻变通,拿出有效的办法并采取及时行动就是其运动智力具有高度灵活性的表现,而不知通权达变的运动员,其运动智力活动是没有灵活性可言的。③在运动过程中,还必须保证通过自己的运动智力活动不能由于解决了一个问题又引起了新的问题或困难。据访谈,运动智力的这一品质,在不同的运动员之间差别很大。许多教练认为,在具体的运动训练竞赛活动过程中,有些运动员可以说是眨一下眼睛就是一个主意或办法,其智力活动灵巧多变,他们也往往博得教练和自己同伴的喜爱,而有的运动员只是身体素质过人,在运动过程中其智力活动笨拙少变,甚至不变,正如俗话所说"背着竹竿过不了城门"。实践证明,这样的运动员是很难走上最高领奖台的。从生理学的角度讲,运动员运动智力活动的灵活性与其大脑皮层神经过程的灵活性程度有关。从兴奋转到抑制,或从抑制转到兴奋都很敏捷的运动员,其运动智力活动就会有很大的灵活性,反之亦然。许多教练认为,运动员在运动过程中具有头脑的灵活性很重要,虽然很难培养,但是若长期进行引导性开发还是可以见成效的,另外,运动员自己若是在某种运动情境中能够有意识注意保持自己头脑的灵活性,那么,对于完成运动训练竞赛任务也是十分必要和有帮助的。

五、运动智力的深刻性

所谓运动智力的深刻性是指在运动训练竞赛活动中运动员的智力活动在广阔性的基础上,又能深入到某一个侧面或某一条路子上,从而彻底完全的认识所遇障碍或困难的本质,并解决问题。应该讲,广阔性和深刻性是相反相成的两种运动智力品质。广阔性是深刻性的基础,没有广阔性就没有深刻性;深刻性又是广阔性的深入,如果没有深刻性,广阔性也一般没有意义。据访谈,许多教练员认为,在具体的运动训练竞赛活动中,运动员的智力活动在这一方面的差异也很大。同样,从理论概括的角度讲,运动员在这方面的差异主要表现在:①有的运动员对运动中遇到的问题能入木三分,解决问题能抓住问题的关键。②而有的运动员则往往被现象所迷惑,看问题流于表面,解决实际问题惯于抓瞎。如果同优秀运动员交谈,我们很容易体会到运动智力活动要具有深刻性品质需以运动员丰富的运动经验和专精的运动知识为前提和条件。因此,我们必须高度重视运动员运动经验的不断积累和专业运动知识的教育。一般来说,运动员对专业知识越精,看问题就会越深入,解决实际问题的能力就越强,反之,相关运动知识越贫乏,则看问题就越肤浅。

六、运动智力的创造性

所谓运动智力的创造性是指在运动训练竞赛过程中运动员通过积极的智力活动善于发现、创造并运用新的技术、战术等新事物。据观察,在运动训练竞赛活动中,富有创造性的运动员都具有如下特征:①独立解决问题的能力强,能用怀疑、批判的眼光看待一切,努力提升自己的竞技能力和改变现状。②总试图打破旧框框,根据主客观条件提出新设想。③独立性强,有革新创造思想,不随波逐流,喜欢另辟蹊径。运动智力系统是运动员一切运动训练竞赛活动的执行—操作系统,具有认识功能,运动智力活动的创造性应是运动员运动智力品质的集中表现,没有创造性,运动智力的其他品质都将大大降低应有的价值。运动实践反复证明,对运动员来讲,一切依据自己的体能、技战术等竞技因素的巧妙组合而取得的重大胜利无不折射出他们竞赛时审时度势的创造性发挥,由此可见,运动智力的创造性是一个运动员竞技制胜的关键因素。但在此需要指出一点,现在国外有学者认为,智力与人的创造力关系不大。通过研究创造力高的建筑家、数学家、作家、物理学家和工程师等人群,结果除数学家的智力与他们的创造力高低有极小的相关系数外,其他的都等于零。他的结论是智力属于低能者固然缺乏创造力,但智力高者其创造力不一定也高。我们认为,这些观点实质上就是否定智力应当具有创造性的品质,他的观点是值得商榷的,因为他所说的智力是智力测验中的智商,与作为一种活动或过程的智力是有区别的,是与运动实践不相符的,因此,他的智力与创造力没有必然关系的观点就不一定科学了。从竞技运动的角度看,我们认为,在其他条件相等的情况下,运动智力高者,其创造性也必然高;而运动智力低者,其创造力也必然低。通过对一些高级教练员的访谈,他们都赞同这一观点,并认为创造性是一个运动员运动智力所固有的品质,没有创造性就无所谓运动智力,衡量一个运动员运动智力水平的高低一般可以用其在运动过程中的创造力的大小作为标准。

第八章

竞技运动员"五练"的非智力因素基础

训练态度是竞技运动员（以下简称运动员）的一种内在心理现象，是外界因素与运动员个体反应之间的中介因素，它调节着运动员对各种训练行为的选择和反应，影响着运动训练活动的效率和效果。在日常的运动训练活动中，运动员的训练态度可概括为——愿练、好练、乐练、勤练和独立训练五大类型。从我国非智力因素理论的角度看，这五大类典型训练态度，是以运动员非智力因素的发展水平为心理基础的，也就是说，运动员的这五练与非智力因素具有内在的逻辑关系。本文是对运动员"五练"的性质、原则和方法等问题进行的细致探析。

第一节 愿 练

一、"愿练"释义

"愿练"是运动员以训练动机为基础或手段，并与运动训练活动协调统一的一种训练准备状态。这个概念包含四层涵义：①训练动机是愿练的基础。运动训练动机是在外部条件激发与内部因素转化情况下产生的，只有当运动员对运动训练活动有了一定的训练动机之后，才会愿意进行训练活动，不是"要我练"，而是"我要练"。没有任何训练动机的运动员,从根本上讲,是不可能产生运动训练愿望的。②训练动机是愿练的手段。由于训练动机是运动员愿练的心理机制,所以,运动员就应当把训练动机作为愿练的手段,即创造出一种良好的渴望发展自己竞技能力的训练气氛,并立即投入训练活动。③训练动机与训练活动的协调统一。这又有两层涵义:一是训练动机与训练活动的关系是辩证的,即在训练前,可以激发训练动机,以便引起进行训练的愿望,但没有训练动机之前,也可以先进行训练活动,以便通过训练活动,来引起训练动机。二是训练动机必须自始至终贯穿于运动训练活动的整个过程,才会使两者始终保持协调统一的局面。④愿练是一种积极的运动训练准备状态。愿练还不是一种实际的运动训练活动,它只是为运动训练活动进行了必要的心理准备,包括运动员"情知"两方面的积极性。

二、"愿练"的意义

我国先哲孔子就学习问题早就讲过"知之者不如好之者",这对于运动员同样具有深刻的启发意义。孔子所讲的"知之",对运动员来讲,就是"知练",它为"愿练"奠定了心理基础。只有愿练才能促使运动员做到"我要练",而不是别人"要我练"。

三、"愿练"的原则

要想愿练,运动员还必须遵循如下三条原则:①认识与意向的协调统一。根据我国教育心理学家燕国材教授提出的非智力因素理论,人的形形色色的心理活动,可一分为二,即认识和意向。就运动员来讲,前者就是运动员对训练活动的目的、意义等的认识;后者就是运动员如何对待运动训练活动的意向。运动员对运动训练活动的认识与意向不发生矛盾,才能形成真实的愿练,反之,就不能产生愿练,或产生虚假的愿练。②意向与行动的结合。由于愿练还仅仅是一种训练态度,不是实际的训练行动,所以,必须把意向与行动结合起来,即有了训练的意向之后,就应立即投入训练活动,并通过这种训练活动,巩固已有的训练意向。③动机与效果的统一。由于训练动机与训练效果以训练行为为中介,受各种主客观因素的制约,所以,训练动机与训练效果之间是错综复杂的关系。为了要保持好的训练动机与训练效果的统一,就必须改善影响运动训练的主客观条件,保证运动员积极地投入训练。

四、"愿练"的方法

愿练的方法就是探讨如何激励运动员愿练的问题,可归纳为如下四对方法:

(1) 目标与反馈。在运动训练活动中,运动员总有训练目标。而训练目标的大小、高低,往往依赖于运动员的抱负水平。心理学实验和实践经验都证明,在追求运动训练目标过程中,运动员如果能及时知晓训练的效果,对于激发其训练动机,调动其训练积极性具有显著作用。由此,对运动员设置适宜的近期、中期和远期训练目标,重视对训练效果的及时反馈非常必要。

(2) 表扬与批评。研究证明,一次表扬和一次批评,对于强化运动员的训练动机同样有效,而继续使用批评与表扬,则前者的效果不如后者。据此,对运动员运用表扬与批评应注意以下几点:一是无论是表扬,还是批评都不能滥用,必须实事求是。二是要多用表扬,少用批评,特别是对那些运动成绩暂时落后的运动员。从管理学的角度说,任何人都是"顺毛驴",多发现运动员的点滴进步和闪光点,不吝表扬,是教练员的明智之举。三是不论表扬,还是批评,都要针对运动员的特点。心理学证明,男孩子易受批评的影响,而女孩子易受表扬的影响;成绩差的运动员对表扬的反应积极,对成绩好的运动员要严格要求,不宜多表扬;对傲气十足者要批评多于表扬,而对于信心不足和胆小自卑者要表扬多于批评等。总之,表扬与批评的运用是一门训练艺术。

(3) 竞赛与合作。研究证明,无论竞赛或合作都能激发运动员的训练动机。在运用竞赛与合作时,应注意以下几点:一是竞赛与合作运用必须适当,切不可滥用。因为频繁的竞赛和合作,会造成过分紧张的训练气氛,加重运动员的训练负担。二是,虽然团体竞赛的效果不如个人竞赛的效果,但仍应适当运用团体竞赛的训练形式,来培养运动员团结合作的集体主义精神。三是要多提倡个人或团体的自我竞赛。如鼓励运动员力求"今天要比昨天强,明天更比今天强"。四是增加参赛次数,不断让运动员获得比赛经验和成功,以提高其自信心和自尊心。

(4) 期望与评价。运动员的期望表现在两个方面——教练员对运动员的期望和运动员对自己的期望,两者都能激发运动员的训练动机。教练员要善于组织运动员的期望,对那些因成功体验而期望过高的运动员,应适当降低其期望值;对那些因失败而期望过低的运动员,又应帮助他们提高期望值。教练员对运动员的期望,可以在对运动员训练行为的客观评价上反映出来。评价的形式是多种多样的,前面所说的表扬与批评,实质上就是两种评价形式。

第二节 好 练

一、"好练"释义

"好练"是以运动员的训练兴趣为基础或手段的一种兴趣与训练活动协调统一的运动训练过程或训练方式。这个概念有四层涵义:①兴趣是好练的基础。自孔子开创好学的优良传统以来,历代都有很多学者重视兴趣在学习中的作用。毫无疑问,运动训练属于广义的学习范畴,是一种特殊的学习,特殊的教育,因此,用先哲孔子倡导的好学思想看运动训练活动,就是运动员的"好练"问题。清代文学家王筠曾深刻地指出:"学生是人,不是猪狗。……人皆寻乐,谁肯吃苦?"在他看来,寻求乐趣是人们的天性,每一位学生都是乐趣的追求者。由此推及竞技运动训练,运动员对训练活动也必须"得有乐趣",才能形成好练机制。②兴趣是好练的手段。兴趣是人的天性,是运动员好练的心理机制,因此,应当把兴趣作为好练的手段,即营造趣味洋溢的训练气氛,让运动员保持乐趣盎然的训练心态。③兴趣与训练活动的统一。这主要表现在:一是在整个运动训练过程中,运动员都要有兴趣的伴随,即让运动员在乐趣中开展训练活动。二是在训练前,应尽可能地激发运动员的训练兴趣,但是,在毫无兴趣的条件下,也可以着手训练,以便通过训练产生兴趣。实践证明,兴趣可以推动训练活动,训练活动也可以滋生训练兴趣。④好练既是一个训练过程,也是一种训练方式。前者是说,好练的过程就是兴趣与训练活动相互推动,共同提高的过程;后者是说,兴趣应当伴随一切选择的训练方法。凡是有兴趣伴随的训练方法,就可称之为"兴趣训练法"。

二、"好练"的意义

孔子讲的"知之者不如好之者",为运动员的"好练"提供了理论依据。对运动员来讲,可以说,"好练,近乎强"。探讨好练的意义,实质上就是强调兴趣对运动训练活动的作用。实践证明,激发训练兴趣,养成好练精神,才会使运动员对艰苦甚至是残酷的训练活动达到"不忍舍"的地步,越练越有劲。

三、"好练"的原则

要养成好练精神,发挥好练作用,还必须遵守下列几条原则:①好练与愿练结合。愿练与好练虽然是两个层次,两种境界,但两者并不是对立的,而是相辅相成的。一般来讲,愿练是好练的前提,即先有训练愿望,然后才出现好练行为;而有了好练行为之后,又会巩固已有的愿练动机,愿练—好练—更愿练—更好练,两者可以如此循环往复,以至无穷。②好练与乐练交融。"好练"就是对运动训练有兴趣,"乐练"就是对运动训练有快乐感。而兴趣总带有一定的感情色彩,快乐感属于情感因素。

作为非智力因素系统重要组成部分的情绪、情感因素,是运动员好练和乐练赖以交融的共同基础。③会练与练会的统一。一般来讲,都普遍重视运动员对专项运动技战术等的"练会",而这里要强调运动员对训练内容的"会练"。笔者认为,会练的目的在于练会,如果什么都练不会,那么会练就只是一句空话。同样,要练会就必须会练,即发展运动员的智力,掌握训练方法,善于确定训练目的与计划,善于调控训练情绪与行为,善于激发训练兴趣与动机等。会练和练会是手段与目的的关系,运动员的好练应当把会练与练会统一起来。

四、"好练"的方法

好练的方法不是一个具体的训练方法,而是一个方法体系。这个体系,一般可由三个环节组成:①激发诱导。在训练前,应采取一定的激励手段,把运动员的训练兴趣和认识都激发起来,进入心理准备状态。因为,只有当运动员的训练兴趣与对训练的认识都有一定的准备,训练活动才易展开。②交融展开。所谓交融展开,就是在运动训练过程中,运动员应该做到"趣中得知,知中生趣"的结合。这有两种情况:一是感性的交融展开,就是指运动员在感知、观察的过程中,始终保持浓厚的兴趣,用兴趣推动感性认识,又用感性认识不断地引发、强化训练兴趣。二是理性的交融展开。即在思考、理解的过程中,运动员乐趣横生,用兴趣推动理性认识,也用理性认识不断地引发训练兴趣。但这需要一个必不可少的条件,就是无论是感性认识,还是理性认识,都要与满足运动员的某种运动需要相联系。只要时时以满足运动员的某种需要为终结和目的,来设计运动训练的一切工作,就能实现训练兴趣与认识的交融。③总结评价。总结评价的目的,就是要让前一训练阶段有个好的结束,又使下一阶段有个好开端。阶段性检查评定,不单纯是诊断训练成果,同时,还应通过评价,来巩固已有的训练兴趣。好练方法体系的三个环节可归纳如下,见表8-1。

表8-1　好练方法体系的三个环节

环节	基本涵义	主要作用
激发诱导	在激发训练兴趣的同时,也使相应的训练认识进入准备状态	做好训练准备,以便积极主动地投入具体训练活动之中
交融展开	在运动训练过程中,做到趣中得知、知中生趣的结合	以满足运动需要为中介和目的,让运动兴趣和认识相互促进
总结评价	通过对训练成效的评价,来巩固并促进训练兴趣的增长	使前一阶段的训练有个好的结束,又使下一阶段的训练有个好的开端

第三节　乐　练

一、"乐练"释义

"乐练"是以快乐感为基础或手段的一种乐与练协调统一的运动训练过程或训练方式。这个概念包括四层涵义:①快乐是乐练的基础。心理学的研究证明,快乐感是与生俱来的,每一个人都应当是快乐的人。运动员从事运动训练活动也应是快乐的,这是乐练产生与形成的依据。②快乐是乐练的手段。在某种意义上,人的本质应当是快乐的,所以,人不能没有快乐。有了快乐,人的生活就会有声有色,干劲十足;反之,生活就会枯燥乏味、少气无力。据此,运动员必须把快乐作为训练的一种手段。③快乐与训练协调统一。这实际上就是"情练"的协调统一问题。长期以来,很多人都把运动训练看作是一个高体力投入的"练"的过程,而把运动员的情知因素摆在了次要位置。根据竞技体育的特点,大力发展运动员的体能,理所当然,无可厚非,但是如果割裂了人的身心发展的完整性,将是行而上学的训练观,最终不会收到好的效果。20世纪60年代,受人本主义教育思想的影响,人们开始重视"情感"问题,并引入了教育领域。现在竞技体育领域也开始重视运动员的情感问题,并逐步形成了一个共识,就是在运动训练活动中,必须注意把运动员的"情感",调控到与发展体能、技能和战术能力相匹配的程度。乐练就是这种情练关系的具体表现与最佳载体。④乐练既是一个训练过程,也是一种训练方式。说乐练是一个训练过程,是因为运动训练应当是有快乐参与的过程;说乐练是一种训练方式,是因为快乐应当伴随所选择的一切训练方法。因而,凡是有快乐伴随的训练方法,便可称之为"快乐训练法",它与勤学苦练法相对应。

二、"乐练"的意义

《吕氏春秋》的作者认为"人之情不能乐其所不安,不能得其所不乐",《淮南子》的作者说"同师而超群者,必其乐之者也"。笔者认为,在运动训练实践中,必须激发运动员的情感,"使其趋向鼓舞,中心喜悦",如果运动员能做到以"内乐"积极参与各种训练活动,那才真正称得上"乐练"。20世纪80年代,在我国教育界逐渐形成起来的愉快教育或快乐教育,对于倡导运动员的"乐练"也有很大的启发意义。

三、"乐练"的原则

乐练的一条基本原则就是上面提到的乐与练协调统一原则。以此条基本原则为基础,还可概括几条乐练原则:①乐勉结合。这一原则的实质就是要求运动员把乐练与勤练结合起来。明清之际的王夫之独具创见地提出:"学者不自勉,而欲教者之俯从,终其身不知不能而已矣;且勉强之功,亦非和乐终不能勉;养蒙之道通于圣功,苟非本心之乐为,强之而不能终日。"王夫之的以上"乐勉结合"的学习观点,对于认识运动员的乐练也很有借鉴意义。另外,倡导乐勉结合,还应注意三点:首先,开展乐练。其次,进行"勤练"。最后,强调运动员在训练过程中的乐与勉的辩证关系。要以"乐"去支持"勉",以"勉"去推动"乐","乐"中有"勉","勉"中有"乐",乐勉结合,相互推进。②"内乐"与"外乐"统一。《淮南子》把"乐"分为"以内乐外"和"以外乐内"两种。前者可称为"内乐",它是指一种发自内心的快乐,一般为时较长,意义也较大,又可谓之"心灵乐";后者称为"外乐",它由外在的环境所引起,一般为时较短,意义也较小,又可谓之"情境乐"。在处理运动员的内乐与外乐两者关系上,应注意四点:一是创设相应的运动训练竞赛情境,以激发运动员的外乐,作为乐练的切入口。二是培养运动员对训练活动的动机、兴趣、热情等非智力因素,以唤起内乐。三是即使运动员有了强烈的内乐之后,仍应利用各种因素去引发外乐。四是强调运动员的内乐,适当辅以外乐,使两者主辅结合,轮流交替。③快乐与成功交融。在乐练过程中,快乐与成功是紧密联系而又不可分割的。为促使运动员建立"成功—快乐—成功"的良性循环机制,而避免"失败—沮丧—失败"的恶性循环机制,应当根据运动员的实际情况,当采取多种训练方式,提出不同的要求。快乐与成功的交融是运动员保持乐练的关键。

四、"乐练"的方法

乐练的方法可称为"快乐训练法"。它可由四个环节构成:①乐而后练,也可简称为"先乐"。它是指在运动训练之前,运动员就进入快乐状态。如果某运动员本来就是一个有平常心、生活愉快、乐观向上的人,要进入快乐状态是比较容易的,反之,如果在训练前处在某种激动、烦恼、甚至悲观失望的情绪状态之中,那就要进行积极的自我调节。运动员可运用直观法(听一听悦耳的音乐,看一幅悦目的图画等)、回忆法(回想自己以往某种愉快的运动情境或体验等)、想象法(预想即将获得的某种快乐的训练结果)等,以帮助自己尽快进入快乐的非智力准备状态。这一状态不单纯局限在情感范畴之内,而且还可以激发起自己的认知准备状态,形成一种情知交融的心理准备状态。②寓乐于练。也就是练中乐,有两种情况:一是引入的乐,即训练前准备状态的快乐渗入训练活动之中;二是自生的乐,即运动员对训练内容、方法、手段、过程等所产生的快乐。③寓练于乐,也就是"乐中练"。同练中乐一样,乐中练也有引入与自生两种情况。上述寓乐于练和寓练于乐是同一过程的两个方面。练中乐是指在训练中求得快乐,重点放在训练上;乐中练是在快乐中展开训练,重点放在快乐上。④练而后乐即"后乐"。它是指训练活动告一段落之后,运动员仍然保持一种快乐状态。应当强调的是,乐练方法既然有先乐与后乐,那么,介乎两者之间必须有一种中间乐。这"中间乐"就是乐中练与练中乐的结合。由此,乐练方法便由先乐—中间乐—后乐三个环节构成,见表8-2。

表8-2 乐练方法的三个环节

三个环节	基本涵义	主要作用
先乐	训练前孕育的快乐的情绪准备状态	激发认知、提高身体唤醒水平,进入准备状态从而形成一种情知交融的心理准备状态
中间乐	训练过程中的情知交融状态:寓乐于练,寓练于乐	在训练中求得快乐,在快乐中展开训练。乐练协调,情知交融,身心愉快,练必有成
后乐	训练后保持的快乐的情绪状态	用后乐促先乐,以先乐启后乐,乐乐相生,乐练必成

第四节 勤 练

一、"勤练"释义

勤练是运动员以坚强的意志为基础或手段的一种勤奋与训练协调统一的训练过程或训练方式。这一概念包含四层涵义:①意志是勤练的基础。心理学的研究证明,人生来是没有任何意志可言的,或者说只具有简单软弱的意志。随着年龄的增长,特别是自我意识的出现和加强,并经过各种社会实践活动的磨炼,才逐步形成了坚强的意志。勤练就是运动员以坚强的意志长期进行艰难运动训练活动的过程。②意志是勤练的手段。我国流传已久的一则勉人勤学的对联"书山有路勤为径,学海无涯苦作舟",对于运动员的勤学苦练同样可鉴。③意志与认识的协调统一。运动员对训练的认识需要运动员的意志和勤奋,而当运动员对运动训练的认识有所收获之后,越能催其奋进,乐而忘苦,增进意志。④勤练既是一个训练过程,也是一种训练方式。从前者看,指意志伴随整个训练过程;从后者看,意志即勤奋与刻苦与很多训练方法有关。从这一角度看,凡是有意志参与的训练方法,可称为"勤学苦练法"。

二、"勤练"的意义

唐代著名思想家、文学家韩愈在《进学解》中说:"业精于勤,荒于嬉。"《淮南子·泰族训》也明确地指出:"人莫不知学之有益于己也,然而不能者,嬉戏害之也……以弋猎博弈之日诵诗读书,闻识必博矣。"这两段话从正反两方面告诫人们学习要勤奋,那么,对于运动员来讲,就是勤学苦练有助于高效地完成训练任务。

三、"勤练"的原则

为了使勤练收到预期的效果,需要遵循以下三条原则:①劳逸协调。在长期艰苦的运动训练过程中,必须注意劳逸协调。古人云:"一张一弛,文武之道。"真正的勤练,不是一味地"苦练""死练",而是讲究劳逸结合的科学化训练。②勤巧结合。为了合乎运动训练的经济性原则,就不能单纯提倡苦练,还要讲究巧练。讲求巧练就是要求运动员应时刻注意学习、掌握正确的、适合自己的训练方法,娴熟训练策略。③苦乐统一。运动训练活动,既有艰苦的一面,也有快乐的一面。要搞好运动训练,运动员就必须让两者协调统一。如果总是强调运动训练艰苦的重要性,而忽视其快乐的价值,运动员可能会"为九仞高山,功亏一篑";如果只强调乐练,忽视苦练更不行,这是不懂运动训练中的苦乐辩证法的表现。

四、"勤练"的方法

勤练可由一系列具体的训练方法组成,主要有:①目标训练法。它的基本涵义,就是进行运动训练运动员一定要有目标。根据心理学,目的性是意志活动的一个基本特征。目标训练法就是以意志的目的性为依据的。可以说,没有自觉的目的,就没有所谓的意志行动;同样没有一定的目标,运动员也就谈不到勤学苦练。训练目标应有适当、明确、具体的特点。一个不具备这三大特点的训练目标,到头来只会是一纸空文。另外,训练目标可以有远、中、近三个层次,这三个层次的训练目标应当构成一个完整的训练目标体系。②计划训练法。它的基本涵义,就是以一定的训练目标为导向来安排训练进程的计划与步骤。心理学指出,意志过程由决心、信心与恒心三个环节组成,而这三个环节外化为决定与执行,其最终则体现在计划的制定与操作上。没有一定的训练计划,就无所谓意志活动。同样,没有一定的训练计划,也不会有勤学苦练的行动。③调控训练法。它的实质是指在运动训练过程中,运动员及时对自己的某些心理与行为进行控制与调节。心理学也指出,意志具有调控性,调控训练法就是以意志的调控性为依据的。可以说,没有调控性,就无所谓意志活动。训练调控法主要表现在两个方面:一是发动,即激励对训练活动有利的心理和行为。二是制止,即对训练有害的心理和行为进行控制。运动员只有做到当行则行,当止则止,才算真正掌握了训练调控法。④自我管理训练法。它的实质是要运动员及时地对训练质量进行自我督促与自我检查。主要表现在以下四个方面:首先,对训练内容的质量管理。其次,对训练方法的质量管理。孔子说:"工欲善其事,必先利其器"。再次,对训练时间的质量管理。最后,对训练效果的质量管理。训练效果的得失好坏,是自我管理训练法的核心。前三方面的质量管理,最终都要落实到这个方面的管理上。

第五节 独立训练

一、"独立训练"释义

"独立训练"态度是运动员性格独立性的一种表现,或者说,性格独立性是运动员独立训练的心理基础。所谓独立训练就是指运动员在训练活动中不断激发自主意识,发挥主动性与创造性的一种训练过程与训练方式。运动员的独立训练包括两种形式:①独立工作。"独立工作"通常是在运动队集体训练的条件下进行的,即运动员在一定时间内完成教练员所制定的训练任务,它包括这样一些因素:(a)教练员布置一定的训练任务并要求在一定的时间内完成;(b)完成这些任务时没有教练员的直接参与;(c)为了完成这些训练任务,运动员要克服许多智力、非智力和体力方面的困难与障碍。②自练。"自练"通常是在脱离教练员指导的非训练课的条件下,由运动员完全独立地进行训练。这一训练方式的基本组成因素,如训练目的、内容、训练动机、训练方法与检查方式等,都由运动员本人确定。自练不只是运动员为改善自己竞技能力的一种积极行为,也会使自己个性的内部得到更深刻的发展。在这个意义上说,自练始终是与运动员的自我教育和追求自我提高分不开的。根据训练实践,成熟的自练是由运动员改善自我个性的动机所引起,自练的内容和方式都服从这种训练动机。由此可见,独立工作有半独立的性质,而自练才算真正意义上的独立训练。

二、"独立训练"的意义

运动员独立训练的价值和意义,体现在以下六个方面:①有助于积极训练态度的养成。一般来讲,独立训练者是"我要练",而不是"要我练",这就为养成正确的训练态度奠定了基础。②有助于自主意识水平的提高。独立训练是与运动员的自主意识提高不可分割的。自主意识是独立训练行为的内部基础,自主意识的水平越高,独立训练的效果就越好;同样,独立训练又是培养运动员自主意识的基本途径。③有助于发展运动员的智力。一般来说,独立训练者总是主动地、创造性地运用自己的智力,解决训练遇到的各种问题,这无疑对发展的运动智力是有益。④有助于发展运动员的非智力因素。一般地说,在独立训练过程中,运动员的各种非智力因素都会积极主动地参与进去,这无疑对开发、提高运动员的各种非智力因素大有好处。⑤有助于运动员掌握训练方法与手段。训练方式可以划分为接受式和发现式两种,接受式又可划分为机械接受式和主动接受式。一般来讲,独立训练者善于运用主动接受式和发现式。⑥有助于培养自我评价能力。自我评价是独立训练过程的一个重要环节。经常的自我评价可促进运动员自我评价能力的提升。

三、"独立训练"的原则

无论独立工作,还是自练,都要遵循以下训练原则:①独立训练与训练指导的统一。古往今来,任何一个学习者都要从师受教。正如唐代著名思想家、教育家韩愈所说:"古之学者必有师。师者,所以传道、授业、解惑也。"这两句话,对运动员来讲,既说明了教练员的重要性,也明确了教练员的任务与要求。半独立性训练就是在一定训练指导之下进行的。至于全独立性的自练,虽然没有教练员的直接参与,但它还是需要运动员有谦逊的学习态度,不耻下问,虚心求教。②个人训练与合作训练结合。《论语》开宗明义地说:"子曰:学而时习之,不亦说乎?有朋自远方来,不亦乐乎?"前后这两句话,对于运动员个人的独立训练和合作训练分别具有启发指导意义。③动脑又动手。动脑就是指智力操作,动手就是实际操作。独立训练就是自我操作。在独立训练过程中,既不能片面强调动脑,也不能片面强调动手,应当做到两者的有机结合。只有把两种操作协调运用的运动员,才会有真正意义上的独立训练。

四、"独立训练"的方法

独立训练包括半独立性的训练和完全独立的自练两种情况,因此独立训练的方法包括:①半独立性训练的方法。现代运动训练以尊重运动员的主体地位,发挥训练独立性为前提,由此所提炼或构建的训练方法或训练模式,在很大程度上,应当是种种不同的半独立性的训练方法。从长远来看,为了运动员的健康成长,广大教练员应切实注意培养运动员的"独立训练"意识。落实在训练方法上,就是应当做到让运动员在"练"中"训",在"训"中"练"。在"练"中"训"的是师父(教练员),在"训"中"练"的是徒弟(运动员)。从徒弟对师父的关系说,是"学或练";而从师父对徒弟的关系说,是"训"。师父拿"练"来"训",乃是"真训";徒弟拿"训"来"练"是"实练"。运动员如果不在"练"上下功夫,"训"固然不成其为"训","练"固然不成其为"练"。②自练的方法。一般地说,这种训练方法由如下7个环节构成:(a)自我激励。在训练之前和整个训练过程之中,运动员都要不断地激励自己的认识和意向,以便使自己的心理、意识始终处于清醒、活跃的积极状态之中。(b)自我定向。由运动员自己确定训练目标,安排训练进程,选择训练内容乃至于训练的重点和难点。(c)自我引导。在整个运动训练过程中,运动员要引导自己有序地完成一个又一个的训练任务。(d)自我发现。在整个训练过程中,运动员应开动自己的智慧,独立思考,独立观察,独立探索训练规律。(e)自我调控。在训练活动过程中,面对各种困难和障碍,需要运动员及时调控自己的心智,做到当行则行,当止则止。(f)自我检查。运动员要对训练的进程进行检查,不断总结经验教训。(g)自我评价。自我评价须实事求是,只有恰如其分地自我评价,才会使自己保持下一步训练的勇气和信心。

第六节 结　　语

（1）运动员的非智力因素系统由动机、兴趣、情感、意志和性格等五大因素构成，是运动训练竞赛活动的"动力—调节"系统，具有动力、定向、引导、维持、调节和强化等功能，它们共同构成运动员进行运动训练竞赛活动的心理条件。

（2）在运动训练过程中，运动员非智力因素系统的五大因素分别是其所表现出的"愿练""好练""乐练""勤练"和"独立训练"5种积极训练态度的心理基础。

（3）为发展运动员的综合竞技能力，应深刻认识和把握运动员"五练"的性质与内涵；认真贯彻运动员"五练"的各项原则与方法；重视运动员非智力因素的培养，促进"五练"的习惯养成。

第九章

PIN 结合论对运动员竞技能力系统的看法

第一节 PIN 结合论的运动员竞技能力系统模式

运动训练的直接目的是不断发展运动员的竞技能力,最终目的是充分发挥运动员的竞技能力取得优异运动成绩。在运动员的竞技能力问题上,一直存在"一元论"和"多元论"的认识分歧。我们认为运动员的竞技能力是可以再细分的,也就是我们赞同运动员竞技能力的"多元论"。唯物哲学认为,一切客观物质都是可以不断深入剖析的,都是由若干可以不断细化的成分所构成的复杂系统。运动员的竞技能力系统也是可以不断细分的复杂系统。根据多年来对《运动训练学》和《运动心理学》的教学经验与对众多典型运动实战案例的反思,我们深入分析运动员竞技能力系统对科学分析运动训练成效和解读运动员竞赛成败原因都是非常重要的。在此,PIN 结合论将对运动员的竞技能力系统作如下描述,见图 9-1。据图 9-1,PIN 结合论构建的运动员竞技能力系统包括五个层次:第一层次是运动员的竞技能力,第二层次是运动员的心理能力和身体能力,第三层次是运动员的智力因素、非智力因素、身体形态、身体机能和运动素质,第四层次是观察力、注意力、思维力、记忆力、想象力、动机、兴趣、情感、意志、性格、速度、力量、耐力、柔韧和灵敏等 15 项基本因素,第五层次就是体现运动员整体竞技能力的运动技术能力和战术能力。

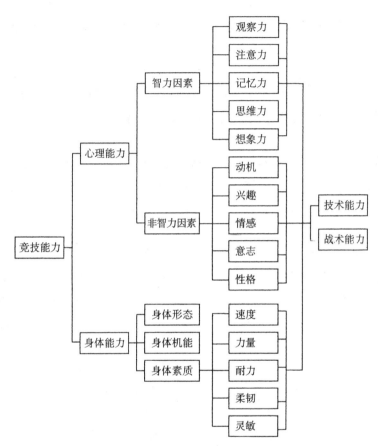

图9-1 PIN结合论的运动员竞技能力系统的结构模式

上图不仅层次清晰、全面地概括了运动员的竞技能力系统,并指出了该系统众多竞技子能力彼此之间的逻辑关系,而且也有助于各层次教练员根据运动员和执教项目的特点深入理解"练什么""怎样练""练多少""为何练"等运动训练的核心问题。

第二节　PIN结合论对运动训练内容体系的看法

　　PIN结合论认为,运动员的身体形态和身体机能都是影响运动员运动能力的重要身体指标,只不过不同的竞技项目对运动员的身体形态和身体机能的需求程度不同。身体形态是运动员身体机能和运动素质的物质载体,而身体机能是运动员运动素质的生理基础。在具体的运动训练实践中,人们都是以发展运动员的各项具体运动素质作为体能训练的主要内容,由此可以看出,人们通常所说的"体能"指的是"狭义的体能"。在此详细分析体能内涵的目的就是推动人们对运动员体能系统的准确把握,提高具体体能训练活动的针对性和目的性。在运动员的心理能力方面,PIN结合论认为,人们重视发展运动员的心理能力来提升运动员的综合制胜力与现代科学技术的发展及其在体育领域的不断应用密切相关。20世纪60年代后,人们开始格外重视决策科学、人文社会科学、医学、力学、化学、数学和计算机科学等科学知识在运动训练实践中的不断应用。随着这些现代科技思想、科技理论、科技方法和先进器械在运动训练领域的不断应用,对现代竞技体育的运动成绩的提高和推动运动员竞技能力的发展产生了巨大影响。由于现代科学技术对竞技体育的全方位渗透,使得现代竞技运动变得越来越激烈和残酷,优秀运动员之间的竞赛往往表现出胜负就在毫厘之间的特点。像以往那样主要凭借出色的身体素质即可取胜的现象已越来越少,运动员的心理发展水平在很多情况下对运动竞赛的结果起着决定性作用,因此,人们开始高度重视挖掘像心理因素这样一些边缘因素的价值和作用来提升运动员的综合竞技能力。据多年来对运动心理学、体育心理学和运动训练学各类教科书和专著等文献资料的分析,这些重要文献都没有对运动员的心理系统的构成问题给予系统阐述,自然也就不能给出完整、清晰的运动员的运动训练内容体系。我国《体育心理学》教科书曾试图以普通心理学传统的心理二分法为基础来构建运动员的心理训练内容体系,但是也只是就运动员在实践中所涉及的一些重要心理现象或问题进行了阐述和介绍。PIN结合论认为,造成这一现象的主要原因是我们所采用的心理二分法所导致。普通心理学是研究人的心理现象的,它所介绍的"心理二分法"把人的心理划分为"心理过程"和"个性心理特征"两部分。PIN结合论认为,普通心理学所介绍的传统心理二分法对于分析一些心理现象是非常有用的,而对于重实际操作的运动训练学来讲,依据这种划分方法不利于对运动员竞技能力系统的完整构建,因为它不得不考虑"体能因素(P)"。目前,运动心理学理论工作者不能有效解决一线教练员、运动员在训练和竞赛过程中所遇到的诸多心理问题,就有力地证明了这一点。鉴于此,PIN结合论将我国非智力因素理论的"心理二分法"引入竞技体育领域,依此来构建完整、全新的运动员竞技能力体系,以指导人们对运动训练手段与方法的科学化选择,指导人们对运动员在具体运动训练竞赛活动中的具体表现进行准确解读,为运动员竞技能力的战略发展提供理论依据。据我国非智力因素理论的心理二分法,运动员的心理训练体系包括由观察力(感知)、注意力、记忆力、思维力、想象力所构成的运动智力系统和由动机、兴趣、情感、意志和性格所构成的运动非智力因素系统。为了严谨起见,在此提出运动智力和运动非智力因素的概念。根据我国教育心理学家燕国材等人给智力因素与非智力因素的界定,并联系运动训练竞赛实际,采用演绎法,对这两个概念进行如下界定——运动智力因素就是指运动员通过认识活动在运动训练竞赛活动过程中逐步形成的一系列稳定心理特点的综合,运动非智力因素就是运动员通过意向活动在运动训练竞赛活动过程中逐步形成起来的一系列稳定心理特点的综合。PIN结合论认为,就运动智力来讲,就是要求运动员在运动训练竞赛实践过程中做到会观察、会注意、会记忆、会思维、会想象,运动训练竞赛的过程就是培养运动员"5会"的过程;就运动非智力因素来讲,就是要求运动员做到"愿练(以动机为机制)、好练(以兴趣为机制)、情感(以乐练为机制)、勤练(以意志为机制)、独立训练(以性格为机制)",运动员运动训练竞赛的过程就是培养运动员"5练"的过程;从狭义体能的训练实践来看,运动员的运动训练竞赛在很大程度上就是发展运动员速度、力量、耐力、柔韧和灵敏5项运动素质的过程,在此,IN结合论称其为"5发展"。为简洁概括起见,PIN结合论的核心思想可形象描述为运动员竞技能力的发展过程就是运动员5会、5练、5发展的过程,是运动员P(体能)、I(智力)和N(非智力因素)三大主体因素有机结合、协调发展的过程。综合以上分析,PIN结合论的运动员竞技能力系统模式,不仅为运动员和教练员提供了完整而层次清晰的运动训练内容体系和剖析运动竞赛过程的理论依据,更重要的是在一定程度上弥补了运动训练学和运动心理学没有给出完整心理训练内容体系的缺憾和空白。通过对一线教练员的访谈,PIN结合论认为,在日常的运动训练竞赛活动中,广大教练员和运动员还应该深入研究不同运动项目的性质,了解运动员的发展阶段,把握不同运动素质发展的敏感期等因素,做到能以对具体运动项目影响大的重要心理因素和体能因素为抓手,进行P、I、N三结合的科学化训练,只有这样才能少走弯路,提高训练效益。

第三节 PIN结合论对运动员心理能力和运动智能的看法

我国《运动训练学》(全国体育院校教材委员会审定的教科书)所阐述的运动员的竞技能力系统包括:体能、技术能力、战术能力、心理能力和运动智能5大因素。《运动训练学》对运动员心理能力的释义是:"即指运动员与训练竞赛有关的个性心理特征,以及依训练竞赛的需要把握和调整心理过程的能力,是运动员竞技能力的重要组成部分。"对这一概念释义,PIN结合论有两点看法:一是《运动训练学》没有系统描述运动员心理能力训练的内容体系,这样就不能为重实际操作的教练员和运动员提供有效的心理训练抓手,也不能为教练员和运动员提供全面分析训练与竞赛成败原因的心理指标与途径。二是《运动训练学》所阐释的"心理能力",主要指的是一些性格、情绪和注意稳定性等非智力因素,而没有把运动员的智力因素也包括其中。从逻辑学的角度看,明显缩小了"心理能力"这一概念的内涵。另外,《运动训练学》对另一概念"运动智能"的释义:"是智能中的一种,是指运动员以一般智能为基础,运用包括体育运动理论在内的多学科知识,参加运动训练和运动比赛的能力,是运动员总体竞技能力的重要组成部分。"对这个概念的释义,PIN 结合论有三点看法:一是《运动训练学》指出了一般运动智能训练的内容包括:观察力训练、记忆力训练、思维和想象力训练。就这一点,PIN 结合论认为,这些一般运动智能训练就是心理学上所讲的一些具体智力因素的训练。根据我国非智力因素理论,从亚层次上讲,智力因素系统主要由观察力、注意力、记忆力、思维力和想象力 5 大因素,那么,运动员的运动训练应当包括这 5 大因素的训练。众所周知,就运动员的运动注意力训练来讲,它对于射击、射箭等竞技项目又是十分重要的,而《运动训练学》没有提及,所以,目前的《运动训练学》教科书应补充有关注意力训练等方面的内容。二是人们对于"智能"一词的看法主要是指用它来形容像计算机、机器人等一些非生命物体具有人那样的"智慧""智力""计算能力"等功能。用"智能"一词来形容和描述人似乎不妥。另外,通过查阅《现代汉语词典》和《辞海》等发现,有些工具书目前还尚未收入这一词汇,由此可见,人们对这一词汇还存在认识和理解上的不一致。而"非智力因素"这一概念已经被《辞海》收入为正式词条,被大家广泛使用。根据《运动训练学》,"智能"一词中的"智"显然指的就是"智力",而"智力"本身就是一种能力,因此,如果用两个概念来表达同一个内涵,必然引起人们的歧义,混淆人们的思想。由于《运动训练学》是教科书,最好目前先不要用这一词汇。三是一切运动训练理论知识都是发展运动员智力的直接材料和手段,一切知识都是"死"的东西,这些东西只有通过有效的方法被运动员"内化"为运动员的智力成分之后才能在具体的运动训练竞赛实践中发挥威力,是属于运动员"客体"的东西,不属于运动员竞技能力系统这一"主体"范畴。一句话,一切知识都不是能力。综合以上分析,PIN 结合论认为,运动员的"心理能力"不仅包括智力因素,还应该包括非智力因素。把运动员的"运动智能"视作与"心理能力"并列的竞技子能力,这就违背了《系统论》关于不同层次的系统子因素不能交叉并列的原则。运动员的运动智能就是运动员的运动智力,是运动员心理能力的下属概念。

第四节 PIN结合论对运动技术与运动技术能力的看法

PIN结合论认为,"运动技术"和"运动技术能力"是两个截然不同的概念,两者既有区别,又有联系。《运动训练学》对运动技术的定义:"是完成体育动作的方法,是运动员竞技能力水平的重要决定因素。"我们认为,这一概念的前半句话是正确的,而后半句话则是错误的。因为就运动技术而言,它是游离于运动员主体之外的东西,运动员有可能掌握它,也有可能没掌握它。运动员掌握了运动技术就变成了运动技术能力(简称运动技能),如果运动员没掌握它,运动技术仍然是运动技术,仍然存在于运动员主体之外,是客观存在。而运动员依据某种运动技术而掌握的某种运动技术能力则是有能力大小和水平高低之分的。就运动技术能力来讲,这一概念在《体育心理学》里称作"运动技能"。《体育心理学》对运动技能的定义:"依据某项运动技术合理有效完成某项体育活动任务的能力。"我们认为《体育心理学》对这一概念的界定是很准确的,充分揭示了这一概念的本质和范围。总之,运动技术和运动技术能力是两个截然不同的概念,运动技术是一种"方法",而运动技术能力是一种"能力",两者存在本质上的差别。在联系方面,PIN结合论认为,运动技术是发展运动员运动技术能力的手段和途径,不掌握运动技术就谈不上任何水平的运动技术能力。另外,PIN结合论认为,运动员各种竞技能力的发展都是运动员P、I、N三大主体因素有机结合,共同作用的产物,只不过在发展运动员某种竞技能力的过程中,P、I、N三因素所起的作用不同。运动实践证明,掌握了某种运动技术还不等于达到了运用该项技术的高水平,要不断发展这项运动技能就必须继续充分发展运动员的P、I、N三大主体因素。

第五节 PIN结合论对运动战术与运动战术能力的看法

PIN结合论认为,"运动战术"和"运动战术能力"也是截然不同的两个概念。《运动训练学》将运动员的"战术能力"定义为:"战术能力是指运动员(队)掌握和运用战术的能力,是运动员(队)整体竞技水平的重要组成部分。"《运动训练学》把"运动战术"概括为四大类:①按战术的表现特点分为阵形战术、体力分配战术、参赛目的战术、心理战术;②按参加战术行动的人数多少分为个人战术、小组战术、集体或全队战术;③按照战术的攻防性质可分为进攻战术、相持战术、防守战术;④按照战术的普适性可分为常用战术、特殊战术等。PIN结合论认为,战术就是进行战斗和对抗的方法。战术同技术一样是一种"术"即方法,如"道术""心术"。各种运动战术只是发展运动员各类运动战术能力的手段和途径,而不是内化为运动员主体因素的运动战术能力。运动战术和运动战术能力两个概念有本质区别;从运动员主体因素的角度看,运动员战术能力的发展也是受运动员P、I、N三因素发展水平的制约,也需要运动员P、I、N三因素的有机结合。运动实践也证明,掌握了某种运动战术还不等于达到了运用该项战术的高水平,限制运动员运动战术能力发挥的主客观条件更多。相对于客体因素,为发展某项运动战术能力而不断发展运动员的P、I、N三项主体因素是最重要的。

总之,PIN结合论详述"运动技术和运动技术能力""运动战术和运动战术能力"两组概念的本质,主要目的在于促使人们深刻认识到要发展运动员的运动技术能力或运动战术能力,都必须做好运动员体能、智力和非智力因素三大主体因素的有机结合,若失之偏颇,将导致运动员综合竞技能力的畸形发展。

第六节 结 语

(1) PIN 结合论认为,运动员的竞技能力系统是一个包含运动员体能、运动智力和运动非智力因素的多因素,多层次的复杂系统。PIN 结合论所构建的运动员竞技能力系统模式为教练员和运动员提供了一个层次清晰而全面的运动训练内容体系。

(2) PIN 结合论认为,在日常的竞技运动实践活动中,人们对运动技术和运动技术能力、运动战术和运动战术能力两组截然不同的概念存在一定程度上的模糊认识;运动技术和运动战术是客体因素,只有在两者基础上掌握和不断发展的运动技术能力或运动战术能力才成为运动员的主体因素,成为运动员竞技能力系统的重要组成部分。

(3) PIN 结合论认为,运动员的运动心理能力和运动智能是包含与被包含的关系,不是并列关系;运动心理能力包括运动智力和运动非智力因素;运动智能就是运动智力。

(4) PIN 结合论认为,包括运动技术能力和运动战术能力在内的一切竞技能力,都是运动员的主体因素,这些竞技子能力的发展都需要运动员根据具体运动项目的需求特点做到体能、智力和非智力因素的有机结合。

附 录

运动智力和运动非智力因素对若干运动训练竞赛活动的影响研究

第一节 选题依据与文献综述

一、研究背景

现代竞技体育经过140多年的风雨历程,现已发展成为人类社会中盛大的文化活动。竞技体育发展到今天,已经远远超越了其强身健体、促进人的社会化的本质功能,世界各国无不看重竞技体育在丰富人民群众的文化生活,推动社会文明建设,激发社会成员的民族精神与凝聚力,增进国家、政党、民族、社会团体之间的交流,扩大国家在世界舞台上的政治影响,促进国家经济发展等方面的附属功能。在现代社会生活中,各国政府和社会纷纷从人力、物力和财力诸方面为其竞技体育的快速发展提供优越的条件,竞技体育的地位日益提高。从20世纪至今,现代科学技术获得飞速发展,自然科学、社会科学、数学和信息科学等先进的科学技术对竞技体育领域日益渗透,这些主客观条件,直接促进了现代竞技运动训练的迅猛发展和竞技运动水平的飞速提高。如男子撑竿跳高的第一个世界纪录是于1912年创造的,成绩仅为4.02米,而现在的世界纪录是6.14米,提高了52.27%;体操选手已经能够在空中同时沿着身体的纵轴和横轴做出令人眼花缭乱的旋转;举重运动员能够把三倍于自己体重的重量举过头顶……在去年北京奥运会上,牙买加选手博尔特将男子 100 米的世界纪录更是提高到了令人难以置信的 9″68。尤其是近六十年以来,由于现代科学技术对竞技体育的全方位渗透,使得现代运动竞赛越来越激烈、越来越残酷。在现代运动竞赛中,优秀运动员的胜负在很多情况下就在毫厘之间,像以往那样,仅仅凭借出色的先天运动素质即可取胜的情况,在当今已经越来越少了。根据我国非智力因素理论,人的心理活动可划分为智力因素系统和非智力因素系统两大系列,其中智力因素系统是人们实践活动的执行-操作系统,而非智力因素系统则是动力-调节系统,两者关系密切,共同构成人的心理系统,共同影响人们的各种实践活动。从智力因素和非智力因素的角度看,在赛场上,由于智力和非智力因素发展不足,许多竞技运动员未能充分发挥自己的竞技能力或惨遭失败的现象屡见不鲜;从先进训练手段的隐蔽性角度看,由于现代信息技术的不断发达,先进的有形的各种训练方法与手段已很难保证其隐蔽性,一经应用,往往也以令人难以置信的速度成为对手制胜的武器;从反兴奋剂的角度看,国际奥委会正在不断加大对采用非法的强力手段来提高运动员竞技能力的各种非法行为的打击力度。竞技体育发展的这种激烈态势,迫使人们不得不大力发掘像心理因素这样的一些边缘因素的潜力来进一步提升运动员的综合竞技能力。我国女子举重队主教练马文辉说,必须把心理训练贯穿到运动员的训练之中;杜丽的市队教练张玉梅说,必须把心理训练与射击运动员的技术训练紧密结合起来;北京奥运会射击冠军陈颖和郭文君的教练薛宝全说,在训练和比赛中,运动员都应善于发挥自己的智力和非智力因素的作用。从心理学的角度讲,对运动员体能潜力的挖掘是有限的,而对运动员心理能力潜力的挖掘是无穷的。另外,通过对一些老一辈竞技体育工作者的访谈了解到,我国有段时间发展运动员的运动能力(即竞技能力)主要是发展运动员的体能与技战术能力,但是随着世界竞技体育水平的飞速提高,竞争日益激烈和残酷,运动员的心理能力对于制胜的贡献越来越大,人们开始逐渐认识到只重视运动员体能和技战术能力的发展,已经不能适应现代运动训练竞赛的需要。马特维也夫认为,"现代训练已进入运动成绩的进一步提高,很大程度上依赖于运动员智力,知识因素的新阶段";在我国,人们对运动员非智力因素的关注和研究,受教育领域的影响,有一个借鉴、移植和认识逐步深化的过程。燕国材教授于1983年在《光明日报》发表了《应重视培养非智力因素》的文章,在国内第一次公开独立地提出了"非智力因素"的概念,一度掀起了全国范围内研究非智力因素的热潮。继非智力因素的大讨论,我国广大体育工作者从体育教育领域入手,开始研究学生的非智力因素的诸多问题,然后,研究领域不断扩大,对运动员非智力因素方面的研究逐步增多,取得了一些很有价值的研究成果,使人们深刻认识到非智力因素对竞技体育的极大重要性。然而通过对国内外大量文献资料的搜集与分析发现,人们以往对运动员智力问题的研究主要是依据不同的理论(主要是差异理论和认知理论),运用不同的工具或手段进行整体的或具体的研究;对运动员非智力因素问题的研究也是从整体或具体因素的角度进行广泛而深入的探讨,这些研究都试图揭示运动员的智力或非智力因素与运动的关系等重要问题,但是到目前为止,尚未发现从运动员智力和非智力因素共同影响具体运动训练竞赛活动的角度所进行的针对性研究。根据系统论关于"整体大于部分之和"的观点,这不能不说是一个缺憾!从运动员智力和非智力因素关系密切,并共同作用一切运动训练竞赛活动的角度考虑,把两者结合起来并密切联系竞技运动实际进行研究是十分必要的。通过长期的实践观察和相关理论研究,我国优势项目之所以成为优势项目,纵然原因是多方面的,但是可以肯定地说,从事这些项目的教练员和优秀运动员在把握心理规律促进运动训练竞赛活动成效方面也是更胜一筹的,他们的宝贵经验值得认真总结和借鉴。笔者认为,如果以我国部分优势项目为例,根据运动专项特点,突出运动的专门化、专项化,进行运动员智力和非智力因素对具体运动训练竞赛活动的影响与作用研究,无疑,更接近运动实际,具有更大的生态学效度。因此,在以往前期研究和相关研究的基础上,选择了本课题。目的在于尽快明确不同运动实践活动对运动员智力和非智力因素的不同需求,找出运动员的认知规律,深刻揭示具体运动项目的性质和特点,帮助教练员在实践中有针对性地开发、培养运动员的智力和非智力因素,进而提高他们的心理能力和综合制胜力。

二、选题依据

(一)我国竞技体育可持续发展的需要

马克思主义历来认为,人才是生产力中最活跃、最有价值的因素,是世界上最可宝贵的,最有决定意义的资本。邓小平同志指出,培养社会主义新人就是政治。正确选拔和培养人才,既是十分重要的战略任务,又是开创现代化建设新局面的当务之急。随着社会经济的发展,"以物为本"的研究开始转向"以人为本"的研究,可持续发展问题已经成为全球性课题。对于人类社会来说,任何一项事业或一种事物的可持续发展都必须以人的自身发展为中心。人才作为人类社会中的特殊群体,对社会的发展有着极为重要的作用。"人才是当今社会持续发展的最根本、最有效的动力"。优秀运动员是竞技体育领域的精英,是不断提高竞技运动水平和发展体育产业的宝贵资源。在以往计划经济条件下,我们采用的单一的专业训练体制,的确培养了大批体育精英,为国家和社会发展做出了巨大贡献,但是也带来了不少的负面影响,如过早的专业化、滥用药物,成材率低;文化知识水平低,难以就业,难以适应新的社会工作岗位等。另外,由于我国长期实行计划生育政策,大多数家庭都是独生子女,一般都不愿自己的孩子从事竞技体育。目前,由于客观和主观方面的诸多原因,已不能像以往那样用大规模淘汰式发展竞技体育,我国竞技体育在后备人才队伍方面存在潜在的、令人担忧的危机。如何向有限的竞技体育后备队伍,要质量,要人才,树立运动员培养的"精品"意识。如何提高运动训练和竞赛的科学化水平,显然,高度重视运动员的心理研究和心理能力的培养,是继续实施"奥运战略",实现我国竞技体育持续、快速发展的重要途径和保证之一。

(二)提高运动训练竞赛效率与效益的需要

现代竞技运动融合了多种知识和现代科技。仅就运动训练而言,已越来越多地吸收与应用了其他领域或学科的先进知识与技术,这要求运动员不仅要能了解和掌握一定的科学知识,还要有把这些知识应用于具体运动训练实践的能力。具体来讲,就是最终要求运动员具备较高水平的心理能力(包括智力和非智力因素)。运动员只有具备高水平的心理能力,才能深入地认识、把握和运用运动训练与竞赛的一般规律和专项运动的特殊规律,采用先进的知识、经验与训练方法、手段来提高自己的身体机能和素质,掌握运动技战术,以及配合教练员有效地对整个运动训练过程进行调控。由于运动员的心理能力在现代运动竞赛活动中的制胜作用日益突显,人们开始越来越重视对运动员心理能力的开发与培养。根据心理学,由于运动员的心理活动可划分为认识和意向两类活动包括智力和非智力因素,所以不论是体能训练、运动技能训练,还是各种运动竞赛活动,都离不开运动员智力和非智力因素的保证与支持,因此,要有效发展运动员的各项竞技能力和取得良好的运动训练竞赛活动成效,就必须深入研究运动员的智力因素和非智力因素在各种运动训练竞赛活动中的促进作用,以及研究这些心理因素的培养途径与方法等问题。现代运动训练竞赛的严峻竞争形势要求,不能再像以往那样,片面重视运动员体能、技能和成绩的提高等"硬件"的发展,而相对忽视运动员的心理能力等"软件"的开发。加强针对运动员心理问题的理论与实践研究,这是提高运动员综合制胜力的理论需要,也是提高运动训练与竞赛具体活动双效的实践需求。

(三)发挥运动员的主体性,倡导以人为本的新的竞技体育理念的需要

1994年在埃及召开的"世界人口和发展大会"指出,可持续发展的中心是人……马克思早在一百多年前就提出了人的全面发展学说和实现人的全面发展的基本途径,但是在很长时间里,由于经济基础和社会

意识形态的制约，人的全面发展只是一种'乌托邦'，对于人的全面发展的意识和行为也是很淡薄和有限的。毫无疑问，运动员是运动训练活动的唯一主体，包括教练员在内的其他一些因素都是客体。根据内因和外因的辩证关系，内因是根据，外因是条件，外因通过内因而起作用。但是就运动员的培养来讲，我们在以往的运动训练过程中，在一定程度上，存在重训练，轻育人，忽视运动员综合素质发展的现象。运动员不仅仅是生物的人，更是社会的人，发展运动员的竞技能力，不能进行片面训练，而应从身体、心理和社会三方面进行综合潜力的挖掘。运动员的成长离不开教练员的精心培育，但是，从运动训练学和运动心理学等视角看，目前对如何发挥运动员的主体性，提高训练竞赛质量方面的研究仍很薄弱，很多研究总是把运动员摆在被动的位置上进行探讨，在一定程度上，还缺乏运动员是运动训练竞赛活动主体的意识。实践证明，高水平运动员的独立参赛与训练能力都非常强，发展运动员的独立训练和竞赛能力应是所有运动训练竞赛活动的一个重要目标，要实现这一目标就必须高度重视运动员智力和非智力因素这一综合心理素质的开发。因此，在现代运动训练竞赛活动中，发挥运动员的主体性是顺应时代发展和倡导以人为本的新的竞技体育理念的体现。

（四）提高运动员综合素质与创新能力的时代需要

从我国七十多年来的教育发展过程来看，我国的教育理念经历了四个密切衔接的教育阶段，即从侧重"双基阶段（1949—1978）"，到重视"发展智力阶段（1979—1982）"，到重视"发展非智力因素阶段（1983—1989）"，直到现在的"发展素质教育阶段"。这个不断演变的教育过程，深刻反映了教育的规律和本质，任何片面的发展都会阻碍我们良好愿望的实现。何谓"素质"，燕国材教授等人（1997年）认为，"素质是指人们先天具有和后天习得的一系列特点和品质的综合。从结构上讲，素质包括身体素质、心理素质和社会素质。"在高科技不断发展的今天，先进的科学技术对竞技体育领域日益全方位渗透，促使国际竞技体育水平不断提高，世界纪录不断更新，对从事竞技体育的人才素质和创新能力的要求也越来越高。《中共中央、国务院关于深化教育改革全面推进素质教育改革的决定》明确指出,素质教育"应以培养创新精神和实践能力为重点"。燕国材教授认为,人们的创新精神包括四项心理因素:创造意识、创新能力、创新人格和创新方法。我国竞技体育的发展史,在一定程度上,可以描绘成竞技体育的创新史。以我国乒乓球的发展史为例,我国乒乓球在世界上能够保持五十多年的长盛不衰,与我国乒乓球界在几十年的奋斗过程中不断对技术、战术、器材等方面进行创新密切相关。现代创造学的理论和实践不断证明,创造型人才的形成,取决于两大因素——人的智力因素和非智力因素,尤其是非智力因素在创造型人才的培养、锻炼和成才过程中都具有十分重要的作用。爱因斯坦曾将他的成功归功于99%的汗水就深刻说明了这一点。沈德立教授(1997年)也指出,对学生进行素质教育的关键和突破口应是非智力因素教育。运动员的培养是一种特殊教育,也要高度重视运动员非智力因素的开发与培养问题。实践证明,运动员不论是发展各项竞技能力,还是发挥自己的竞技能力去积极参赛争取胜利,都离不开创新能力的发展水平,因此,研究运动员的智力与非智力因素对运动训练竞赛活动的作用与影响,也是迎合在实践中培养运动员创新能力的时代需要。

三、文献综述

(一)关于智力的研究综述

1. 国外关于智力概念的几种代表性观点

根据国内外相关著作,国外对智力内涵的界定,有代表性的一些观点是:

弗瑞曼(F. N. Frienman):智力是用智力测验测量出来的东西。

迪尔本(W. F. Dearborn):智力是学习能力或由经验中得益的能力。

盖兹(A. L. Gates):智力是关于学习能力的综合能力。

亨曼(V. A. C. Henmon):智力是获得知识和保持知识的能力。

乌特洛(H. Woodrow):智力是获得能力的能力。
推孟(L. M. Terman):智力是执行抽象思维的能力。
平特纳(R. Pintner):智力是适应新的情境和生活的能力。
斯腾(W. Stern):智力是对新课题与条件的顺应能力。
桑代克(E. L. Thorndike):智力是从真理和事实的观点出发,在正确反应中所获得的能力。

这说明,国外心理学家对智力的内涵尚没有统一的认识和界定。

2. 我国关于智力概念的几种代表性观点

根据白学军的《智力心理学的研究进展》(1996)等著作,我国对智力概念界定的几种代表性观点是:

朱智贤:智力是一种综合的认识方面的心理特征,它主要包括:感知记忆能力,特别是观察力、抽象概括能力,包括想象能力、创造能力。

燕国材:智力是保证人们进行有效认识活动的一系列稳定心理特点的综合。人的智力系统是由注意力、记忆力、观察力、思维力和想象力等五种基本心理因素构成。

吴福元:智力包括三个亚结构,即素质结构,主要指人的遗传素质和由遗传得来的先天素质;认知结构,主要包括观察力、记忆力、思维力、想象力和创造力;动力结构,主要指个性中的非智力因素。

沈德立:智力是一种以脑的神经活动为基础的偏重认识方面的潜在能力,其核心是抽象思维能力。

林崇德:智力的核心成分是思维,其基本特征是概括。它是由思维、感知(观察)、记忆、想象、言语和操作技能组成的。

燕良轼:智力是人脑对客观事物(包括符号)或客观事物之间(包括符号之间)各种关系和联系的发现、转换和建构的能力。

林传鼎:智力是一种多维的连续系统。智力包含六种能力:对各种模式进行分类的能力、学习能力、归纳推理能力、演绎推理能力、形成并使用概念模型的能力和理解能力。

吴天敏:智力是脑神经活动的针对性、广阔性、深入性和灵活性,在人的神经活动和心理活动中的协调反映。

这说明,我国心理学工作者们对智力的内涵也没有统一的认识和界定。

3. 国外关于智力的构成因素研究

国外的智力理论,可概括为因素说与结构说:

(1) 国外的智力"因素"说

• 特殊因素说

以美国心理学家桑代克为代表,认为智力由许多特殊能力或因素组成。为此,他曾设计过 CAVD 测验,C 代表填句、A 代表算术推理、V 代表词汇、D 代表领会指示。

• 二因素说

以英国心理学家斯皮尔曼(C. Spearman)为代表。他们认为智力是由两种因素构成。一种是普遍因素(G)。它贯穿于人们的一切活动之中;一种是特殊因素(S)。它体现在某些特殊能力之中,两者相互联系,相互制约。他们认为,普遍因素是智力的基础和关键。笔者认为,对于特殊行业的从业者来讲,有可能其特殊智力即 S 因素是关键,如运动员的运动智力、音乐家的音乐智力。

• 三因素说

20 世纪 90 年代,美国心理学家斯腾伯格(R. J. Sterberg)又提出了"成功智力"的新概念。斯腾伯格认为成功智力包括分析性、创造性和实践性三方面的智力。他认为分析性方面的智力是用来解决问题的;创造性方面的智力决定主体去解决什么样的问题;实践性方面的智力则是保证问题的解决能否顺利进行,这三方面相对彼此独立。他认为,传统智力测验测量的只是成功智力的分析性的一面,并没有涵盖整个智力的范围;成功智力只有在分析、创造和实践能力三方面协调、平衡时才最有效;人们知道什么时候以何种方式来运用成功智力的三个方面,要比仅仅具有三个方面的素质更为重要。斯腾伯格的成功智力实际上是一种"三元能力假说"。实践告诉我们,人们获得成功绝不是仅仅依靠单一的智力因素,而是取决于很多因素。因此,可以说,"成功智力"的说法,值得探讨。另外,戴斯等的 PASS(三个认知功能系统:计划系统、注意—唤醒系统、同时—继时编码系统)理论,以及斯腾伯格的三元智力(组合智力、经验智力和实用智力)理论等,实质上也都可以看作三因素说之列。

・群因素说

如美国测验学家塞斯顿(I. Thurstone)提出了七种智力因素或心理能力:"数字计算(N)、语句流畅(W)、语文理解(V)、联想和记忆(M)、一般推理(R)、空间知觉(S)、知觉速度(P)。"另外,1983年,美国心理学家加德纳(H. Gardner)在他的《心理结构》著作中,提出了多元智力理论,认为智力不是单一的一元结构,而是由八种独特的、相对独立的智力因素构成。它们是:①语言智力。用于阅读文字创作和理解日常会话;②逻辑—数学智力。用于逻辑推理和解决数学问题;③空间智力。用于处理主体、客体的位置;④音乐智力。用于唱歌、演奏和音乐欣赏;⑤身体动觉智力。用于跳舞和各种体育运动;⑥人际智力。用于人际交往,理解他人的动机、情绪和行为;⑦内省智力。用于理解自我;⑧自然观察智力。用于对各类事物进行分辨观察。显然,加德纳认为,人们为了适应环境,就必须具有相对应的某种智力。

(2) 国外的智力"结构"说

・二维结构说

以美国心理学家施莱辛格(I. M. Schesinger)和哥德曼(L. Guttman)为代表。认为智力由两个维度的因素组成。第一维由计数能力、言语能力、形状和空间知觉构成,第二维由规则应用能力、规则推理能力和学校各种学业测验成绩组成。

・三维结构说

以美国心理学家吉尔福德(J. P. Guilford)为代表。认为智力由三个维度的因素组成。第一维是智力活动的过程,包括认知、记忆、发散思维、聚敛思维和评价五因素;第二维是智力活动的内容,包括图形、符号、语义和行为四因素;第三维是智力活动的产物,包括单元、类别、关系、系统、变换、蕴涵六项因素。这三维因素合起来可以有120种之多,这是他1967年的观点。1971年,吉尔福德又把内容维度中的图形改为视觉与听觉,使其增为5项,这样,智力的组成因素便有150项之多;1988年,吉尔福德又将操作维度中的记忆分为短时记忆与长时记忆,使其由5项变为6项;产物维度取消系统项,补入应用项,仍为6项,这样,智力结构的组成因素便进一步增加到180种之多。

• 层次结构说

以英国心理学家阜南(P. E. Vernon)为代表。认为智力由各种不同的层次构成:由高到低依次是一层的一般智力因素;二层是两大因素群,即言语和教育的能力倾向,以及操作和机械的能力倾向;三层是几个小因素群;四层是各种特殊能力。

根据以上观点可以看出,无论是国外的因素说,还是结构说,都赞同智力是一元的统一体,都坚持它是由若干因素组成的观点;其中,因素说认为,智力是若干因素的机械相加,各因素未构成完整体;结构说则认为,智力是若干因素的有机结合,各因素组成了完整结构,这是它们的主要不同之处。

4. 我国关于智力构成因素的学说研究

吴福元、竺培良在其《智力心理学》中,将我国心理学界关于"智力由多少因素构成"的各种观点归结为两种:单能力说和双能力说。

• 单能力说

该学说认为智力就是认识能力。该学说又有两种流派:一派认为认识能力由三因素构成。其中,在三因素说方面,又有两种流派。具有代表性的是以洪德厚为代表的一派认为,智力由观察能力、记忆能力和思维能力构成;另一派是,以朱智贤为代表,他们认为智力是一种综合的认识方面的心理特征。它主要包括感知记忆能力,特别是观察力;抽象概括能力;创造力,是智力的高级表现。一派认为智力是由五因素构成。以燕国材为代表的一些心理学工作者认为智力是由观察力、注意力、记忆力、思维力和想象力构成即"五因素说"。

• 双能力说

该学说认为人的智力是由认识能力和实践能力构成。具体来讲,智力包括观察能力、记忆能力、思维能力、想象能力和实践能力。其代表人物是王极盛、叶上雄等人。

综合国内外的以上各种观点,不论是对智力内涵的界定,还是对智力因素系统的构成,至今还没有统一的认识,不同流派的心理学家在这一问题上尚存在一定的分歧。全面了解国内外目前关于智力问题的基本观点,是我们对竞技体育领域的运动员进行智力研究的必要前提。把握以上国内外各流派的智力观,不仅有助于我们全面认识智力的本质,而且也为我们进行有效的智力研究提供了一定的方法论指导,尤其是在确定智力因素的研究内容方面,需以某种主流观点为基础,也要注意综合其他流派的观点,只有这样才能对智力因素系统把握得更全面,得出的研究结果才能更加符合实际。值得注意的是,实际上,我国学校多年来一直是按照"智力五因素说"与"智能独立论"来发展学生的智力和培养能力的,并未采纳吉尔福德、斯腾伯格、加德纳等人的智力观。"这是我们在研究运动员的运动智力时需要格外注意的。

5. 运动员的智力测验研究

在探讨智力的结构时,尽管不是所有的,但至少是许多心理学家都为运动活动体现或需要的智力留下了一个特殊位置。这个特殊位置也可以用空间能力或运动能力来代表。在塞斯顿(Thurstone)的智力结构中,空间能力指知觉空间关系和表象物体位置变化的能力;在加德纳(Gardner)的智力结构中,空间智力是指理解视觉模式和表象物体间关系的能力;身体运动能力是指控制自己的身体运动和精确操作物体的能力;Loehlin(2000年)的研究认为,男性和女性在标准智力测验分数上似乎没有显著差异,原因可能是研制智力测验的原则之一就是考虑到性别平衡;张厚粲(2002年)也指出男性和女性在智力上的差异主要表现在一些特殊能力方面。空间能力是体现性别差异最明显的一种能力;许燕(1995年)的研究认为,空间能力的不同方面显示出不同的性别差异特点。在发展上,空间能力的性别差异出现在7—10岁左右,年龄越大,男性越显示出更大的优势;菲拉古曾提出,篮球运动员的智商最低值不得低于90;苏联的研究者还规定"智商在120以下者,原则上不能出席重大的国际比赛"(罗季奥昂诺夫,1984年),但这种具体规定缺乏理论和实践依据。1982年,松田岩男指出被试年龄越小,或者运动任务越复杂,或者越需要小肌肉群的运动,则运动和智力的相关就越高。

国内学者在传统的智力测验上,主要是通过对体育院系的学生和高水平运动员进行标准化智力测验,应用的工具是"韦克斯勒成人智力量表"和"瑞文标准推理测验"。其中,孙平(1986年)的研究发现,体育院系足、篮、排专业学生的总智商与一般文理科学生不存在显著差异,但低于工科学生和一般大学足、篮、排球代表队学生;周家骥等人(1985年)曾对上海师范大学体育系47名学生进行了"韦克斯勒成人智力量表"测验,研究结果认为体育运动与智力发展并不矛盾,而且还有促进作用;祝蓓里等人(1988年)曾对上海31名健将级运动员的智力状况进行研究,研究认为,优秀运动员的智力分布曲线具有比一般群体的智力分布曲线更加偏向优秀的趋势;李少丹(1988年)研究了我国47名男子高水平自行车运动员和48名男子篮球运动员的智力发展情况,使用了同样的工具,得出了相近的结果。并据此认为,长期进行运动训练可以提高智力水平;刘淑惠、韩桂凤(1989年)对北京体育学院104名体育专业学生和其他普通院校学生进行了"瑞文标准推理测验",结果显示,体育专业学生和普通学生在测验成绩方面没有显著性差异,并认为,参加大量体育活动没有影响学生智力的发展;毛志雄、张力为(1992年)采用"瑞文标准推理测验"对北京体育大学和北京林业大学的部分本科新生进行了团体测试,结果发现体育专业学生,略高于中等智力水平;运动等级与智力等级具有负相关的趋势等;张力为、陶志祥(1994年)用"韦克斯勒成人智力量表"对95名不同运动技术水平的乒乓球运动员进行了测试,通过对结果的分析,认为乒乓球训练对于发展韦氏智力测验所测定的智力可能没有特殊的、异于其他活动的促进作用;另外,研究结果也并未支持"智商在120以下者,原则上不能出席重大国际比赛"的说法;周成林等人(1993)以李绍衣修订的"儿童智力团体量表"为工具,对获得全国游泳锦标赛冠军的90名比赛前8名运动员和104名学生进行了智力测试,结果显示运动员的智商高,具有显著性差异,男女之间无差异等,因此认为游泳运动对少年儿童的智力和智力结构的发展起着积极的促进作用。北京体育大学毛志雄等(1992年)用"瑞文标准推理测验"对547名90级大学本科新生进行测验,得出的主要结论之一就是"'瑞文标准推理测验'在测查与特定任务有高度相关的智力S因素方面仍有欠缺"。

6. 运动员的特殊智力研究

柳立红(1992年)用瑞文标准智力测验对北京体育学院90级278名学生进行了测验,得出了与张力为等人相似的结果,就是不同运动级别运动员的测验成绩与训练年限呈低度相关。他们认为是文化课学习的不足造成的,并且认为韦氏智力测验可能不能有效地测定出通过乒乓球训练所促进的那种特殊智力;严进洪(1992年)对优秀篮球运动员和体院学生篮球运动员进行了测试,结果显示,优秀男篮与体院男篮对比,有5项指标和"模式值"有显著性差异;林逸琦等人对中国女排和省级成年队运动员与青年女排队员进行了调查,结果显示,运动技术水平较高的运动员智力结构较平衡,但能力不高;而运动技术水平较差的队和青少年运动员的智力结构较差,尤其在创造能力、组织能力、研究能力和表达能力等方面较差。他们认为,由于优秀运动员训练时间长,经历的各种高水平比赛多,再加上接受了一系列较为严密、科学的训练,所以她们的专业智力水平提高较快……有许多研究结果具有不一致的现象,如毛志雄、张力为等人发现运动训练年限与智商呈低度负相关,尽管相关系数不大等。

7. 运动员的思维研究

人们对思维的一致看法是,思维是人们一切智力活动的核心。对运动员来讲,鉴于操作思维在运动技能中的特殊作用,张力为(1993年)认为,在运动员认知特征的评定中,操作思维应比一般智力测验具有更好的预测效度。许尚侠(1984年)通过三个筹码测验测量篮球运动员,研究认为,操作思维与运动水平有一定关系,而邱宜均等人通过对302名甲级排球运动员的操作思维能力进行了研究,得出了与许尚侠明显不同的结果。周百之(1984年)对不同水平的乒乓球运动员进行了操作思维测验,得出了操作思维测验成绩并非与运动水平成正比关系的结论。通过以上三项操作思维测验得出的矛盾结论,我们还无法充分说明运动水平越高,运动员操作思维水平就越高的结论,也就是说,采用三个筹码测验对运动员进行操作思维测验的预测效度没有预期的好。

在运动员的操作思维成绩与不同运动项目的关系研究方面,许尚侠和周百之在这方面的研究结论相似,认为操作思维与运动专项有明显的关系。为此,张力为(1993年)也提出了一个假设,即在同一运动项目中,只要信息加工数量和信息加工的时间具有至关重要的意义,那么运动水平越高,操作思维水平也越高,反之亦然,并认为该假设能否成立,还需要进一步的研究。

对于运动员运动过程中的直觉决策现象,西蒙(Simon & Simon, 1978年)等人认为,专家之所以不能解释直觉过程,是因为许多中间步骤没有在短时记忆中出现造成的。

8. 运动员的感知觉研究

运动员的感知觉对于其运动训练竞赛活动具有特殊意义,不同的运动项目对感知觉的要求也不同。动觉是所有运动项目进行有效运动操作的基础。国内外在这方面的研究较多,如郭元奇(1991年)曾为跳远运动员建立了一种可随时调整的音响助跑节奏模式,通过运动员对节奏知觉的训练,收到了良好的训练效益;松田岩男(1979年)通过现场测验发现,不经常锻炼的人和经常锻炼的人对于在运动方向知觉上达到低估20度的时候,需要身体的倾斜度明显不同,这种低估现象,人们称之为"E"现象;当头部和身体的倾斜度加大时,人们的运动方向知觉倾向于高估身体实际倾斜度,人们称之为"A"现象,垂直运动知觉的这种高估和低估偏差统称为"奥伯特现象"。这在竞技体操选手和非锻炼者之间得到了验证,前者易出现E现象,而后者易出现A现象;张忠秋(1992年)认为,"弧线助跑时间节奏、垂直空间及过杆时的身体弓桥感知觉"是背越式跳高项目的专门化知觉。通过培养这几方面的感知觉,跳高教学或训练能收到较好的教学效果。

9. 运动员的运动记忆研究

运动记忆与情绪记忆、词语逻辑记忆有明显的区别,与肌肉活动密切相关。与运动记忆有关的具有代表性的研究有:克瑞蒂(Cratty,1973年)认为,如果训练以后紧接着对该技能进行心理演练,可能会有助于短时记忆的改善或使短时记忆转化为长时记忆。阿斯克里和舒密特(Ascoli & Schmidt,1969年)进行了前摄干扰对短时记忆的影响实验,认为在学习同一标准的运动技能以前,学习其他技能越多,对后一个运动技能学习结果的影响越大。内部表象时的肌肉电位活动要高于外部表象时肌肉电位活动(Mahoeny & Avener,1977年)等。

10. 运动员的注意研究

"普通心理学对注意的研究多是从词语和数字图形的实验角度来进行的,其特点是注意对象为静态的事物,注意范围相对不大,要求也不是很高,所以研究成果不容易直接引用到体育运动之中。"专门针对体育运动中的注意问题的研究不多。从20世纪70年代开始,一些体育心理学家开始对这方面进行研究,其中有沿着认知心理学的思路进行的研究,也有根据运动特点建构注意理论的研究。前者如瑞斯伯格和舍(Wrisberg & Shea,1978年)在20世纪70年代就曾利用双重任务技术对运动员的注意分配问题进行过研究。双重任务技术的一个重要作用是能够探明动作操作过程中哪一个时期需要注意,以及可以比较各种运动项目运动员的注意特点(章建成,2000年)等;后者如奈德弗(Nidffer)在前人研究的基础上提出了有关注意的结构、个体差异与操作成绩关系的注意方式理论。他认为,每个人、每个集体运动项目都需要将注意范围和方向加以特殊组合,以产生最佳运动表现。

综合以上国内外有关智力概念、构成因素和运动员的智力等若干方面的文献,我们可以得出以下几点认识:一是智力是人们在日常生活中经常使用的一个词,但国内外心理学家关于什么是智力、智力具有怎样的结构、由哪些因素构成等问题还没有统一的认识,因此我们研究智力问题就需要以主流的有代表性的观点为依据,如我国的学校教育并没有按照美国心理学家斯腾伯格的"成功智力"理论来培养学生的智力,而是按照智力五因素说来进行的;二是在体育运动领域,以往对运动员智力的研究主要是采用一些传统的智力测验对不同水平的运动员或以普通人作为参照探讨运动与智力的关系及运动员的一般智力特征等问题。这类以差异理论为指导思想的研究范式,实践证明,不能测量出运动员的实际运动智力水平。笔者认为,对于运动员来讲,具备一定的用韦氏成人智力量表等工具所测出的所谓"一般智力"也是最起码的一个要求,要研究运动员的智力问题就必须强调具体的运动情境条件,这样的研究才更具有生态学效度;三是"近年来,在研究人的智力或创造力中,有许多学者指出那种纯粹研究智力或创造力内部机制与结构的做法是很片面狭隘,且脱离实际的。他们主张采取通过调查社会各行各业人士对智力或创造力的认识来构建其内隐概念(implicit concept)。换言之,他们力图通过调查那些已经在人们脑海中形成的智力或创造力概念来确认其认知结构。由此,内隐认知的调查方法大大地拓宽了一般的智商测验向人们呈现的狭隘的智力或创造力概念。它具有更多客观性和生态学效应,它把焦点集中在人们与环境相互作用的典型事物上,而不是简单的实验室的操作,它更多地带有现实生活的特点"。因此,采用内隐认知(简称认知)的方式探讨优秀运动员的智力和非智力因素在具体运动训练竞赛活动中的作用与影响问题不仅具有可行性,而且更具有客观性和生态学效度。

(二) 关于非智力因素的研究综述

1. 非智力因素在西方的提出

据考察,非智力因素概念的产生已有90多年的时间了。20世纪初,西方盛行智力测验,这为非智力因素概念的产生孕育了基础。1913年,维伯(Web)通过对一次智力测验进行的因素分析,从中抽取出了一项,认为是与智力有关的因素,并命名为"W"。在随后的几年中,兰克斯(Lanks)和琼斯(Jones)也在实验室里发现了另一种与智力有关的"P"因素。早在1935年,美国的心理学家亚历山大(W. P.

Alexander)发表了《具体智力和抽象智力》一文,就提出了非智力因素(Non-intellectual factors)的概念。他认为,在以往的智力测验中人们忽视了很大一部分因素,这些因素对于智力测验的结果会产生很大的影响。在某种意义上,仅用智力和能力不能解释学生学习失败的原因,因此首次使用了"非智力因素"的心理学概念,但在当时并未引起人们应有的注意。从此以后,美国的另一位心理学家韦克斯勒(D. Wechsler)在亚历山大的启发下,于1943年提出了"智力的非智力因素的问题"。1949年,韦克斯勒(D. Wechsler)又在《美国心理学家》杂志上发表了《认知的、先天的和非智力的智力》的文章。在这篇文章中阐述了"非智力因素"这个概念。这个概念的内涵包括三层意思:一是非智力因素属于智力因素范畴,二是非智力因素是参与智力活动并制约智力活动效率的心理因素,三是非智力因素只有参与智力活动才能发挥应有的功能。嗣后,非智力因素才在西方得到人们的一致看法。心理学界一般将韦克斯勒的这篇文章作为非智力因素概念正式诞生和进行科学研究的标志。

2. 非智力因素在我国的提出

人们对非智力因素在智慧行为中的作用的认识由来已久。如中国古代就有一句名言,"非不能也,是不为也",意思是说,不是不会做,而是不肯做。其中"能"是指"会不会",即智力因素;而"为"则是指"肯不肯",即非智力因素。但是非智力因素这个概念的提出以及对其进行科学的研究却比较晚。在20世纪80年代初,我国的教育实践面临单纯"智力开发"和"应试教育"失败的困境,才开始注意对非智力因素的研究。非智力因素在我国成为被公认的科学心理概念,源于1983年11月12日,燕国材教授在《光明日报》发表了他的《应重视培养非智力因素》的文章。正是这篇文章的发表,当时引起了全国范围内的轰轰烈烈的大讨论。《华东师范大学学报》(教育科学版)曾辟专版进行关于非智力因素的争鸣。在我国,也正是此时公开独立地提出了"非智力因素"的概念。这篇文章由三部分构成,阐述了三层意思:"一是什么是非智力因素?从广义上指出,非智力因素是智力因素以外的一切心理因素;从狭义上讲,非智力因素主要指性格、情感和意志。二是成功＝智力因素＋非智力因素。同时也描述了这样一种客观现象：一个智力水平很高的人，如果他的非智力因素没有得到充分的发展，往往也不会取得多大的成就。反过来，如果一个智力中等的人，要是他的非智力因素得到了很好的发展，也会取得辉煌的成就。三是必须重视非智力因素的培养。明确指出不仅对于智力较高的学生应重视非智力因素的培养，而且对于智力较低或一般学生更应当重视非智力因素的培养，尤其还要特别重视对女生非智力因素的培养。"

3. "非智力因素"的概念界定

"非智力因素"概念的提出，是出于与智力因素的区别而产生的，是指除五种基本的智力因素以外的全部心理因素。燕国材教授在1983年提出"非智力因素"的概念后，经过全国范围内的大讨论，很快成为被大家公认的心理学术语。不过，到目前为止，在使用这一概念问题上仍然不够统一。类似的概念有：非智力心理因素、心理品质、非智力个性因素和非认知因素等。查阅《辞海》(1999年版)关于非智力因素的定义是："人的智力由观察力、注意力、记忆力、思维力和想象力五种基本心理因素组成。除这五种基本心理因素以外还有形形色色的各种心理因素，统称为非智力因素，以便与智力因素相对应。"总之，人们使用非智力因素的概念有广义与狭义之分，具有代表性的有三种：①燕国材教授的观点。燕国材教授认为，非智力因素是人们的意向活动在改造客观世界的过程中逐步形成的一些稳定的心理特点的综合；非智力因素是智力因素以外全部心理因素的总称。并且还认为，参与制约智力活动的心理因素可以叫作非智力因素，不参与智力活动，对智力活动不产生影响的心理因素也可以叫作非智力因素；非智力因素参与智力活动固然能发挥作用，不参与智力活动也能发挥出它的独立作用。除解释了非智力因素的基本内涵外，燕国材教授还从非智力因素的外延的角度进行了说明，认为人的非智力因素系统包括三个层次：一是广义的非智力因素。这是非智力因素的第一层次。立论的依据是心理学二分法，即人的心理活动分为认识与意向两大系列。二是狭义的非智力因素。这是非智力因素的第二个层次。从对人们的学习影响大小的角度，从众多的非智力因素中择取了五个基本心理因素，即动机、兴趣、情感、意志和性格。三是具体的非智力因素。对复杂的第二层次进行分解，并依据它们对学习作用的大小和关系疏密程度，又选出了12种非智力因素，分别是成就动机、求知欲望、学习热情、自尊心、自信心、责任心、义务感、荣誉感、自制性、坚持性和独立性。②林崇德教授的观点。他认为非智力因素是指除了智力和能力之外又同智力活动效益发生交互作用的一切心理因素，具有以下特点：非智力因素是指在智力活动中表现出来的心理因素，而不是指智力以外的一切心理因素；非智力因素是一个整体，具有一定的结构和功能；智力因素和非智力因素两者之间是相互的关系，而不是单向的关系；非智力因素只有与智力因素结合在一起才能发挥它在智力活动中的作用。③沈德立教授的观点。沈德立教授认为，"非智力因素的提出，是人们试图从另一个角度对心理范畴进行新的划分的尝试。他认为，人的心理活动可分为两类：一是对客观事物的反映活动，包括感知、记忆、思维和想象等，直接参与对客观事物认识的具体操作；二是对客观事物的对待活动，包括注意、动机、兴趣、性格和意志等，不直接参与对客观事物认识的具体操作。实际上，在任何人任何心理活动中，两者都是同时存在的。他们认为，非智力因素有两个层次：一是广义的非智力因素，即除智力和能力以外的全部心理因素；二是狭义的非智力因素，是指同智力活动关系密切并共同影响智力活动效率的心理因素。并指出提出这种观点的目的是，既要通过培养学生狭义的非智力因素来发展学生的智力，又要把培养学生广义的非智力因素作为促进学生全面发展的手段。"

4. 非智力因素的功能

几十年来，通过对非智力因素问题开展的大量理论探讨和实验研究工作，国内心理学界更加深刻地认识并体验到非智力因素在学校教育等领域中的重要作用和意义。关于非智力因素的功能的阐述，具有代表性的观点有：燕国材教授把非智力因素的功能归纳为动力、定向、引导、维持、调节和强化等六大功能，沈德立教授认为非智力因素的功能有动力、维持、补偿和定型四大功能,苏世同教授认为非智力因素的功能有始动、维持、调节、定向四大功能,李洪玉教授认为非智力因素的功能有动力、定型和补偿三大功能。综合以上所有观点,非智力因素在人的实践活动中具有如下八大功能:①动力功能。非智力的动力构成十分复杂,概括起来主要有两类:一是内驱力,二是情动力。它们不仅是驱动人们不断行动的内在力量,而且还具有始动功能。来自主体内部或外部的种种诱因,只有转化为人们的一种心理需要,并与一定的目标联系在一起时,才能成为人们为实现一定目标而努力的行动动机。作为具体非智力因素的荣誉感、责任心、自信心、好胜心等都可以转化为人们的活动动机,成为推动人们活动的动力。至于运动员的运动兴趣和成就动机、运动热情等更能督促运动员积极主动地进行训练和竞赛。②定向功能。所谓定向,就是确定方向,明确目的。以往人们认为,活动的目的是由人们的认识来确定的,其实不然。事实表明,人们的认识只是对活动目的的确定打下初步基础,还不能使目的固定化,还需要非智力因素的帮助才能做到这一点。运动员如果对自己的专项具有浓厚的兴趣,则有助于在长期艰苦的运动实践中追求自己的专项成就。③引导功能。人们从事任何实践活动,只有动机和目的,还不能足以取得成效,还有一个怎样才能从动机走向目标的问题,这就非常需要非智力因素的引导了。比如,一个运动员参加竞赛的热情、责任感、荣誉感、自信心和好胜心等非智力因素,能有效引导他从自己的参赛动机走向参赛目的。④维持功能。非智力因素的维持功能是指它支持、激励个体的行为,使之能够始终坚持目标,遇到艰难险阻不退却。荀子说:"锲而舍之,朽木不折;锲而不舍,金石可镂","进,吾往也;止,吾止也",这两段话都是对维持功能的绝好写照。⑤调控功能。对运动员来讲,在长期的训练竞赛实践中,总要面对成功与失败的考验。胜利时是沾沾自喜,还是头脑冷静;失败时是一蹶不振,还是坚韧不拔,这就非常需要运动员的非智力因素的积极参与,并进行调控了。正如古人所云"当行则行,当止则止",便是对非智力因素调控作用的概括与说明。⑥强化功能。所谓非智力因素的强化功能是指非智力因素的积极参与可以提高人们处于低谷时的心理或生理能量,从而使个体始终保持旺盛的精力、昂扬的斗志和不断进取的精神。⑦补偿功能。实践证明,许多很有建树的人,原来并非多么聪明,多么在智力上占优势,而是由于其非智力因素的补偿作用,才得以取得巨大成就。通常所说的"勤能补拙""谦受益,满招损",从正反两方面都说明了非智力因素的补偿功能。⑧定型功能。所谓非智力因素的定型功能就是指它有助于人们认识或行为的组织越来越定型化。如人的意志,直接影响学习和智力活动的目的性、自觉性和坚持性,从而影响认识的质与量;人的情感直接影响学习或智力活动的强度和速度等,这都说明非智力因素有助于促进人们智力或能力的发展,并促使智力或能力的水平在一定时期内处于相对稳定的状态,发挥着一种定型化功能。

5. 关于运动员非智力因素的研究综述

从20世纪80年代开始,我国体育界就从体育教学和竞技体育两大领域开始进行非智力因素的研究。通过检索中国期刊网全文数据库和优秀硕士学位论文数据库,以关键词为非智力因素的文章有2 396篇,其中与体育有关的有586篇,与运动员有关的有73篇。通过分析这73篇文章,以及1篇博士论文,可以归纳出研究的主要内容有:①刘明(2003年)的博士论文《论运动员非智力因素的培养》,以专家筛选的方法,对影响运动员运动训练竞赛活动的7项非智力因素进行了研究,包括各级运动员7项非智力因素的发展现状的调查与分析,以及目前在运动员非智力因素培养方面所存在的问题等;荣敦国(2003年)的硕士论文《对山东省青少年竞技运动员非智力因素的发展现状与提高对策研究》,以燕国材教授的非智力五因素说为理论基础,对影响青少年竞技运动员的10项具体非智力因素的发展现状进行了调查分析,探讨了影响青少年竞技运动员非智力因素发展的影响因素与培养原则等问题。②周明(1997年)指出,目前比较注重运动员比赛过程中的心理素质方面的培养,看似反映运动员心理状态的问题,其实反映了全年训练过程中非智力因素的训练质量问题。③严蓓(1998年)认为,随着游泳运动比赛的日益激烈,高水平的比赛已不仅仅是运动员身体和技战术的对抗，更是运动员心理素质的抗衡。并对游泳运动员的非智力因素的培养和激发提出了具体建议，如培养兴趣、挖掘潜力、创造环境、塑造性格等。④程云峰(1989年)认为，动机、兴趣、情感、意志和性格等非智力因素是儿童乒乓球运动员成才的必要条件，在具体的运动训练中，应注意自始至终地进行培养，以为今后的发展打下良好的基础。⑤李菲菲等人(2006年)对兴趣、情感、意志、性格等五项非智力因素对延长运动员运动寿命问题进行了研究。⑥宋亦春等人(2006年)通过专家访谈、问卷调查，建立了武术散打运动员非智力因素的9因子模型，并据此编制了武术散打运动员的非智力因素评价量表，初步整理出优秀和非优秀散打运动员非智力因素常模等。

综合以上文献资料，我们可以得出以下几点认识：一是非智力因素在国内外的提出有着不同的现实背景，到目前为止，国内外对什么是非智力因素，它的结构如何，它包括哪些因素等问题仍然存在一定的分歧，因此，我们研究运动员的非智力因素问题仍然需要依据目前有代表性的主流观点，如我国燕国材教授提出的"非智力五因素说"；二是非智力因素所具有的八大功能是对庞杂的非智力因素系统的所有因素的功能概括，具体的非智力因素在人们的实践活动中分别具有不同的功能，细抠这一点的目的在于在纷繁复杂的各种运动训练竞赛活动中，究竟哪些因素是在起着比较大的作用，或者说是哪些因素对具体的运动训练竞赛活动的影响较大，掌握这些因素是发挥非智力因素功能促进运动训练竞赛活动成效，克服心理训练盲目性和难以操作性的实实在在的一环。包括本人在内，以往对运动员非智力因素发展现状的研究所得出的一些结论，如不同项目运动员在某些非智力因素方面所呈现出的差异，在很大程度上是由于不同的运动项目的性质不同导致的，是不同运动项目有不同的需求所造成的，认识到这一点就应当如同研究运动员的运动智力一样，也应高度重视运动项目的特殊性，从不同运动项目的特殊需求入手进行更加深入的研究。三是非智力因素系统同智力因素系统共同构成运动员的心理系统，两者有着密切的关系，既相互促进又相互制约，共同影响具体的运动训练竞赛活动，但是从目前的研究来看，把两者结合在一起探讨促进运动员竞技能力发展方面的研究还尚未见到,可见在这方面的研究还是十分薄弱的。

四、研究目的和意义

(一)研究的目的

在运动训练竞赛活动中,运动员的运动智力因素系统是"执行-操作"系统,运动非智力因素系统则是"动力-调节"系统。任何运动训练竞赛活动都离不开运动员这两大复杂系统的积极参与,运动员的运动智力和非智力因素的活动质量和水平,在很大程度上,直接影响运动训练竞赛活动的成效。本书研究的主要目的就是以系统论思想为指导,试图从运动员智力和非智力因素系统的角度,探讨它们对具体专项运动技能训练与竞赛活动的影响。通过对我国具有代表性的四个优势项目(两个体能主导类项目和两个技能主导类项目)优秀运动员的内隐认知调查,了解这些优势项目的两种成就情境对具体运动智力和非智力因素的需求特征,并进一步深入探讨这些重要心理因素的培养措施等问题。本书可进一步加深人们对这些优势项目性质的认识,提升教练员与运动员做到运动智力和非智力因素有机结合以促进运动训练竞赛活动成效的意识,进一步转变与完善训练思想和观念,提高运动训练竞赛活动的科学化水平。

(二)研究的意义

1. 研究的理论意义

本书以辩证唯物主义和历史唯物主义为思想方法,以系统论和我国非智力因素理论为指导,对运动智力和非智力因素进行了操作性概念界定,论证了两者的辩证互动关系,为提倡运动智力和非智力因素有机结合促进运动训练竞赛活动成效提供了理论基础;对运动训练竞赛活动影响较大的具体运动智力和非智力因素进行了基本内涵、基本特征、培养条件、方法与措施等方面的系统分析,这些研究是对开放的现代运动训练理论体系的丰富与完善,因而具有一定的理论意义。

2. 研究的实践意义

本书研究通过对我国四个优势项目优秀运动员的内隐认知调查,从纵向和横向两个维度,探讨了这四个优势运动项目的具体运动训练竞赛活动对不同运动智力和非智力因素的需求差异;这些研究结果,可加深人们对这些运动项目性质的认识,为这些项目的教练员和运动员做到运动智力和非智力因素有机结合促进运动训练竞赛活动成效提供直接参照,有助于进一步转变和提升人们的训练思想与观念,因而也具有重要的实践指导意义。

五、研究假设与创新点

(一)研究假设

(1)影响运动训练竞赛活动的运动智力和非智力因素有其自身的内涵与特征。

(2)不同运动项目的运动技能训练与竞赛活动,对运动智力和非智力因素有不同程度的需求。

(3)影响运动训练竞赛活动的运动智力和非智力因素应有不同的培养方法与措施。

(二)研究的创新点

(1)本书以系统论思想为指导,依据我国非智力因素理论的心理二分法,从我国四个优势运动项目入手对影响运动技能训练与竞赛活动的具体运动智力和非智力因素问题进行了系统研究。

(2)本书以我国四个优势运动项目的运动技能训练与竞赛活动两种运动成就情境为条件,对影响运动技能训练与竞赛活动的具体运动智力和非智力因素分别进行了纵向和横向的作用比较。

(3) 本书从运动员心理系统整体的视角,对影响运动技能训练与竞赛活动的运动智力与非智力因素的培养方法与措施等重要问题进行了系统梳理。

六、主要研究任务

(1) 通过专家筛选,确定对运动训练竞赛活动影响较大的主要运动智力和非智力因素研究指标。

(2) 分析对运动训练竞赛活动影响较大的运动智力和非智力因素的基本内涵和特征。

(3) 对我国四个优势项目的优秀运动员进行运动智力和非智力因素的内隐认知调查。

(4) 对影响专项运动技能训练与竞赛活动的高分运动智力和非智力因素分别进行四个优势项目间的横向比较。

(5) 系统总结运动智力和非智力因素的培养方法与措施等问题。

七、研究对象与方法

(一) 研究对象

本书以智力和非智力因素对运动训练竞赛活动的影响为研究对象,以我国部分高校教师、体育运动技术学院教练员和优秀运动员为调查研究对象,以我国举重、游泳、乒乓球和射击四个优势竞技项目为具体研究项目。

(二) 研究方法

1. 文献资料法

文献资料的来源有:根据论文研究的需要,在以往对与智力和非智力因素有关的专著与教科书等资料积累的基础上,到上海体育学院图书馆、上海图书馆、复旦大学图书馆、山东体育学院图书馆和上海书城等图书馆进一步搜集相关资料；通过访问中国期刊全文数据库(CNKI)、中国优秀博硕士学位论文全文数据库、国家体育总局体科所-中外文体育期刊全文数据库、Sociological Abstracts(社会科学文献光盘)和Sport Discus(体育运动光盘)，分别以"智力、非智力、运动员、举重、游泳、射击和乒乓球"为关键词进行检索，从众多的相关资料中获得了500多份参考价值较高的专著与文章；在Internet上也不断进行相关信息的查询，获得了若干有价值的信息与资料。

通过对获得的大量文献资料的系统分析与整理，比较全面地掌握了本领域的研究现状，为本书的研究奠定了宽厚的理论基础。

2. 观察法

观察法是社会研究的主要方法之一。根据本研究的性质和需要，主要采用了直接地实地局外观察方式。在每次深入一线运动队进行实际考察时，都预先作好理论方面的准备，并制订较为详细、实际的行动计划。在历时一年多的时间内，对上海运动技术学院、山东运动技术学院和上海体育学院竞技体校等相关运动队进行了大量的观察活动，作了大量的观察记录。主要目的是：①通过观察进一步了解教练员和运动员的生活、训练、工作等情况，对论文选题的可行性进行考察。②通过观察，了解不同项目教练员和运动员对心理训练方面的认识与具体实施情况，确定下一步研究的方法和需要采取的有效调研措施，以及预测调研过程中可能遇到的困难和应注意的问题。③通过长期观察与交往，疏通下一步调研渠道，并为需要访谈的具体问题进行前期准备。

3. 专家访谈法

通过专家访谈(见附表1)主要解决的问题有：①选题论证，②选择本课题的研究方法与手段，③对具体运动智力和非智力因素的培养方法与措施等问题进行个案研究等。

附表1 部分访谈专家一览表($n=30$)

姓名	职称(或职务)	单位
燕××	教授	上海师范大学
徐××	教授、博导	上海体育学院
朱××	教授、博导	上海体育学院
刘××	教授	上海体育学院
张××	教授、博导	北京体育大学
刘××	教授、博导	曲阜师范大学
孙××	教授、博导	曲阜师范大学
孙××	教授	曲阜师范大学
曹××	教授、博导	曲阜师范大学
杨××	教授	曲阜师范大学
李××	教授	山东师范大学
韩××	教授、副院长	山东体育学院
马××	国家级教练	国家训练局
薛××	国家级教练	国家级教练
孙××	研究员	山东省体科所
李××	高级教练	山东运动技术学院
乔××	国家级教练、主任	山东运动技术学院
刘××	副处长	国家体育总局
袁××	副处长	国家体育总局
孙××	教授、博导	南京师范大学
周××	国家级教练	四川运动技术学院
张××	高级教练、主任	淄博体育局
许××	研究员、领队	四川运动技术学院
姜××	国家级教练	辽宁运动技术学院
周××	副院长	辽宁运动技术学院
刘××	校长	辽宁运动技术学院
张××	高级教练	淄博射击学校
滕××	国家级教练	山东运动技术学院
房××	研究员、所长	淄博体科所
曹××	国家级教练、主任	国家训练局

4. 逻辑分析法

本书以系统论和我国非智力因素理论为指导,按照既要穷尽,又要互不包含,以及具有可训练性等原则,采用专家筛选的方法,确定对运动训练竞赛活动有较大影响的具体运动智力和非智力因素,这两大系列因素须保证能够体现运动员运动智力和非智力因素两大心理系统的完整性；以辩证唯物主义和历史唯物主义的思想和方法，对运动训练竞赛活动中的各种问题进行具体问题具体分析。

5. 问卷调查法

· 专家问卷

运动员的运动智力和非智力因素两大心理因素系统都涉及很多指标，不可能对所有的因素都进行研究，因此，根据现场观察获得的第一手资料和理论分析，在努力减少初选指标的基础上，以"影响运动训练竞赛活动的主要智力因素专家调查表"和"影响运动训练竞赛活动的主要非智力因素专家调查表"为工具，对 68 位专家进行了问卷调查，见附表 2。

附表 2 调查专家分布表($n=68$)

专家	正教授	副教授	国家级教练	高级教练
人数	26	12	13	17

所调查的高校教师主要是从事体育心理学、运动训练学等专业理论教学，并且具有高级职称的部分教师；调查的教练员是执教举重、游泳、射击和乒乓球专业队训练的部分一线高级教练员，为了保证运动智力和非智力因素两大系统的完整性和对应性，根据调查结果分别截取了对运动训练竞赛活动影响较大的 10 项具体运动智力和非智力因素作为主要研究指标。

· 运动员问卷

竞技项目系统庞杂，也只能选取具有代表性的我国部分优势竞技项目进行研究。在调查项目的确定上，选取了具有代表性的我国四个优势项目——游泳、举重、乒乓球和射击，即两个体能主导类项目和两个技能主导类项目。"所谓优势竞技项目，是指在国际重大竞技比赛中多次取得优异成绩，在未来的竞争中具有有利条件的运动项目。"同样，由于每个具体项目所涉及的运动训练竞赛活动较多，因此，也只选取了典型的专项运动技能训练和运动竞赛两种运动情境进行考察。

考虑到运动员回答问题时的心理干扰，听取专家意见，问卷的编制特别采用了运动技能训练情境与运动竞赛情境的分离即分别编制了适用于专项运动技能训练和运动竞赛活动的两份运动员调查问卷"智力和非智力因素对专项运动技能训练活动的影响的运动员调查问卷"和"智力和非智力因素对专项运动竞赛活动的影响的运动员调查问卷"。两问卷均采用李克特五级量表形式,对于两问卷的五种备择答案分别记取5、4、3、2、1分进行赋值统计与处理。

在问卷的内容效度方面,通过对上海师范大学、上海体育学院、山东师范大学、曲阜师范大学、山东运动技术学院的15位专家的效度调查,"智力和非智力因素对专项运动技能训练活动的影响的运动员调查问卷"的专家评价是非常满意:10人、比较满意:5人;"智力和非智力因素对专项运动竞赛活动的影响的运动员调查问卷"的专家评价是非常满意:12人、比较满意:3人,说明两份问卷的效度都达良好以上水平。

在问卷的信度方面,对山东省运动技术学院的30名游泳运动员和30名举重运动员,按照编号进行了间隔三周的两次调查,"智力和非智力因素对专项运动技能训练活动的影响的运动员调查问卷"和"智力和非智力因素对专项运动竞赛活动的影响的运动员调查问卷"两问卷前后两次调查的相关系数分别为0.893和0.910,这说明两份问卷的重测信度较高,具有较好的稳定性和可靠性。

在运动员问卷调查的取样范围方面,根据各省份四个项目近年来在全国的成绩排名和我国东、西、南、北、中的地域特点,最终选取了广东、四川、上海、山东、江苏、北京和辽宁7个综合实力相对较强的体育省市运动技术学院的现役优秀运动员(一级及以上)作为调查对象,见附表3。

附表3 运动员调查分布与统计一览表

项目 省份	举重		游泳		乒乓球		射击	
	训练	竞赛	训练	竞赛	训练	竞赛	训练	竞赛
山东	25	25	25	25	20	20	20	25
上海	10	10	25	25	20	20	20	20

续　表

项目 省份	举重		游泳		乒乓球		射击	
	训练	竞赛	训练	竞赛	训练	竞赛	训练	竞赛
辽宁	30	25			20	20	20	20
广东	25	25	25	25	20	20	20	30
北京	15	15	15	15	15	15	15	15
江苏	20	20	20	20	15	15	20	20
四川	20	20	15	20	15	15	20	20
发放问卷	140	135	120	130	125	125	135	150
回收问卷	131	117	115	126	112	111	115	139
有效问卷	121	106	107	113	101	96	104	133
有效率(%)	92.3	90.6	93	89.7	90.2	86.5	90.4	95.7

说明："训练"代表运动技能训练方面的问卷；"竞赛"代表运动竞赛方面的问卷。

为了保证问卷填写质量，均由教练员或领队根据实际情况组织问卷的填写，填写问卷的男女运动员比例为1∶1。

6. 数理统计法

对回收的所有问卷进行质量检查，用 SPSS13.0 统计软件包对所有有效问卷进行统计处理。

八、研究的技术路径(见附图1)

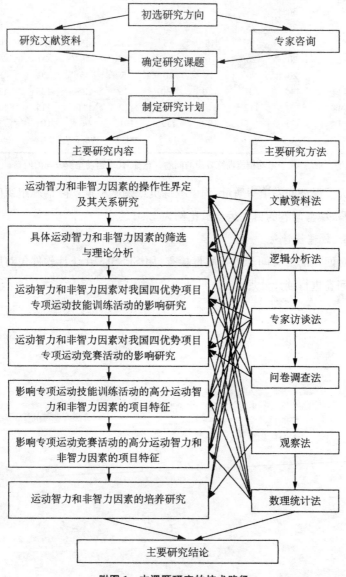

附图1 本课题研究的技术路径

第二节 运动智力和非智力因素对运动训练竞赛活动的影响研究

一、我国优秀运动员对影响运动训练活动的运动智力和非智力因素的认知特征

研究运动员的运动技能训练活动,需首先探讨一下运动技能的本质及其属性。知识应用于实际不是一下子能完成的,它必须经历一个发展过程,呈现出某些阶段性特点。包括运动知识在内的一切知识应用于实际的过程,一般可分为两个阶段——技能阶段和技巧阶段,两者既有区别,也有联系。人们一般把两者总称为技能。技能是人们在各种实际活动中,通过练习获得的,是顺利完成某种任务的一种动作或活动方式。按其本身的性质与特点,技能可分为动作技能和心智技能两种形式。"动作"是指在学习活动、体育运动和生产劳动中表现出来的种种实际动作。在完成一项活动任务中,所涉及的一系列实际动作,如果以完善、合理的方式组织起来并顺利地进行时,就叫为"动作技能"。而"心智技能"则是指人们顺利完成某种活动任务的心智活动方式,它是人们借助内部语言或形象在头脑中进行的认知活动方式。它包括感知、记忆、想象和思维,并以思维为核心成分。动作技能与心智技能既有区别,又有联系,见附表4。

附表4 心智技能与动作技能的关系

		心智技能	动作技能
不同点	活动的对象	具有一定观念形式的客体。属心理活动范畴	具有一定物质形式的客体,属实际活动范畴
	活动的进行	在脑中借助内部语言或形象而进行,不必由视觉或动觉来控制	在脑外借助于身体动作而进行,必须由视觉或动觉来控制
	活动的结构	可以高度省略,高度简缩	必须实际做出,不能省略和简缩

续表

	心智技能	动作技能
共同点	(1) 都是由技能发展到技巧,完成动作的速度都是由慢到快 (2) 都是通过一个个的具体动作完成,逐步发展为整体去进行、完成 (3) 完成动作时,都要经过由紧张、呆板,逐步发展到轻松、灵活	
联系	心智技能常需借助动手;动作技能也常需借助于动脑	

资料来源:燕国材《心理与教育》。

外部动作是心智技能形成的最初依据,也是它的经常的体现者,而心智活动则是外部动作的调节者。在完成比较复杂任务的各种运动过程中,不仅需要运动员的心智技能,而且更需要其高超的动作技能。运动技能是动作技能中的一种,是在体育运动特定条件下表现出来的种种动作,以完善、合理的方式组织起来并顺利地进行。虽然运动技能的主导成分是外显动作,心智技能的主导成分是内隐的心智活动,但两者又都是互相联系而不能截然分开的。不论是从事哪一个竞技项目的运动员,也不论是处在什么竞技能力发展阶段的运动员,专项运动技能的学习与训练都是他们重要的训练内容。因此,本书选取了具有代表性的运动情境-专项运动技能训练活动作为重要研究对象之一。

(一)举重运动员对影响运动技能训练活动的运动智力和非智力因素的认知特征

1. 举重运动员对运动智力和非智力因素的认知统计

根据项群理论,从动作结构特点上看,举重属于单一动作结构类非周期性项目;从竞技能力的决定性因素看,属于体能主导类快速力量型项目。通过对广东、山东、辽宁、江苏等7省市运动技术学院的优秀运动员进行"智力和非智力因素对专项运动技能训练活动的影响的运动员调查问卷"调查,经统计,结果见附表5。

附表5 举重运动员对运动智力和非智力因素的认知结果统计($n=121$)

一级指标	二级指标	平均数	排序
运动智力因素	运动意志注意	4.5500	1
	运动平衡感	3.3167	8
	运动空间感	3.1167	10
	运动节奏感	4.3500	2
	运动情绪记忆	3.4333	7
	运动视觉表象	3.9167	3
	运动动觉表象	3.8500	4
	运动直觉思维	3.2500	9
	运动动作思维	3.6333	6
	运动形象思维	3.7000	5
运动非智力因素	运动成就动机	4.1333	6
	运动兴趣	4.5167	3
	运动热情	4.3500	5
	运动情绪稳定性	3.8667	7
	运动荣誉感	3.1000	10
	运动毅力	4.6000	1
	运动自制性	3.8000	9
	运动责任心	3.8500	8
	运动自信心	4.4500	4
	运动好胜心	4.5833	2

据附表5,举重运动员的10项具体运动智力和非智力因素在其专项运动技能训练活动中都共同发挥一定的作用,但作用的大小各不相同;举重运动员要想获得好的专项运动技能训练成效,还必须做到运动智力和非智力因素的有机结合。

据附图2,按照举重运动员10项具体运动智力因素作用的大小,从大到小的排序为:运动意志注意、运动节奏感、运动视觉表象、运动动觉表象、运动形象思维、运动动作思维、运动情绪记忆、运动平衡感、运动直觉思维和运动空间感。

如果按照均数大小,均数≥4表示起决定性作用、3≤均数<4表示起重要作用、均数<3表示起基础作用,那么,可对举重运动员10项具体运动智力因素在其专项运动技能训练活动中的作用进行如下等级划

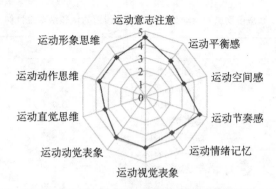

附图 2　10 项具体运动智力因素在举重运动技能训练活动中的作用

分,见附表 6:

附表 6　10 项具体运动智力因素在举重运动技能训练活动中的作用等级划分

运动智力因素	运动意志注意	运动平衡感	运动空间感	运动节奏感	运动情绪记忆	运动视觉表象	运动动觉表象	运动直觉思维	运动动作思维	运动形象思维
作用等级	△△△	△△	△△	△△△	△△	△△	△△	△△	△△	△△

说明:△△△表示决定性作用;△△表示重要作用;△表示基础作用。

据附图 3,可直观地看出,按照举重运动员 10 项具体运动非智力因素作用的大小,从大到小的排序为:运动毅力、运动好胜心、运动兴趣、运

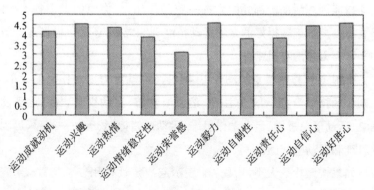

附图 3　10 项具体运动非智力因素在举重运动技能训练活动中的作用

动自信心、运动热情、运动成就动机、运动情绪稳定性、运动责任心、运动自制性和运动荣誉感。

如果按照均数大小,均数≥4 表示起决定性作用、3≤均数<4 表示起重要作用、均数<3 表示起基础作用,那么,可对举重运动员 10 项具体运动非智力因素在其专项运动技能训练活动中的作用等级进行如下划分,见附表 7：

附表 7　10 项具体运动非智力因素在举重运动技能训练活动中的作用等级划分

运动非智力因素	运动成就动机	运动兴趣	运动热情	运动情绪稳定性	运动荣誉感	运动毅力	运动自制性	运动责任心	运动自信心	运动好胜心
作用等级	△△△	△△△	△△△	△△	△△	△△△	△△	△△	△△△	△△△

说明：△△△表示决定性作用；△△表示重要作用；△表示基础作用。

2. 分析与实证

现分析并呈现部分实证资料如下：①观看国家举重队的训练发现,运动员在每次试举时,都要求做到意念集中(意志注意),以调动全身的肌肉和部位发力,并要求养成习惯。笔者认为,这一训练方式就是要求把抽象的心理训练同具体的技能训练有机地结合在一起的实际做法。这一训练方式有很多好处,不仅更接近实战,而且在练就运动员过硬的技术和意志品质等方面都是非常必要的。按照这样的要求,每次训练下来,运动员更感到疲劳,不仅仅是发展了运动员的快速力量,而且还有效刺激了运动员神经系统发放神经冲动的强度,训练效果会更好。②通过在山东跟队观察和个别访谈了解到,举重运动员都非常注重准备活动的时间和质量,做准备活动不仅仅是为了热身,提高身体的激活水平,还有一个重要目的就是振奋精神和激发训练欲望(兴趣)。山东运动员李某说,"上次训练产生的疲劳还没有消除,就进行新的训练是常有的事,在这种情况下进行训练,一点训练的兴趣和想法都没有。但是,如果通过慢慢地做完准备活动,训练的兴趣和劲头就会上来了。举重没有兴趣和激情,效果是不会好的。"③通过现场的观察与访谈了解到,举重运动员每次训练课的运动负荷一般在35—50组;周运动负荷在150—300组;85%—95%强度的训练占周有效组数总量的40%—50%,100%强度占周有效组数总量的10%或以上,月训练一般在26天以上。由此可见,不仅在每次训练课之中,而且在小周期、中周期等各训练周期中,运动员都是在克服很大疲劳的情况下完成艰巨的训练任务,显然,要完成这样大的运动负荷,运动员必须具有非常顽强的毅力。山东电视台在采访北京奥运会女子69公斤级卫冕冠军刘春红的母亲时,刘母说:"春红一星期要举几十吨的重量。"④据现场观察,运动员在每次技术训练时,教练员经常给运动员做示范动作(视觉表象),或用言语强调完成技术动作的要求与应有的肌肉感觉(动觉表象)。⑤山东的孙教练说:"在举杠铃的过程中,仅注重某些动作环节的瞬间爆发性向上用力还不够,必须根据自己的特点,形成自己的技术动作节奏(节奏感)。"⑥据现场观察和访谈,现代竞技举重技术应主要符合近、低、快和准的技术要求。"近"即近身,要求运动员在做预备姿势和上举杠铃的过程中,身体与杠铃的总重心的垂线应尽量接近支撑面的中心(以利于平衡支撑);"快",就是要求运动员快速完成发力和下蹲支撑动作(动作节奏);"低",就是要求运动员通过发力展体,快速完成低蹲支撑杠铃,尽量缩短杠铃下降的行程(动作思维);"准",就是要求运动员在举起杠铃的过程中,特别是完成向上用力和向下支撑的动作时,身体不同部位肌肉用力的顺序要高度协调和准确(节奏感)。⑦辽宁的丁教练说:"看上去,举重是一项粗活,实则不然。每次试举都应把动作交代得很清楚,也就是要准确地把握好各个细节,一气呵成(毅力)。如果把握不好,就会影响技术动作完成的效果。如抓举训练,发力时杠铃贴身情况、瞬间的爆发性发力情况;下蹲支撑时锁肩、转肘、挺胸支撑、头是否做到稍稍仰起、压低臀部等情况;提铃时要伸膝、直臂、上体前倾,腰背收紧(动觉表象),每次完成抓举动作都必须做好这些环节。要做到这些,还必须高度集中自己的注意力(意志注意)和把握好完成抓举动作的各个环节的肌肉感觉(动觉表象和动作节奏)。"⑧现代竞技举重越来越呈现出技能训练与承受超负荷紧密结合在一起的特征。在优秀举重运动员的技能训练过程中,教练员采用超负荷是经

附录 运动智力和运动非智力因素对若干运动训练竞赛活动的影响研究

常的负荷应用原则。因为当运动员对一定的适宜负荷适应之后,就应当及时采用超过原先水平的运动负荷,否则,就不能给运动员机体造成有效刺激,产生新的适应。笔者认为,竞技举重的这一特点自然非常需要运动员具有不断超越自我和他人的勇气与行为(好胜心)。⑨"我练举重已经十一年了,近几年来才慢慢对抓挺有一些更深的体会,我自己觉得抓举最能体现一个人的综合素质,它不仅需要身体的协调性、还需要心理的稳定性以及瞬间的爆发力。抓举是一个纯技术的项目,有两个起举姿势,一个是静力势起举,另一个是运动势起举,根据每个人不同的身体结构来定,我是运动势起举,所以,第一步杠铃一定要稳住贴身,无论第一步拉铃有多沉,第二步一定要带到位发力,不要等到杠铃压下来再去支,支撑时腰背要紧!这是完整的抓举技术。我现在基本上每一步都有不足,起举轻重量时还能稳住,大重量有时就会速度加快,导致第二步发力没有速度,以至整个动作都被破坏。有的时候因为第一步拉得沉第二步带不到位就急于发力,因为整个动作都舒展不开,所以支撑的高度就不够。有的时候,第一步和第二步都做得很好,但是支撑时慢了一点,到极限重量时慢这一点都有可能失败!所以我现在是每一个细节都有一点毛病,但是只要自己多注意就可以做得很好!"——据奥运会冠军刘春红的训练日记"对举重抓、挺举技术的再认识"。根据刘春红的这段对抓举技术过程的描述,我们可以体会到刘春红对动作节奏、动觉表象、情绪稳定性和顽强果断等心理品质的高度重视,以及良好的完成技术动作的动作思维力。⑩许多运动员认为,在训练时,应高度重视教练员的示范动作等方面的指导(视觉表象和形象思维等),否则容易形成错误动作,或受伤。⑪为了确定参加北京奥运会举重运动员的最后人选,我国重竞技和摔跤管理中心主任马文广有一天特别来到国家举重队训练中心视察备战情况。在观看各级别重点运动员的实力展示过程中,当他看到拼劲十足、实力非凡的廖辉仍存在技术问题时,现场认真并尖锐地指出,廖辉还存在技术上的毛病。为了帮助廖辉改进技术,他首先让廖辉说自己技术动作上的毛病在什么地方。廖辉认为是自己提拉杠铃的高度不够。马主任说"不对!你的问题在于发力时,身体重心稍微靠前

175

了,并有点偏左"。马主任进一步指出,这看似是一个小毛病,但是这个小毛病就足以在大赛中对你造成灾难性影响。原因很简单,在大赛中,运动员都基本上是在举自己的极限重量。最后,他对教练和廖辉说,廖辉技术动作上的毛病,必须马上纠正。笔者认为,马主任的这一番指导,至少反映了马主任重视举重运动员必须建立起成功试举大重量时的清晰肌肉感觉,也就是要有正确的动觉表象和动作思维力。⑫通过观察发现,我国举重队的教练和队员们的关系极其融洽。不论是谁冲击大强度(成就动机、好胜心),教练和其他队员总是一起助威,相互鼓劲。另外,领队和教练,不仅重视练队员的体能和技术,更重视练队员的思想作风和意志品质。我国举重军团在北京奥运会上的完美表现,更是充分验证了马文广主任所说的"我们是主力军、我们是王牌军,我们是铁军"的豪言壮语。

(二)游泳运动员对影响运动技能训练活动的运动智力和非智力因素的认知特征

1. 游泳运动员对运动智力和非智力因素的认知统计

国家游泳队的徐惠琴、朱志根、何新东等教练认为,游泳技术是游泳运动的灵魂,在各个阶段的训练中,技术训练始终占据着重要比重,在与体能训练的比例中,其重视的程度是5∶5或4∶6的权重关系,即技术训练一直是游泳教练员关注的东西。"俄罗斯著名教练员托勒斯基认为,游泳选手具备良好的技术是非常必要的,你可以进行艰苦的大负荷耐力训练,但技术的原因使你无法达到顶峰"。根据项群理论,从动作结构的特点上看,竞技游泳属于单一动作结构类中的周期性项目,技术动作结构相对较简单。通过对上海、山东、四川和广东等6省市运动技术学院的优秀游泳运动员进行"智力和非智力因素对专项运动技能训练活动的影响的运动员调查问卷"的调查,经统计,结果见附表8:

附表8 游泳运动员对运动智力和非智力因素的认知结果统计($n=107$)

一级指标	二级指标	平均数	排序
运动智力因素	运动意志注意	4.083 3	5
	运动平衡感	4.416 7	2
	运动空间感	3.555 6	7
	运动节奏感	4.666 7	1
	运动情绪记忆	3.444 4	8
	运动视觉表象	3.611 1	6
	运动动觉表象	4.333 3	3
	运动直觉思维	2.861 1	10
	运动动作思维	4.111 1	4
	运动形象思维	2.944 4	9
运动非智力因素	运动成就动机	4.250 0	5
	运动兴趣	4.444 4	3
	运动热情	4.611 1	2
	运动情绪稳定性	3.750 0	7
	运动荣誉感	3.250 0	10
	运动毅力	4.805 6	1
	运动自制性	3.472 2	9
	运动责任心	3.656 7	8
	运动自信心	4.277 8	4
	运动好胜心	4.000 0	6

据附表8,游泳运动员的10项具体运动智力和非智力因素在其专项运动技能训练活动中都共同发挥一定的作用,但作用的大小不同;游泳运动员要想获得好的专项运动技能训练成效,还必须做到运动智力和非智力因素的有机结合。

据附图4,按照游泳运动员10项具体运动智力因素作用的大小,从大到小的排序为:运动节奏感、运动平衡感、运动动觉表象、运动意志注意、运动动作思维、运动视觉表象、运动空间感、运动情绪记忆、运动形象思维和运动直觉思维。

如果按照均数大小,均数≥4表示起决定性作用、3≤均数<4表示起重要作用、均数<3表示起基础作用,那么,对游泳运动员10项具体运动智力因素在其专项运动技能训练活动中的作用可进行如下等级划

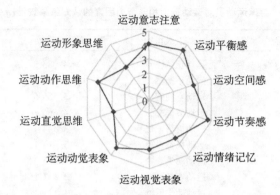

附图4　10项具体运动智力因素在游泳运动技能训练活动中的作用

分,见附表9。

附表9　10项具体运动智力因素在游泳运动技能训练活动中的作用等级划分

运动智力因素	运动意志注意	运动平衡感	运动空间感	运动节奏感	运动情绪记忆	运动视觉表象	运动动觉表象	运动直觉思维	运动动作思维	运动形象思维
作用等级	△△△	△△△	△△	△△△	△△	△△	△△△	△	△△△	△

说明:△△△表示决定性作用;△△表示重要作用;△表示基础作用。

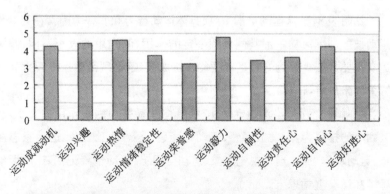

附图5　10项具体运动非智力因素在游泳运动技能训练活动中的作用

据附图5,按照游泳运动员10项具体运动非智力因素作用的大小,从大到小的排序为:运动毅力、运动热情、运动兴趣、运动自信心、运动成就动机、运动好胜心、运动责任心、运动自制性、运动情绪稳定性和运动荣誉感。

附表 10　10 项具体运动非智力因素在游泳运动技能训练活动中的作用等级划分

运动非智力因素	运动成就动机	运动兴趣	运动热情	运动情绪稳定性	运动荣誉感	运动毅力	运动自制性	运动责任心	运动自信心	运动好胜心
作用等级	△△△	△△△	△△△	△△	△△	△△△	△△	△△	△△△	△△△

说明:△△△表示决定性作用;△△表示重要作用;△表示基础作用。

如果按照均数大小,均数≥4 表示起决定性作用、3≤均数<4 表示起重要作用、均数<3 表示起基础作用,那么,对游泳运动员 10 项具体运动非智力因素在其专项运动技能训练活动中的作用可进行如上等级划分,见附表 10。

2. 分析与实证

现分析并呈现部分实证资料如下:①许多教练员认为,直、平、尖、紧的身体姿势是游泳技术训练中必须高度重视的首要基础因素。"直"就是要求身体姿势要保持正直(动觉表象),主要是保持头和腰的正确姿势,同时也包含着在游进时身体的运动轨迹要保持正直;"平"就是要求运动员在游进时有好的平衡能力(平衡感),包括四肢动作的平衡、神经系统控制肌肉运动的协调能力,以及好的动作流畅与平滑程度(节奏感);"尖"就是为尽可能减小水的迎面阻力,要求身体在游进时手和脚并拢的程度(动觉表象);"紧"就是要求运动员在游进时全身肌肉应有适度的紧张度(动觉表象)等。②现在,游泳界一直在强调"流线型"问题。这实际上就是要求运动员在游进和转身时要保持身体适度的绷紧,尽量保持流线型的身体形态(动觉表象)。③据观摩与访谈,游泳这一单一动作结构类的周期性项目,对运动员的协调性要求较高。协调性可反映运动员身体各部分肌肉、肌群以及各运动器官之间的时空配合、协调一致的程度。协调性好,可有效地将身体各部分的关节和肌肉联系起来,共同发挥力量,其中,动作的节奏是不可或缺的重要组成因素。许多教练员认为,运动员对动作节奏的控制是保持身体匀速、省力的最有效的办法,节奏感的好坏往往能够反映出运动员游泳技术的合理性程度。技术节奏应如何掌握是教练员和运动员都很重视的问题之一。通过若干次的实际观察,笔者认为,我们仅认为游泳运动是一项体能主导类的周期性项目还是很不够的。与其他体能主导类单一动作周期性项目相比,由于游泳特殊的水环境和运动姿势,决定了运动员技术能力的好坏或水平高低对其运动成绩的影响实在是太大了。它要求运动员应有很强的动觉表象力和动作思维力,以保证有效调节和控制实战中的技术动作效果。从这个角度看,把游泳看作一个技能项目也是合理的。④通过访谈了解到,在平时的技术训练过程中,运动员很重视腰和臀部的发力与上下肢的动作配合,以控制与发挥核心力量(动觉表象、动作思维),提高技术训练效果。"核心力量"是由美国游泳专家提出,并在20世纪90年代传入我国,是目前游泳运动队使用比较频繁的专业术语。它主要强调的是运动员动作的发力应依靠身体的中心即以腰和臀部的发力为起点,以延长划水路线、增大划水效果。因为,游泳时,运动员的腰和臀部是整个身体的运动中心,它控制着连接上下肢的协调用力,对全身的运动起着桥梁和纽带的作用,另外,它还控制着呼吸时身体的纵轴转动效果。⑤据访谈,山东的司教练讲,人在游泳时下肢是下沉的,但可以通过打腿来保持平衡。如果想提高或完善游泳技术,那就非常需要掌握平衡,发展平衡能力(平衡感);游泳时需要保持身体与手臂动作的流线型(动觉表象);头部和脊柱要保持直线(动觉表象);展开身体时胳膊要往前伸;脚和脚趾的移动轨迹纵向上要形成一条直线;整个身体入水时应像一根针(动觉表象)那样,尽量不溅起一点水花等。⑥Felix Gmunder教练认为,良好的平衡能力(平衡感)意味着不论是俯卧,还是仰卧都能轻松的漂浮在水面上。⑦"张亚东教练认为,罗雪娟这几年的技术进步特点可以分为三个阶段:首先是提高划水频率阶段,主要训练目的就是增强技术动作的连贯性;二是减慢动作频率提高划水效果阶段,控制动作节奏(节奏感),提高每次划水的力量和质量;强调快频率的阶段,就是在划水效果达到饱和的情况下,控制全程动作节奏,提高体能和技术的合理组合,增强整体做功能力,即使在后程,技术动作也不变形。"⑧在访谈时,当某运动员被问到,你在游泳技术训练时想了些什么?他说:"就是按照要求,把精力放在做动作时的肌肉感觉(意志注意与动觉表象)上,随着体力的变化,根据感觉不断控制、调整技术动作(动作思维)"。⑨据观察,由于游泳属于体能主导类运动项目,所以非常需要运动员调动自己的训练兴趣和热情,因为高涨的训练情绪对训练效果具有增力性。另外,游泳属于体能项目,对运动员体力的要求也高。运动员体力的高投入必然会产生不同程度的身体疲劳。在这种情况下,如果没有完成技术训练任务的信心和好胜心,并发挥毅力的作用,同样,不仅训练任务难以完成,而且也不会取得好的训练效果。通过若干次的现场观察发现,游泳运动员的技术训练量即技术游的运动量是很大的,并且技术训练与体能训练一般难以区分,也就是说,两者往往是紧密结合在一起的。正如冯上豹教练所认为的,技术训练和体能训练是相互融合、不可分割的,技术要靠良好的体能来保证。⑩据对个别运动员的访谈,随着运动水平的提高,每个人的技术能力都会发生一定的变化,根据自己的特点,明确知道自己所存在的技术问题和每次训练的目的,然后进行针对性训练非常重要(训练动机),并认为,这样不仅可以改进动作,而且节省体力,否则只会是浪费体力,使得错误动作更巩固、难改。⑪叶瑾教练认为,游泳技术是游泳运动的基础。技术要靠体能来支撑,力量和技术的完美结合才能创造好成绩。改技术要因人而异,没有统一的模式如直臂,还是屈臂,但技术还是有规律的,需要运动员在极大训练兴趣(运动兴趣)的支持下,从力学上去分析,了解如何在水中减少阻力,如何在水中保持良好的身体流线型,了解如何掌握水下发力点等,并在实践中反复体会,找感觉(动觉表象、动作思维)。⑫2008年北京奥运会,我国游泳男队的领军人物吴鹏,赛前在接受山东卫视体育台的专访时说,现代优秀游泳运动员的水平已经非常接近,水平的差距主要在技术的细节方面。训练时,我非常注意自己的转身动作和入水动作的质量和效果(动觉表象与动作思维)。结合自己的专项,他算了一笔账,如果在每个转身动作上都提高0.1秒,那么通过专项的7个转身就可以提高近1秒。⑬走出去,请进来是我国游泳队在北京奥运会上获得成功的秘诀。我国选手张琳获得了北京奥运会男子 400 米自由泳的银牌,实现了我国男选手在奥运会上未获奖牌的历史性突破。张琳在赛后接受记者的采访时说:"国内是只管训练,不管恢复,这是我们存在的一个不足!我在澳大利亚训练,最重要的是找回了自信(自信心)。"

(三)射击运动员对影响运动技能训练活动的运动智力和非智力因素的认知特征

1. 射击运动员对运动智力和非智力因素的认知统计

依据我国项群理论,射击属于个人对抗性、以静力性运动为主的心技能主导类项目,比赛胜负全凭个人射击的精确度而定。从动作结构的特点上看,射击属于单一动作结构类周期性项目,技术动作结构相对较简单,但是,射击比赛对运动员的心理稳定性要求十分突出。正如美国射击专家、21 届奥运会步枪金牌获得者 Lahy Bassham 所说:"射击比赛 80%—90% 是心理"。两届奥运会冠军山东姑娘杜丽的市队教练张玉梅说,心理训练必须同射击运动员的技术训练结合在一起。通过对山东、北京、辽宁、上海等 7 省市运动技术学院的优秀运动员进行"智力和非智力因素对专项运动技能训练活动的影响的运动员调查问卷"的调查,经统计,结果见附表 11。

附表 11　射击运动员对运动智力和非智力因素的认知结果统计($n=104$)

一级指标	二级指标	平均数	排序
运动智力因素	运动意志注意	4.596 2	1
	运动平衡感	4.057 7	3
	运动空间感	3.153 8	9
	运动节奏感	4.153 8	2
	运动情绪记忆	3.865 4	5
	运动视觉表象	3.596 2	8
	运动动觉表象	4.000 0	4
	运动直觉思维	3.653 8	7
运动智力因素	运动动作思维	3.750 0	6
	运动形象思维	2.980 8	10

续 表

一级指标	二级指标	平均数	排序
运动非智力因素	运动成就动机	3.865 4	6
	运动兴趣	4.096 2	5
	运动热情	4.576 9	1
	运动情绪稳定性	4.461 5	3
	运动荣誉感	3.403 8	10
	运动毅力	3.846 2	7
	运动自制性	4.153 8	4
	运动责任心	3.692 3	9
	运动自信心	4.538 5	2
	运动好胜心	3.807 7	8

据附表11,射击运动员的10项具体运动智力和非智力因素在其专项运动技能训练活动中都共同发挥一定的作用,但作用的大小不同;射击运动员要想获得好的专项运动技能训练成效,还必须做到运动智力和非智力因素的有机结合。

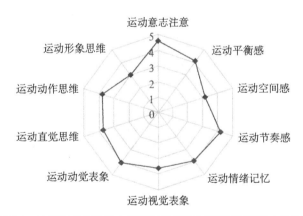

附图6　10项具体运动智力因素在射击运动技能训练活动中的作用

据附图6,可直观地看出,按照射击运动员10项具体运动智力因素作用的大小,从大到小的排序为:运动意志注意、运动节奏感、运动平衡感、运动动觉表象、运动情绪记忆、运动动作思维、运动直觉思维、运动视觉表象、运动空间感和运动形象思维。

如果按照均数大小,均数≥4 表示起决定性作用、3≤均数<4 表示起重要作用、均数<3 表示起基础作用,那么,可对射击运动员 10 项具体运动智力因素在其专项运动技能训练活动中的作用进行如下等级划分,见附表 12。

附表 12　10 项具体运动智力因素在射击运动技能训练活动中的作用等级划分

运动智力因素	运动意志注意	运动平衡感	运动空间感	运动节奏感	运动情绪记忆	运动视觉表象	运动动觉表象	运动直觉思维	运动动作思维	运动形象思维
作用等级	△△△	△△	△△	△△	△△	△△	△△	△△	△△	△

说明:△△△表示决定性作用;△△表示重要作用;△表示基础作用。

据附图 7,可以直观地看出,按照射击运动员 10 项具体运动非智力因素作用的大小,从大到小的排序为:运动热情、运动自信心、运动情绪稳定性、运动自制性、运动兴趣、运动成就动机、运动毅力、运动好胜心、运动责任心和运动荣誉感。

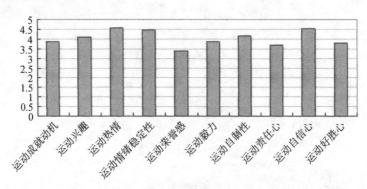

附图 7　10 项具体运动非智力因素在射击运动技能训练活动中的作用

如果按照均数大小,均数≥4 表示起决定性作用、3≤均数<4 表示起重要作用、均数<3 表示起基础作用,那么,可对射击运动员 10 项具体运动非智力因素在其专项运动技能训练活动中的作用进行如下等级划分,见附表 13。

附表 13　10 项具体运动非智力因素在射击运动技能训练活动中的作用等级划分

运动非智力因素	运动成就动机	运动兴趣	运动热情	运动情绪稳定性	运动荣誉感	运动毅力	运动自制性	运动责任心	运动自信心	运动好胜心
作用等级	△△	△△△	△△△	△△△	△△	△△	△△△	△△	△△△	△△

说明：△△△表示决定性作用；△△表示重要作用；△表示基础作用。

2. 分析与实证

现分析并呈现部分实证资料如下：①通过访谈了解到，在各种射击训练活动中，运动员都非常重视对自己技术动作和情绪的积极调节与控制。如对正确动作进行回忆（动觉表象），在这种正确动觉表象的引导下做出能打出 10 环及以上环数的正确动作。运动员通常采用呼吸调整、自我暗示、思维阻断、放松肌肉等办法，调节和控制自己在技术训练过程中因打好而引起的情绪激动、打坏了而引起的沮丧或不服气等多种不良情绪反应，尽可能使自己能在良性的、安静心理状态下进行有效的训练（情绪稳定性）。薛宝全教练认为，射击技术训练所需要的良性心理状态可表现为：自信、注意集中；保持适度的兴奋度；作好训练的情绪准备；调整、恢复，保持充沛的精力和体力。②我国射击队要求运动员把心理调节和表象回忆糅合到技术动作的关键环节中，运动员个人总结出了自己的单发规范动作和动作操作程序。其中，许海峰、王义夫等手枪慢射单发的技术动作操作程序是："调好射击身体姿势—握枪—瞄准—到瞄区边瞄边扣—自然击发—回忆发射瞬间的景况、预报—看镜子作出分析判断—放松入静、念动或思维排空。"在这相同的程序中，运动员会根据自己定型化的技术习惯提出动作节奏、情绪控制、动作衔接等方面的具体要求。如一名运动员在自己动作程序规范化练习中提出："试射换记分射要果断（毅力）；在想换又不想换时坚决不换；记分射前的两发试射，要以记分射的心情打，且报记分射后不停顿，要与试射衔接好（情绪控制与节奏感）；提出注意盯好平正、视力回收（意志注意）；击发瞬间力量保持（动觉表象）、心情不变（情绪稳定和自信）；击发后力量要保持

1—3秒(动觉表象与节奏感)"等。笔者认为,射击运动员的训练就是一种正确动作程序的不断强化,合理的动作程序一旦确立,通过不断强化,就能进一步形成心、技统一的,与实际射击需要相联系的动作习惯定型,并由这种正确的动作习惯提升为专项运动"品质"。这种射击心理与技术的有机结合所产生的"合金",必将产生高于原始成分品位的特殊性能,有更强的实际威力。③在许海峰教练的指导下,要求队里每个队员写技术动作的操作程序,其中,陆某的动作操作程序是这样写的:"进入地线,先看双脚位置是否正确,然后全身放松,深呼吸(肌肉放松),塌腰,举枪先调整把,然后再调身体指向,直到感觉好了就开始装子弹,子弹上膛,一切准备就绪开始举枪。举枪上去位置在靶标正上方,接着再感觉一下力量是否舒服、协调(动觉表象与平衡感),食指在落枪的同时贴实一道火(动觉表象),同时深呼吸一次,枪落到靶纸上方时,再深呼吸一次(节奏感),直到落到黑环下沿的瞄区,呼吸自然停止,食指开始加大压力,扣动扳机(动作思维),胳膊的用力主要是小臂肌肉明显,感觉是有一股下沉的力量,自己刚好托住这力量(动觉表象),使枪在瞄区里自然晃动,这时要尽量做好力量保持,不能强制枪的稳定,晃动应是水平晃动(视觉表象)。此时,击发动作同时进行(动作思维),心里不能急,保持心情平静(情绪控制),精力集中在食指和准照关系上(意志注意)。瞄区不要盯得太小,作好'前虚后实'(意志注意)。击发的节奏(节奏感)一般都在第一稳定期内(枪入瞄区后2—3秒左右),如果第一稳定期未完成击发,故可在第二稳定期(5—8秒)击发(动作思维),超过这个时间力量感觉不好就应及时收枪(运动自制性)。击发响的瞬间,强的跳动是正直向上的(视觉表象),击发完毕动作再保持1—2秒,使自己感觉击发不是最后一个动作,而是中间环节,打完后,不要急于看观察镜,预报一下弹着的位置(形象思维),对照一下,什么动作做得好(动觉表象和动作思维),什么动作不太理想,再准备下一发(注意指向)。"

(四) 乒乓球运动员对影响运动技能训练活动的运动智力和非智力因素的认知特征

1. 乒乓球运动员对运动智力和非智力因素的认知统计

根据项群训练理论,乒乓球项目属于技能主导类隔网对抗性项目。从动作结构特点上看,属于多元动作结构类,变异组合项目,类型打法繁多,技术系统复杂。"在乒乓球的训练与竞技中,技术因素占据着不可替代的主导地位。中国乒乓球队在训练指导思想上把'突出特长、技术全面'列为核心,在总体上这是全队的技术训练的指导思想,在个体上这是个人的技术规格要求。"通过对上海、山东、辽宁、四川等 7 省市运动技术学院的优秀乒乓球运动员进行"智力和非智力因素对专项运动技能训练活动的影响的运动员调查问卷"的调查,经统计,结果见附表 14。

附表 14 乒乓球运动员对运动智力和非智力因素的认知结果统计($n=101$)

一级指标	二级指标	平均数	排序
运动智力因素	运动意志注意	4.000 0	3
	运动平衡感	3.135 1	10
	运动空间感	3.324 3	8
	运动节奏感	4.324 3	1
	运动情绪记忆	3.351 4	7
	运动视觉表象	4.243 2	2
	运动动觉表象	3.864 9	4
	运动直觉思维	3.405 4	6
	运动动作思维	3.783 8	5
	运动形象思维	3.270 3	9
运动非智力因素	运动成就动机	4.054 1	6
	运动兴趣	4.405 4	2
	运动热情	4.351 4	3
	运动情绪稳定性	3.945 9	8
	运动荣誉感	4.027 0	7
	运动毅力	4.432 4	1
	运动自制性	3.459 5	10
	运动责任心	3.810 8	9
	运动自信心	4.297 3	4
	运动好胜心	4.081 1	5

据附表 14,乒乓球运动员的 10 项具体运动智力和非智力因素在其专项运动技能训练活动中都共同发挥一定的作用,但作用的大小不同;乒乓球运动员要想获得好的专项运动技能训练成效,还必须做到运动智力和非智力因素的有机结合。

据下附图 8,按照乒乓球运动员 10 项具体运动智力因素作用的大小,从大到小的排序为:运动节奏感、运动视觉表象、运动意志注意、运动动觉表象、运动动作思维、运动直觉思维、运动情绪记忆、运动空间感、运动形象思维和运动平衡感。

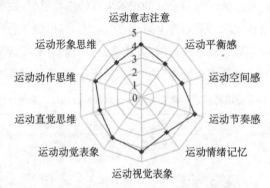

附图 8　10 项具体运动智力因素在乒乓球运动技能训练活动中的作用

如果按照均数大小,均数≥4 表示起决定性作用、3≤均数<4 表示起重要作用、均数<3 表示起基础作用,那么,可对乒乓球运动员 10 项具体运动智力因素在其专项运动技能训练活动中的作用进行如下等级划分,见附表 15:

附表 15　10 项具体运动智力因素在乒乓球运动技能训练活动中的作用等级划分

运动智力因素	运动意志注意	运动平衡感	运动空间感	运动节奏感	运动情绪记忆	运动视觉表象	运动动觉表象	运动直觉思维	运动动作思维	运动形象思维
作用等级	△△	△	△△	△△△	△△	△△△	△△	△△	△△	△△

说明:△△△表示决定性作用;△△表示重要作用;△表示基础作用。

据附图 9,按照乒乓球运动员 10 项具体运动非智力因素作用的大

附录 运动智力和运动非智力因素对若干运动训练竞赛活动的影响研究

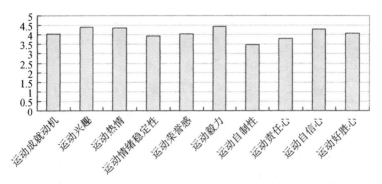

附图 9 10 项具体运动非智力因素在乒乓球运动技能训练活动中的作用

小,从大到小的排序为:运动毅力、运动兴趣、运动热情、运动自信心、运动好胜心、运动成就动机、运动荣誉感、运动情绪稳定性、运动责任心和运动自制性。

如果按照均数大小,均数≥4 表示起决定性作用、3≤均数<4 表示起重要作用、均数<3 表示起基础作用,那么,可对乒乓球运动员 10 项具体非智力因素在其专项运动技能训练活动中的作用进行如下等级划分,见附表 16:

附表 16 10 项具体运动非智力因素在乒乓球运动技能训练活动中的作用等级划分

运动非智力因素	运动成就动机	运动兴趣	运动热情	运动情绪稳定性	运动荣誉感	运动毅力	运动自制性	运动责任心	运动自信心	运动好胜心
作用等级	△△△	△△△	△△△	△△	△△△	△△△	△△	△△	△△△	△△△

说明:△△△表示决定性作用;△△表示重要作用;△表示基础作用。

2. 分析与实证

现分析并呈现部分实证资料如下:①中国乒乓球运动在世界乒坛能够长盛不衰的主要原因之一,就是能够深刻认识乒乓球运动项目的制胜因素和制胜规律。如 20 世纪六七十年代总结完成的中国传统直拍快攻打法的制胜因素是:快、准、狠、变、转;我国乒乓球界,随后陆续总结出直拍反胶快攻打法和横拍快弧打法的制胜因素为快、转、准、狠、变;直拍削攻打法的制胜因素是转、稳、低、攻、变;横直拍弧圈结合快攻打法的制胜因素是转、快、准、狠、变等等。乒乓球每一个制胜因素都是一个相对独立的概念,都有着丰富的内涵,都包含了技术与心理的成分。据观察,在平时的技术训练过程中,运动员非常重视根据自己的不同打法,训练各种不同的攻防节奏。因为,在乒乓球比赛中需要运动员利用各种不同的节奏速度去破坏对手已经适应了的击球动作,如利用攻防节奏的变化去调动与控制对手,这是乒乓球战术运用的重要手段之一。②在观摩技术训练时,经常可以看到教练员对运动员在离球台距离(空间感)、打出球的力量(动觉表象)、动作的到位(动作思维)与反应速度(动作节奏)、击球位置和弧线(形象思维)等方面作出评价和指导。③"转"是现代乒乓球技术和战术运用中竞技制胜的核心因素。在乒乓球运动中,旋转的变化十分复杂,运用也极为广泛,但有教练指出,旋转也并不是越转越好,而是旋转的变化越多越好,同时,动作外形越相似越容易发挥旋转的作用,这就特别需要运动员根据对抗情形的需要把握动作变化(形象思维和动作思维)。在观摩训练中发现,为了让运动员打出不同程度的旋转球,教练员也会对运动员的击球位置(空间感)是否正确、如何加大挥拍击球时切、搓、削、拉和蹭球时的作用力,利用摆动弧线摩擦击球的效果(动觉表象和动作思维)等方面提出具体要求与示范指导。当然,运动员要做到这些,前提条件就是首先要看清教练的示范和每次击球时乒乓球的状态,也就是说,视觉表象力要强。④我国较早地认识到了"准"的重要性,因为离开了准确,任何技术和战术都毫无价值,我们今天所说的准确实际上已经包括了"稳健"。应当讲"稳"是"准"的低级阶段,而准比稳更富有主动性和战术意味。通过访谈,有运动员说,要准确打好不同高度、不同距离、不同旋转、不同时间的球,就必须高度注意(意志注意)自己每次击球时的动作感受(动觉表象),并不断地调整(动作思维)自己球拍的迎击角度、击球位置和发力的方向(空间感)。⑤20世纪90年代后,乒乓球运动越来越向凶狠、主动进攻的技术方向发展。如法国的盖亭、比利时的塞弗等欧洲一流选手,在比赛中都是敢于搏杀、打法凶狠的选手,欲求一板打死对手,充分体现了"狠"这一制胜因素的威力。"狠"体现在心理上就是"果断","果断"是一个运动员意志力水平高的表现。通过观摩发现,在技术训练中,要做到"狠",运动员总会积极移动,注意专注,精神抖擞,情绪高涨,积极发力。⑥今天所说的"变"这一制胜因素,笔者认为,应当包含主动变化和随机应变两方面的含义。乒乓球比赛需要运动员在规则允许的范围内,尽可能地通过位置与技术等的变化从各方面制约对手,充分发挥自己的长处,给对手造成极大不适应,而不能让对手制约自己,这种适应与反适应是乒乓球战术运用的基础,是"变"的本质。据观察,在技术训练中,教练员会根据运动员的水平,让他们连续打出不同力量、角度、距离等性能的球。要做到这些,运动员必须集中注意力,准确把握动作的节奏感、对完成动作时的肌肉感能清晰表象,并根据动作效果积极调整动作(动作思维),除了这些,还要有达到技术训练要求的自信心、顽强拼搏的意志力和训练热情,甚至是激情才行。⑦据访谈,调查的这些乒乓球运动员都是从小就喜欢乒乓球,在自己的儿童和少年阶段就参加了很多比赛,并取得了自己满意的运动成绩。山东的刘某说,"我从小就好胜(好胜),打乒乓球是我的强项(自信心),训练虽然很累,但是我喜欢打乒乓球(兴趣)。"⑧山东的孙教练说:"乒乓球打快很重要,要处理好一些球,有时是容不得运动员多想(直觉思维)的……当然,要做到这一点,就必须刻苦练,不断积累这方面的经验才行"。

二、我国优秀运动员对影响运动竞赛活动的运动智力和非智力因素的认知特征

"竞技体育是体育的重要组成部分,是以运动竞赛为主要特征,以创造优异运动成绩、夺取比赛优胜为主要目标的社会体育活动"。不论从事什么项目的运动员,也不论处于什么竞技能力发展阶段的运动员,成功地参加运动竞赛是日常运动训练的最终目的。专项运动竞赛的特定条件和气氛为运动员创造良好的运动成绩提供了平时训练中难得的条件与环境,而运动成绩也只有在正式的比赛环境中表现出来,才能得到社会的认可。因此,本书选取了具有代表性的运动竞赛活动这一运动情

境作为重要研究对象之一。

(一)举重运动员对影响运动竞赛活动的运动智力和非智力因素的认知特征

1. 举重运动员对运动智力和非智力因素的认知统计

通过对辽宁、山东、广东和四川等7省市运动技术学院的优秀运动员进行"智力和非智力因素对专项运动竞赛活动的影响的运动员调查问卷"的调查,经统计,结果见附表17。

附表17 举重运动员对运动智力和运动非智力因素的认知结果统计($n=106$)

一级指标	二级指标	平均数	排序
运动智力因素	运动意志注意	4.395 8	1
	运动平衡感	3.489 6	5
	运动空间感	3.291 7	8
	运动节奏感	4.072 9	2
	运动情绪记忆	2.864 6	10
	运动视觉表象	3.385 4	7
	运动动觉表象	3.770 8	3
	运动直觉思维	3.437 5	6
	运动动作思维	3.583 3	4
	运动形象思维	3.114 6	9
运动非智力因素	运动成就动机	3.833 3	8
	运动兴趣	4.093 8	5
	运动热情	4.364 6	3
	运动情绪稳定性	3.958 3	6
	运动荣誉感	3.354 2	10
	运动毅力	4.614 6	2
	运动自制性	3.812 5	9
	运动责任心	3.885 4	7
	运动自信心	4.645 8	1
	运动好胜心	4.208 3	4

据附表17,举重运动员的10项具体运动智力和非智力因素在其专项运动竞赛活动中都共同发挥一定的作用,但作用的大小不同;举重运动员要想获得好的专项运动竞赛成效,还必须注意做到运动智力和非智

力因素的有机结合。

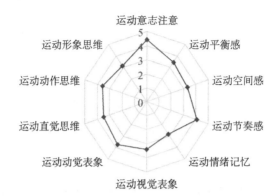

附图 10　10 项具体运动智力因素在举重运动竞赛活动中的作用

据附图 10,按照举重运动员 10 项具体运动智力因素作用的大小,从大到小的排序为:运动意志注意、运动节奏感、运动动觉表象、运动动作思维、运动平衡感、运动直觉思维、运动视觉表象、运动空间感、运动形象思维和运动情绪记忆。

如果按照均数大小,均数≥4 表示起决定性作用、3≤均数<4 表示起重要作用、均数<3 表示起基础作用,那么,可对举重运动员 10 项具体运动智力因素在其专项运动竞赛活动中的作用进行如下等级划分,见附表 18:

附表 18　10 项具体运动智力因素在举重运动竞赛活动中的作用等级划分

运动智力因素	运动意志注意	运动平衡感	运动空间感	运动节奏感	运动情绪记忆	运动视觉表象	运动动觉表象	运动直觉思维	运动动作思维	运动形象思维
作用等级	△△△	△△	△	△△△	△	△	△△	△△	△△	△

说明:△△△表示决定性作用;△△表示重要作用;△表示基础作用。

据附图 11,按照举重运动员 10 项具体运动非智力因素作用的大小,从大到小的排序为:运动自信心、运动毅力、运动热情、运动好胜心、运动兴趣、运动情绪稳定性、运动责任心、运动成就动机、运动自制性和运动荣誉感。

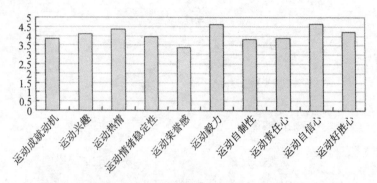

附图 11 10 项具体运动非智力因素在举重运动竞赛活动中的作用

如果按照均数大小,均数≥4 表示起决定性作用、3≤均数＜4 表示起重要作用、均数＜3 表示起基础性作用,那么,可对举重运动员 10 项具体运动非智力因素在其专项运动竞赛活动中的作用进行如下等级划分,见附表 19。

附表 19 10 项具体运动非智力因素在举重运动竞赛活动中的作用等级划分

运动非智力因素	运动成就动机	运动兴趣	运动热情	运动情绪稳定性	运动荣誉感	运动毅力	运动自制性	运动责任心	运动自信心	运动好胜心
作用等级	△△	△△△△	△△△△	△△	△△	△△△△	△△	△△	△△△△	△△△△

说明:△△△△表示决定性作用;△△表示重要作用;△表示基础作用。

2. 分析与实证

现分析并呈现部分实证资料如下:①第 23 届美国洛杉矶奥运会 67.5 公斤级奥运会冠军,现任辽宁男队教练的姚景远,2008 年 2 月,在接受中央体育台记者采访时回忆说,"第二天精神很好,在决定胜负的最后一轮的挺举比赛中,他都不知道为什么教练怎么会非常肯定地说,你能举起这个重量,你举起这个重量就赢了。我于是怀着忐忑不安的心情慢慢走上了举重台。走上举重台后,站在杠铃前面,没有盲目地举,而是首先把自己的情绪稳定下来(情绪稳定性),在自己的脑海里仔细地(意志注意)把完整的试举动作过程演练了两遍(形象思维)。第一遍演练没有成功,于是又进行了第二次演练,成功了,胸有成竹(自信心)。于是开始抓杠铃,准备正式试举。这时离有效时间仅剩短短的15秒钟了,干净利索,一气呵成(毅力和节奏感),在规定时间的最后一秒钟举起了177.5公斤的杠铃,总成绩比对手多出7.5公斤,为中国代表团获得了第四枚举重金牌。"目前姚景远有一句话时常挂在嘴边"自己拿奥运冠军只是人生的一个逗号,带出世界冠军才是人生的句号。"②2008年北京奥运会上,我国举重选手龙清泉获得了男子53公斤级冠军。龙清泉年龄不足18岁,是国家队中一名名副其实的小将,他之所以能获得奥运会冠军,夺得金牌,用他教练的话说,就是他有股"初生牛犊不怕虎"的劲(好胜心和自信心)。③辽宁女队主教练姜雪辉说:"与国外运动员相比,我国运动员在技术节奏方面明显要好一些"。④获得北京奥运会男子62公斤级举重金牌的我国选手张湘祥,赛后在接受中央体育台记者的采访时说:"我要成为最棒的,我不是最棒的;我是挑战者,我不是被挑战者(成就动机)。"⑤我国江苏选手陈艳青,在北京奥运会上6次试举,6次成功,成功卫冕了女子58公斤级的奥运会举重冠军,时年已近30岁。在2004年雅典奥运会上我国著名举重选手占旭刚连续三次冲击试举重量,虽然失败了,但是他顽强的战斗意志,努力践行"更高、更快、更强"的奥林匹克精神的英雄行为却永远印刻在人们的脑海中。⑥获得北京奥运会女子69公斤级举重金牌的山东姑娘刘春红,6次试举,5破世界纪录。赛后在接受记者的采访时说:"比赛中,记住教练的提醒很有好处(视觉表象或动觉表象)。"⑦据访谈,山东女队的李某说:"我是一个比赛型的选手,我喜欢比赛。比赛时,你可以通过做充分的准备活动或回忆以前成功举起最大重量时的感觉(动觉表象)等办法,一定得让自己自信起来,兴奋起来(兴趣、热情),否则很难发挥出自己的技术水平。"

(二）游泳运动员对影响运动竞赛活动的运动智力和非智力因素的认知特征

1. 游泳运动员对运动智力和非智力因素的认知统计

通过对上海、山东、四川、广东和江苏等6省市运动技术学院的优秀游泳运动员进行"智力和非智力因素对专项运动竞赛活动的影响的运动员调查问卷"的调查，经统计，结果见附表20。

附表20 游泳运动员对运动智力和非智力的认知结果统计（$n=113$）

一级指标	二级指标	平均数	排序
运动智力因素	运动意志注意	4.2500	1
	运动平衡感	3.6500	4
	运动空间感	3.1750	9
	运动节奏感	4.0500	2
	运动情绪记忆	3.2000	8
	运动视觉表象	3.2500	7
	运动动觉表象	3.4000	6
	运动直觉思维	3.5000	5
	运动动作思维	3.7000	3
	运动形象思维	2.6500	10
运动非智力因素	运动成就动机	4.0000	5
	运动兴趣	4.0500	4
	运动热情	4.4000	3
	运动情绪稳定性	3.7500	8
	运动荣誉感	3.3500	9
	运动毅力	4.5750	1
	运动自制性	3.3000	10
	运动责任心	3.8000	7
	运动自信心	4.5000	2
	运动好胜心	3.9500	6

据附表20，游泳运动员的10项具体运动智力和非智力因素在其专项运动竞赛活动中都共同发挥一定的作用，但作用的大小不同；游泳运动员要想获得好的专项运动竞赛成效，还必须注意做到运动智力和非智力因素的有机结合。

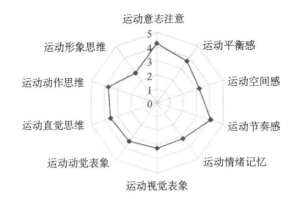

附图 12　10 项具体运动智力因素在游泳运动竞赛活动中的作用

据附图 12,按照游泳运动员 10 项具体运动智力因素作用的大小,从大到小的排序为:运动意志注意、运动节奏感、运动动作思维、运动平衡感、运动直觉思维、运动动觉表象、运动视觉表象、运动情绪记忆、运动空间感和运动形象思维。

如果按照均数大小,均数≥4 表示起决定性作用、3≤均数<4 表示起重要作用、均数<3 表示起基础作用,那么,可对游泳运动员 10 项具体运动智力因素在其专项运动竞赛活动中的作用进行如下等级划分,见附表 21:

附表 21　10 项具体运动智力因素在游泳运动竞赛活动中的作用等级划分

运动智力因素	运动意志注意	运动平衡感	运动空间感	运动节奏感	运动情绪记忆	运动视觉表象	运动动觉表象	运动直觉思维	运动动作思维	运动形象思维
作用等级	△△△	△△	△△	△△△	△△	△△	△△	△△	△△	△

说明:△△△表示决定性作用;△△表示重要作用;△表示基础作用。

据附图 13,按照游泳运动员 10 项具体运动非智力因素作用的大小,从大到小的排序为:运动毅力、运动自信心、运动热情、运动兴趣、运动成就动机、运动好胜心、运动责任心、运动情绪稳定性、运动荣誉感和运动自制性。

如果按照均数大小,均数≥4 表示起决定性作用、3≤均数<4 表示

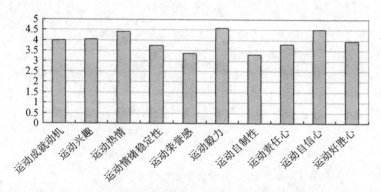

附图 13 10 项具体运动非智力因素在游泳运动竞赛活动中的作用

起重要作用、均数<3 表示起基础作用,那么可对游泳运动员 10 项具体运动非智力因素在其专项运动竞赛活动中的作用进行如下等级划分,见附表 22。

附表 22 10 项具体运动非智力因素在游泳运动竞赛活动中的作用等级划分

运动非智力因素	运动成就动机	运动兴趣	运动热情	运动情绪稳定性	运动荣誉感	运动毅力	运动自制性	运动责任心	运动自信心	运动好胜心
作用等级	△△△	△△△	△△△	△△	△△	△△△	△△	△△	△△△	△△

说明:△△△表示决定性作用;△△表示重要作用;△表示基础作用。

2. 分析与实证

现分析并呈现部分实证资料如下:①据 CCTV5 对获得 2000 年悉尼奥运会女子 100 米蝶泳冠军的我国选手钱红的采访,钱红说:"要战胜对手,夺得这枚金牌,如果仍然保持赛程的前半段所保持的动作节奏,那是不可能的。于是在紧要的最后关头,我改变了自己原有的打水和呼吸换气节奏,在冲刺阶段我一直把自己的脑袋埋在水中,为了胜利只能拼了。"钱红说:"赛后每当回忆起当时的情景,都有点后怕。从那时起,我一看到水就反感,开始怕水了。"从钱红的这些感人的话语当中,我们可以深刻地体味出,当时,钱红求胜的欲望是非常之大,她把握赛程节奏的能力是超强的,她有着所有游泳运动员都应该学习的顽强毅力和好胜心。②根据中央体育台记者对获得2008年北京奥运会女子200米蝶泳冠军,并打破该项目世界纪录的我国选手刘子歌的现场采访,刘子歌说:"赛前,我没有想非得要拿冠军,只是按照教练的安排,在比赛中稳定发挥自己的技术水平就行了(平时的训练成绩已经具备冲金的实力);比赛时,把握好节奏很重要!比赛过程中,我感觉很好,尤其是赢得比赛时,我感觉和水好亲切,完全被水所包容,舒服极了。"刘子歌的这段话,在一定程度上,反映出当时刘子歌平和的心态,有适度的自信和成就动机,高度重视比赛过程中的技术节奏,以及在整个比赛过程中有良好的动觉表象和动作思维能力。③在北京奥运会上一举夺得八枚奥运金牌的美国著名游泳选手菲尔普斯,在每次比赛中,不仅为我们展现了他非凡的冲刺能力,也为我们展示了他惊人、始终如一的完美技术节奏。菲尔普斯虽然被大家公认为当今泳坛奇才,然而,当了解了他的训练情况后,同样会让我们感受到,支撑他站在最高领奖台上的仍然是"坚持""超强度和大运动量的科学训练"。另外,菲尔普斯也有许多鲜为人知的故事。菲尔普斯小时候,也就是在正式接受游泳训练之前,曾被诊断为患有多动症,而让自己的母亲和家人感到伤心。自己的小伙伴们也常常拿他的大耳朵而取笑他,自己也感到非常的伤心和自尊心受挫。然而,当他一接触游泳,就显示出了他非同寻常的天赋,赢得了启蒙教练的赏识,自己也找到了宝贵的自信。从此以后,开始热爱并迷恋上了游泳,表现出了高涨的训练热情,从此也一发不可收拾。④据对许多游泳运动员的访谈,他们都认为是自己的游泳天赋和兴趣促使自己成为一名游泳运动员。对于比赛,他们有较一致的看法即训练的目的就是在比赛中能够创造出更好的成绩。其中,山东队的傅某说:"要想在比赛中发挥出自己的水平,首先得喜欢比赛,更需要有激情和目空一切的心态。即使输了也没有什么了不起"。⑤在北京奥运会上,同样打破女子200米蝶泳世界纪录,并夺得银牌的我国女选手焦刘洋说:"我用眼睛的余光看到对手的位置,并根据自己的体力情况,也改变了自己的运动节奏,采用了比别人多打一次水才换气的战术,发起了最后的冲刺。那种把自己的头长时间埋在水里的感觉真是难受极了,简直难以形容那种痛苦。"

(三)射击运动员对影响运动竞赛活动的运动智力和非智力因素的认知特征

1. 射击运动员对运动智力和非智力因素的认知统计

通过对山东、辽宁、北京、上海等7省市运动技术学院的优秀射击运动员进行"智力和非智力因素对专项运动竞赛活动的影响的运动员调查问卷"的调查,经统计,结果见附表23。

附表23 射击运动员对运动智力和非智力因素的认知结果统计($n=133$)

一级指标	二级指标	平均数	排序
运动智力因素	运动意志注意	4.791 7	1
	运动平衡感	3.833 3	4
	运动空间感	2.895 7	9
	运动节奏感	4.354 2	2
	运动情绪记忆	3.229 2	7
	运动视觉表象	3.166 7	8
	运动动觉表象	4.333 3	3
	运动直觉思维	3.354 2	6
	运动动作思维	3.770 8	5
	运动形象思维	2.291 7	10
运动非智力因素	运动成就动机	3.333 3	8
	运动兴趣	3.770 8	6
	运动热情	4.062 5	5
	运动情绪稳定性	4.645 8	3
	运动荣誉感	2.979 2	10
	运动毅力	4.541 7	4
	运动自制性	4.666 7	2
	运动责任心	3.083 3	9
	运动自信心	4.729 2	1
	运动好胜心	3.729 2	7

据附表23,射击运动员的10项具体运动智力和非智力因素在其专项运动竞赛活动中都共同发挥一定的作用,但作用的大小不同;射击运动员要想获得好的专项运动竞赛成效,还必须注意做到运动智力和非智

力因素的有机结合。

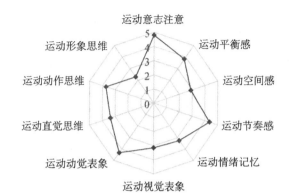

附图 14　10 项具体运动智力因素在射击运动竞赛活动中的作用

据附图 14,按照射击运动员 10 项具体运动智力因素作用的大小,从大到小的排序为:运动意志注意、运动节奏感、运动动觉表象、运动平衡感、运动动作思维、运动直觉思维、运动情绪记忆、运动视觉表象、运动空间感和运动形象思维。

如果按照均数大小,均数≥4 表示起决定性作用、3≤均数<4 表示起重要作用、均数<3 表示起基础性作用,那么,可对射击运动员 10 项具体运动智力因素在其专项运动竞赛活动中的作用进行如下等级划分,见附表 24:

附表 24　10 项具体运动智力因素在射击运动竞赛活动中的作用等级划分

运动智力因素	运动意志注意	运动平衡感	运动空间感	运动节奏感	运动情绪记忆	运动视觉表象	运动动觉表象	运动直觉思维	运动动作思维	运动形象思维
作用等级	△△△	△△	△	△△△	△△	△△	△△△	△△	△△	△

说明:△△△表示决定性作用;△△表示重要作用;△表示基础作用。

据附图 15,按照作用的大小,射击运动员 10 项具体运动非智力因素从大到小的排序为:运动自信心、运动毅力、运动自制性、运动情绪稳定性、运动热情、运动兴趣、运动成就动机、运动好胜心、运动责任心和运动荣誉感。

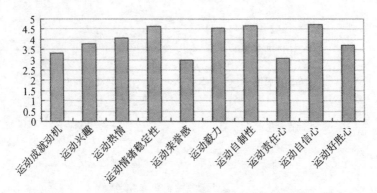

附图 15　10 项具体运动非智力因素在射击运动竞赛活动中的作用

如果按照均数大小,均数≥4 表示起决定性作用、3≤均数＜4 表示起重要作用、均数＜3 表示起基础作用,那么,可对射击运动员 10 项具体运动非智力因素在其专项运动竞赛活动中的作用进行如下等级划分,见附表 25：

附表 25　10 项具体运动非智力因素在射击运动竞赛活动中的作用等级划分

运动非智力因素	运动成就动机	运动兴趣	运动热情	运动情绪稳定性	运动荣誉感	运动毅力	运动自制性	运动责任心	运动自信心	运动好胜心
作用等级	△△	△△	△△△	△△△	△	△△△	△△△	△△	△△△	△△

说明：△△△表示决定性作用；△△表示重要作用；△表示基础作用。

2. 分析与实证

现分析并呈现部分实证资料如下：①射击属个人间接对抗性、以静力性运动为主导的竞技项目,比赛的胜负全凭个人射击的精确度而定。在比赛中,对运动员心理的稳定性要求十分突出。当前,射击运动中有的项目世界纪录已经逼近达到满环的水平。为加大竞争的难度和激烈程度,国际射联 1986 年对规则进行了修改。公布了实施加赛决定胜负的新规则。与原有规则相比,一是在加赛 10 发子弹时,满环定为

10.9环,使成绩的计算单位降至10分位;二是每射出一发子弹就宣布一次成绩。在高手云集的世界大赛中,成绩十分接近,名次更迭频繁。运动员稍有不慎或出现细微的情绪波动,就有可能使自己的排名有较大的起伏。以0.1环之差而败北者不乏其人。②刘淑惠教授认为,射击运动员应以"瓦伦达"心态走进世界大赛赛场。"瓦伦达心态"就是人们专注于做自己的事情而不考虑得失的心态。瓦伦达是一个美国人,他以走钢丝为职业,瓦伦达家族是世界知名的空中飞人马戏班。瓦伦达本人走了一辈子钢索,并不断创新,让美国观众大饱眼福,他的行为证明了这样一个真理:就是在人们认为惊险、恐惧或在生死攸关的危险面前,"我"能够把握,就能创造奇迹,实现自身价值,同时,也给世界带来惊喜或感叹!用瓦伦达自己的话说:"我走钢索时,从不想目的地,只想着走钢丝这件事,诚心诚意地走好钢丝,不管得失。"刘淑惠教授认为,瓦伦达心态具有以下特征:"一是专注的心态。注意是心理活动的指向和集中,专注是人们能把心理活动指向和集中于当前的事物上,没有任何事情能够吸引和移开自己的注意力,也就是做到"全神贯注"。对瓦伦达来说,他只是想到自己怎样才能走好离地面50—70米的钢索,注意自己怎样走出第一步,体会身体和钢索接触时的关系,注意风向,注意身体的平衡,从第一步到最后一步,直到"彼岸"的安全支架。不到终点,绝不想与此无关的事。二是镇静的心态。每一次的高空表演本是挑战,他却认为是机遇。虽然有危险,他却相信自己能控制。每次表演都能做到心静如水,镇定自若,信心十足地走好每一步。三是感觉敏锐的心态。高空表演,支撑面极小,但瓦伦达却能用百步以上的步数走完几十米的距离,他所依赖的就是在放松而专注的心态下,能及时调整横杆的高度与倾斜度,使之与自己的身体重心融合在一起,达到动态平衡。人的专注有紧张和放松两种。在紧张的情况下,不仅消耗的能量多,还会顾此失彼。而在放松的情况下,人的心理能量消耗少。由于大脑的最佳激活和优势兴奋中心,使自己对自己和环境之间的关系有极强的感受性,产生精神与身体非常协调的感觉,这时不是用思维去推理,而是用直觉去发现所做动作的误差。四是有活力的状态。瓦伦达心态是一种对任务的完成有把握的心态。因为没有消极应激的存在,认为对完成任务有把握,所以没有或较少有心理能量的消耗,可以把动员起来的全部心理能量用于走钢丝上,动作自然,精神抖擞,体力充沛,努力但不费力。五是有表现欲望的心态。表现欲是人们的一种对自我存在的自觉意识,是对自我价值的肯定、张扬和提升,是对自己练习结果的展示方式,也是人们对外界信息加工及自我能力的检查方式,是对过去行为的肯定和对未来行为具有信心的反映。瓦伦达家族为了获得对自身"绝活"的肯定和张扬,他们把每次表演当成过节一样,人们将瓦伦达家族的表演日称之为"快乐的节日"。③在2008年北京奥运会上,我国选手杜丽在自己的主项10米气步枪项目上痛失金牌,没能再次为中国奥运军团夺得宝贵的首金。赛后在接受记者的采访时说:"从比赛一开始,我的心思就一直没有稳定下来。继雅典奥运会以来,在四年的时间里,自己承载着太多的期望,承受着来自方方面面的压力。"杜丽的出师不利,让人们深切地感受到竞技体育的激烈与残酷性。主项失利后,杜丽擦干眼泪,迅速调整心态,相信自己的实力,在自己的副项50米3×20三姿步枪比赛中,又一次稳扎稳打,顽强拼搏,发挥了高水平,并一举夺得金牌。杜丽在一次大赛中的一败一胜,再次向人们诠释了射击项目对运动员高水平的心理需求和射击比赛无与无与伦比的魅力。④据四川队射击运动员蒲某的"观北京世界杯有感"——"2008年4月9日—17日省体工队组织了获席位的运动员去北京观摩北京世界杯比赛。"思绪回到现在,我来观摩这次世界杯是来学习别人长处的,我重点观摩了慢射的比赛,我国运动员有一段让我印象深刻,当时很多运动员已经打完了,林中仔站在靶位上时而闭目,时而沉思,平均举两三枪才打出一发子弹,前面地上的示风旗使劲地飘,风很大。为什么他不是一发接一发地打?为什么他要不停地休息?因为他心中有自己内在的一个感觉标准,我觉得当举起一枪来无法达到或者不是这种感觉时(动觉表象与动作思维),对动作的严格要求使他收枪。当想打而情况不允许打时大脑的精力和体力的消耗是巨大的,必须坐下来休息以保证接下来有足够的精力去完成比赛。而这坐下来休息也是为了断开前面乱掉的感觉,休息后重新再来组建动作。还有当时风比较大,我觉得在风天里,奥运冠军也好,小队员也好,都是在一个相同的环境,所有的人都在被风吹着,'冷静'是最重要的。只要心里不乱(情绪稳定性),风吹得再大都能有办法去解决。气枪我主要看了我国运动员石兴隆的比赛,他给我印象最深的就是他的节奏感特别好,虽然有九环有远弹,但这决不影响他的动作节奏,只是稍事休息,决不拖泥带水。他还有一个特点,就是不怎么坐下来调整,有几发我是觉得他动作感觉出了点问题,他就在靶位上休息,闭目养神,一点也不慌也不乱,休息够了拿毛巾擦把脸,练练空枪又顺着节奏和程序继续来。想到自己这是我应该学习的地方,我在打的过程中如果出了问题我很容易头脑发热,不耐心了啊怎么怎么的。决赛我也是重点看了林中仔的慢射,印象最深的还是他比赛中表现出的沉稳,看得出他也很紧张,但是他能控制得了自己,能做到和平时一样,至少表面上看上去他不乱。当口令一下,重心下降,果断举枪,果断扣响,也是一点不拖泥带水。如果看到他半天都不扣出去,那他肯定收枪,绝对没有勉强扣响。就是因为他果断敢打,他才能把冠军拿下来。回想自己近来成绩老是上不去,就是做动作或者收枪不果断,一说要比赛了就觉得要怎样怎样,其实不然,就是和平时一样就行了,平时怎样做比赛就怎样做,这样动作才结合得起来。⑤美国神射手埃蒙斯在雅典和北京两届奥运大赛中,在两次似乎胜券在握的决赛时刻,都没能把握住自己而最终痛失金牌。相反,我国选手贾占波和邱健却给人们展示了超强的技术控制力和自信、镇定的意志品质。正如杜丽战胜自我喜获 50 米步枪三姿射击金牌后,在接受记者的采访时所说:"最难的是克服心理的问题。"⑥在北京奥运会冠军邱健战胜埃蒙斯和俄罗斯选手获得男子 50 米步枪比赛金牌后,刘淑惠教授接受了记者的采访,她说:"赛前,我告诉邱健,比赛时,要当射击的'傻子',什么也不要想,只想好 10 环的感觉,打一枪,忘一枪,只想打好下一枪"。⑦在北京奥运会上,上届奥运会冠军我国射击选手朱启南只获得了男子 10 米气步枪比赛的银牌,与金牌失之交臂,赛后,朱启南伤心地落下了眼泪。在接受记者的提问时说:"比赛过程中,我有好长一段时间,心理非常复杂,是我对金牌、夺冠军的渴望太大了……作为参加过上届奥运会,并获金牌的运动员,面对金牌的诱惑,产生的压力是任何一个新手都无法体验的。面对这种压力,我"晕"了,前四枪打得很紧张,让机会溜走了。"⑧获北京奥运会女子 10 米气手枪冠军的我国选手郭文珺,在赛后接受记者的采访时说:"比赛中,我的情绪稳定,对枪的控制好,杂念不多,对结果无苛求。"⑨据四川女子步枪射击运动员喻某的训练日记:"以前自己都是以一名运动员的身份出现在射击靶场,而这次在北京世界杯比赛的靶场却是以一名观众的身份站在了那里,来观看别人比赛。通过观看高手们的比赛,让我感触很多。谁都不会轻轻松松就能打好一场比赛,高手们在比赛过程中也会遇到各种各样的困难,当面对这些困难时他们表现出来的更多的是'冷静'。看杜丽打的两场比赛就是这样。我见她这几场比赛总是磕磕碰碰,总会出现这样那样的问题,但她并没有因为外在的杂事而影响到整场比赛的发挥,通过对动作和心理的调整,很快摆脱困难再次进入状态进行比赛,仍然和开始一样坚持做她最基本的东西,就是'十环的程序'……从她身上我看到了作为一个世界顶尖级的运动员能够站在现在这个高度,不是因为她有超人的技术,而是她有比一般人更好的心理素质,也就是在大场合里能够经受得起考验,做到遇事首先人不乱,才能真正扛下这个重担。在决赛场上,看见他们为零点一的小数而努力拼搏时,我不得不为他们再一次鼓掌,因为他们就是在一次又一次地不断挑战自我……在如此紧张如此短的时间里要尽自己最大的努力打出最好的成绩是相当不容易的,而此时此刻站在上面的运动员什么都不敢想,他们心里明白,自己唯一能做的就是把握住眼前每一次击发的动作,不受外界的干扰,坚持抓好技术主线就可以了。作为一名专业射击运动员唯一的信念就是'坚持',只有永远自信地坚持下去才会取得成功。"

(四)乒乓球运动员对影响运动竞赛活动的运动智力和非智力因素的认知特征

1. 乒乓球运动员对运动智力和非智力因素的认知统计

通过对上海、山东、辽宁、北京等 7 省市运动技术学院的优秀乒乓球

附录　运动智力和运动非智力因素对若干运动训练竞赛活动的影响研究

运动员进行"智力和非智力因素对专项运动竞赛活动的影响的运动员调查问卷"的调查,经统计,结果见附表26:

附表26　乒乓球运动员对运动智力和非智力因素的认知结果统计($n=96$)

一级指标	二级指标	平均数	排序
运动智力因素	运动意志注意	4.5800	1
	运动平衡感	3.1300	9
	运动空间感	3.0600	10
	运动节奏感	4.1000	4
	运动情绪记忆	3.3600	8
	运动视觉表象	4.3000	2
	运动动觉表象	3.5000	7
	运动直觉思维	3.9200	5
	运动动作思维	3.6800	6
	运动形象思维	4.2400	3
运动非智力因素	运动成就动机	3.3600	10
	运动兴趣	4.2000	6
	运动热情	4.5600	3
	运动情绪稳定性	4.2800	4
	运动荣誉感	4.1200	7
	运动毅力	4.7800	2
	运动自制性	4.2600	5
	运动责任心	4.0200	8
	运动自信心	4.8000	1
	运动好胜心	3.8400	9

据附表26,乒乓球运动员的10项具体运动智力和非智力因素在其专项运动竞赛活动中都共同发挥一定的作用,但作用的大小不同;乒乓球运动员要想获得好的专项运动竞赛成效,还必须注意做到运动智力和非智力因素的有机结合。

据附图16,按照乒乓球运动员10项具体运动智力因素作用的大小,从大到小的排序为:运动意志注意力、运动视觉表象、运动形象思维、运动节奏感、运动直觉思维、运动动作思维、运动动觉表象、运动情绪记忆、运动平衡感和运动空间感。

如果按照均数大小,均数≥4表示起决定性作用、3≤均数<4表示

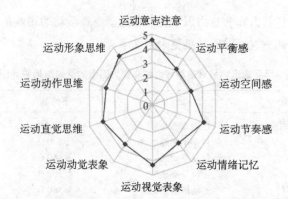

附图16　10项具体运动智力因素在乒乓球运动竞赛活动中的作用

起重要作用、均数<3表示起基础性作用,那么,可对乒乓球运动员10项具体运动智力因素在其专项运动竞赛活动中的作用进行如下等级划分,见附表27:

附表27　10项具体运动智力因素在乒乓球运动竞赛活动中的作用等级划分

运动智力因素	运动意志注意	运动平衡感	运动空间感	运动节奏感	运动情绪记忆	运动视觉表象	运动动觉表象	运动直觉思维	运动动作思维	运动形象思维
作用等级	△△△	△△	△△	△△△	△△	△△△	△△	△△	△△	△△△

说明:△△△表示决定性作用;△△表示重要作用;△表示基础作用。

据附图17,按照乒乓球运动员10项具体运动非智力因素作用的大

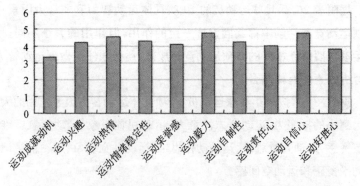

附图17　10项具体运动非智力因素在乒乓球运动竞赛活动中的作用

小,从大到小的排序为:运动自信心、运动毅力、运动热情、运动情绪稳定性、运动自制性、运动兴趣、运动荣誉感、运动责任心、运动好胜心和运动成就动机。

如果按照均数大小,均数≥4 表示起决定性作用、3≤均数<4 表示起重要作用、均数<3 表示起基础作用,那么,可对乒乓球运动员 10 项具体运动非智力因素在其专项运动竞赛活动中的作用进行如下等级划分,见附表 28:

附表 28　10 项具体运动非智力因素在乒乓球运动竞赛活动中的作用等级划分

运动非智力因素	运动成就动机	运动兴趣	运动热情	运动情绪稳定性	运动荣誉感	运动毅力	运动自制性	运动责任心	运动自信心	运动好胜心
作用等级	△△	△△△	△△△	△△△	△△△	△△△	△△△	△△△	△△△	△△

说明:△△△表示决定性作用;△△表示重要作用;△表示基础作用。

2. 分析与实证

现分析并呈现部分实证资料如下:①2008 年 2 月,在广州举行的世界乒乓球锦标赛男团小组赛中,王励勤在先胜一局的情况下,连续失利,以 1∶3 丢掉了比赛,输给了水平明显低于自己的罗马尼亚选手菲力蒙。王励勤在回答记者的提问此次比赛失败的原因时说:"作为头号选手出场迎战自己不熟悉的罗马尼亚选手菲力蒙,心态保守(自信心不足),由于对前三板的控制(动作思维与形象思维)欠佳,以自己为主的球打得太多了,应变(动作思维和形象思维)不够,打出了很多一般性的相持球,给对手提供了不少机会。"刘国梁教练在评价王励勤这次比赛失败的原因时说:"王励勤太紧张了(情绪稳定性),把对手估计得过高(自信心不足),打得有点紧,放不开(动作思维)。希望王励勤尽快摆脱出来(自制性),调整好心态,打好下一场比赛。"陆元盛教练在评论时也说:"现在是世界打中国,每一个外国选手不论是碰上哪一个中国选手都会跟拼命三郎一样(好胜心),一般都放得开,赢了中国选手就跟拿冠军是一样的(荣誉感)。"②2008 年 2 月,在广州举行的世界乒乓球锦标赛女团小组赛中,王楠以1∶3的比分输给了朝鲜选手金仲。王楠在回答记者的现场采访时说:"在受到对手反手的压制后有点急躁,心态乱了(情绪稳定性),节奏乱了(节奏感),动作连连失误(动作思维和形象思维)。第三局,在以8∶1领先的情况下,由于认为这局已经赢定了,就开始考虑下一局的比赛了(意志注意和毅力),结果让金仲抓住机会。"我国乒乓球女二队教练闫森在评论王楠的失利原因时说:"根据对手的打法,王楠应变(动作思维和形象思维)慢了。"朝鲜教练说:"平时,我们非常重视对王楠的研究,赢这场比赛,我们不感意外(自信心)。"③我国前奥运会女子乒乓球冠军刘伟在解说北京奥运会时说:"乒乓球打的不完全是力量,更重要的是技巧。在比赛中,中国队运动员总能把各种打乒乓球的技巧,在最需要的时候给发挥出来。……打乒乓球,应该做到坚毅、果断,尤其是在相持或落后的情况下。"

三、影响运动训练竞赛活动的高分运动智力和非智力因素的不同项目的比较研究

通过对我国四个优势竞技项目优秀运动员的认知调查,10项具体运动智力和非智力因素在四个项目的专项运动技能训练与竞赛活动中分别具有不同的作用与影响。由于本书采用的是李克特五级量表的问卷形式,从心理学的角度看,均数不小于4的运动智力和非智力因素皆可看作对专项运动技能训练与竞赛活动具有决定性影响的高分因素,这些高分因素是教练员和运动员在实践中都应重点抓好的关键心理因素。在对10项具体运动智力和非智力因素分别进行了四个项目两种运动成就情境下的纵向比较基础上,为了进一步了解其中的高分运动智力和非智力因素对四个项目的运动技能训练与竞赛活动的影响,还需要采用ANOVA分析(即变异数分析)进行四个项目间的横向比较,这种横向比较的结果有助于人们加深对这四个优势运动项目性质的认识。

（一）影响运动技能训练活动的高分运动智力因素的项目特征

通过对影响四个优势运动项目的专项运动技能训练活动的高分运动智力因素的变异数分析,结果见附表29：

附表29　四项目专项运动技能训练活动中高分运动智力因素的 ANOVA 分析

	举重 ($N=121$)		游泳 ($N=107$)		射击 ($N=104$)		乒乓球 ($N=101$)		整体 ($N=433$)		
	平均数	位置	平均数	位置	平均数	位置	平均数	位置	平均数	F	显著性
四项目提名											
运动意志注意	4.5500 a	1	4.0833 b	5	4.5962 a	1	4.0000 b	3	4.3622	10.855	***
运动节奏感	4.3500 ab	2	4.6667 a	1	4.1538 b	2	4.3243 ab	1	4.3514	3.674	*
二项目提名											
运动平衡感	3.3167 a	8	4.4167 b	2	4.0577 b	3	3.1351 a	10	3.7022	25.358	***
运动动觉表象	3.8500	4	4.3333	3	4.0000	4	3.8649	4	3.9892	2.353	
一项目提名											
运动视觉表象	3.9167 ab	3	3.6111 a	6	3.5962 a	8	4.0556 b	2	3.8324	8.716	***
运动动作思维	3.6333 a	6	4.1111 b	1	3.7500 ab	6	3.7838 ab	5	3.7838	3.013	*

注:①在本表中每一条目的平均值越高,说明其对具体专项运动技能训练活动的影响越大。作为高分运动智力因素的条目,其平均值均不小于4。②本表各条目的位置排列是按照每一条目的总平均值在各具体项目的名次排序来确定的。③凡平均值下面带有 a、b、c 字母的,均表示其同组平均值之间的差异具有统计显著性(by Scheffe post hoc comparisons)。如运动平衡感在游泳和射击两项目之间没有差异显著性;在举重和游泳两项目之间,以及举重和射击两项目之间分别有差异显著性。另外,凡带有 ab 等符号的平均值,表示它与带有 a 和 b 符号的平均值之间没有统计显著性。④ * 表示 $p<0.05$,** 表示 $p<0.01$,*** 表示 $p<0.001$。

据附表29,由四个运动项目运动员共同看重的是运动意志注意和运动节奏感,由二个运动项目运动员都看重的是运动平衡感和运动动觉表象,由一个运动项目运动员看重的是运动视觉表象和运动动作思维两项运动智力因素。附表29不仅证明了不同运动项目运动员对个别运动智力因素具有高度的一致认同性,显示了不同竞技运动项目的共同需求,而且,也反映了有些运动智力因素在不同项目的具体运动技能训练活动中所起的作用不同。

对以上变异数分析的讨论如下:①据以上ANOVA分析,对四个竞技项目来讲,运动意志注意是一项对专项运动技能训练活动非常重要的运动智力因素。从奈德弗的注意理论关于注意方式的分类角度看,四个项目的各种技术能力训练应当更需要运动员把自己的注意力放在"狭窄的内部注意"上,尤其是射击、举重和游泳运动员,应用心体会和控制技术训练过程中的内在肌肉感觉等方面。另外,根据心理学,各种信息都是通过感知觉的大门而输入的,心灵的唯一门户就是感知觉。"心不在焉,视而不见,听而不闻,食而不知其味。心不使焉,则白黑在前而目不见,雷鼓在侧而耳不闻。"这里的"心",可理解为"注意"。此外,国外对注意的作用也十分重视。如认知学派认为,注意是瞬时记忆的信息进入短时记忆的唯一条件;班杜拉的观察学习理论认为,注意是观察学习的四个必不可少的组成因素即"注意过程、保持过程、动作复制过程和动机过程"之一,而且居于首要地位。因此,四个项目运动员都非常重视运动意志注意在自己专项运动技能训练活动中的作用或影响。另外,结果显示,乒乓球与游泳运动员、射击和举重运动员在对这条目的认知上则彼此有显著性差异。以乒乓球和射击为例,在这个条目上,乒乓球运动员的均数低,原因可能是通过多年的专业训练,在每次时间较长的技术训练过程中,运动员还应具备利用非意志注意来进行练习的能力,如果总是利用意志注意会使自己很快疲劳,从而影响技能训练的质量。要求有充沛的体力和精力是所有运动技能训练的一个基本要求。通过对乒乓球运动员的现场观察发现,一般情况下,每次训练,教练员都会安排较多种类的技能训练内容,这不仅是为了防止运动员身体的局部疲劳和运动损伤,而且也是乒乓球项目的特点和性质所要求的。虽然乒乓球项目在竞技体育项目的大系统中,应当是技战术最复杂的项目之一,但是与射

附录 运动智力和运动非智力因素对若干运动训练竞赛活动的影响研究

击比起来在这方面还是有差距的,因为射击项目是一项典型的精度类竞技项目,对运动员注意力的要求更高。②据以上 ANOVA 分析,四项目运动员在运动节奏感方面均数都达 4 以上水平,这说明在它们各自的运动技能训练活动中运动节奏感都是一项至关重要的因素,原因可能是任何运动技能的构成都是由彼此逻辑的技能环节构成,要真正正确并熟练地掌握,运动员都必须形成正确地完成各技术环节的时间概念。笔者认为,这也是影响每一个运动员形成自己独特技术特点的根本性因素之一。就射击运动员与游泳运动员在该条目上表现出的显著性差异,原因可能是射击技能训练更重要的对自己思想与情绪稳定性的控制以及克服外界的干扰等方面所致。张红(1998)在其《论游泳运动员的水感和流线型》一文中对水感好的运动员应具备的条件进行了如下概括:"动作准确协调、节奏感、速度感、方向感好、四种游姿学得快、身体位置高、迎角好,所谓又轻又快。"另外,据对山东举重男队滕龙教练的访谈,滕教练认为,在运动节奏感方面,游泳要求更高一些。如果看了索普(澳大利亚)和菲尔普斯(美国)等泳坛名将的比赛就会非常明显地感受到这一点。③就运动动觉表象来讲,虽然举重和乒乓球的均数没有达到 4 的水平,但是并未同游泳和射击两项目之间呈现出显著性差异。由此我们也可以认为,在专项运动技能训练活动中动觉表象也是非常重要的因素,原因可能是动觉是所有运动项目进行有效操作的基础。包括日常生活中的各种动作,如走路、说话、使用工具等均需要动觉的帮助。根据运动经验,运动员的各种技术动作的学习、改进与提高自始至终都离不开它的帮助与支持,应当讲,对运动动觉表象能力的培养和提高是发展运动员高水平运动技能的关键。另外,根据鲍尔顿 1957 年提出的运动技能可划分为开放性和闭锁性两种,其中,对于闭锁性运动技能来讲,在大多数情况下,主要是靠运动员内部的本体感受器所介入的反馈来调节运动,而外部感受器所介入的反馈对此不起多大的作用,亦即闭锁性运动技能对外界的帮助的依赖程度较低。从鲍尔顿的观点看,尤其举重、游泳和射击三项目应当都属于闭锁性运动项目,所以,运动员都比较重视运动动觉表象的作用。④据以上 ANOVA 分析,在游泳和射击项目上,运动员对运动平衡感的认知均数达4以上,并与其他项目有不同程度的显著性差异。湖北省游泳学校张存洲、刘小军的《浅谈游泳的水感选材》,在选材中对少儿游泳运动员进行水感定量化测试,方法是首先对运动员进行水感外观分类:轻、飘类反映运动员的浮力和平衡能力;粘水类反映运动员本体感觉的敏锐程度;协调性、节奏感体现运动员的神经系统和运动生理的综合能力;综合类将以上四类的能力给予定量化评价。对少儿运动员进行选材的这些指标,在一定程度上反映了运动节奏感和运动平衡感两项运动智力因素对游泳技能训练活动的决定性影响;根据项群训练理论,射击项目的技术动作属于单一动作结构。技术要求可概括为"固势要稳,瞄靶要准,撒放要正确",由此可见,平衡器械的能力对于射击运动员来讲也是一项非常重要的因素。⑤据以上ANOVA分析,运动视觉表象是乒乓球运动员在技能训练过程中非常重视的一项智力因素,原因可能是,在乒乓球运动员的技术训练活动中,不论练习什么技术首先得在每次击球时看准球的状态,如高低、方向、旋转等情况。另外,通过观摩射击队的训练发现,教练员更加强调的是运动员对动作的把握与控制,手把手地给运动员做示范并不多,而其他三个项目的教练员则相对明显的多,这可能也是导致在运动视觉表象条目上运动员存在认知差异的重要原因之一。⑥据以上ANOVA分析,游泳运动员对于运动动作思维在专项技能训练中的影响或作用的认知均数最高,并与其他三个项目之间存在一定的显著性差异,原因可能是游泳运动员要想流畅的游进,就必须在特殊的漂浮姿势情况下根据自己的体力和其他情况,依据肌肉感觉不断调节与控制各个技术细节。另外,人们越来越认识到我国游泳运动员与国外运动员的主要差距在于技术细节方面,因而更加重视对技术动作细节的控制所致。

(二)影响运动技能训练活动的高分运动非智力因素的项目特征

通过对影响四个优势运动项目的专项运动技能训练活动的高分运动非智力因素的变异数分析,结果见附表30。据附表30,由四个竞技项目运动员一致看重的运动非智力因素是运动兴趣、运动热情和运动自信心,由三个运动项目运动员共同看重的是运动成就动机、运动毅力和运动好胜心,由一个运动项目运动员看重的是运动情绪稳定性、运动荣誉感和运动自制性三项非智力因素。以上变异数分析的结果,不仅证明了不同运动项目运动员对个别运动非智力因素具有高度的一致认同性,显示了不同竞技项目的共同需求,而且,也反映了有些运动非智力因素在不同运动项目的技能训练活动中所起的作用存在一定的差异性。

附表30 四项目专项运动技能训练活动中高分运动非智力因素的ANOVA分析

	举重 (N=121)		游泳 (N=107)		射击 (N=104)		乒乓球 (N=101)		整体 (N=433)		
	平均数	位置	平均数	位置	平均数	位置	平均数	位置	平均数	F	显著性
四项目提名											
运动兴趣	4.5167 a	3	4.4444 ab	3	4.0962 b	5	4.4054 ab	2	4.3622	5.338	**
运动热情	4.3500	5	4.6111	2	4.5769	1	4.3514	2	4.4649	2.342	
运动自信心	4.4500	4	4.2778	4	4.5385	2	4.2973	4	4.4108	1.462	
三项目提名											
运动成就动机	4.1333	6	4.2500	5	3.8654	6	4.0541	6	4.0649	2.941	
运动毅力	4.6000 c	1	4.8056 bc	1	3.8462	7	4.4324 c	1	4.3946	22.953	***
运动好胜心	4.5833 a	2	4.0000 b	6	3.8077 b	8	4.0811 b	5	4.1514	12.378	***
一项目提名											
运动情绪定性	3.8667 b	7	3.7500 b	9	4.4615 a	3	3.9459 b	8	4.0162	8.726	***
运动荣誉感	3.1000 b	10	3.2500 b	10	4.4038 a	4	4.0270	7	3.4000	9.968	***

续 表

	举重 ($N=121$)		游泳 ($N=107$)		射击 ($N=104$)		乒乓球 ($N=101$)		整体 ($N=433$)		
	平均数	位置	平均数	位置	平均数	位置	平均数	位置	平均数	F	显著性
运动 自制性	3.800 0 ab	9	3.472 2 a	8	4.153 8 b	4	3.459 5 a	10	3.767 6	8.047	***

注：①在本表中每一条目或因素的平均值越高，说明其对具体运动技能训练活动的影响越大。作为高分运动非智力因素的条目，其平均值均不小于4。②本表各条目的位置排列是按照每一条目的总平均值在各具体项目的名次排序来确定的。③凡平均值下面带有 a、b、c 字母的，均表示其同组平均值之间的差异具有统计显著性（by Scheffe post hoc comparisons）。如在运动荣誉感上，乒乓球和其他项目之间都具有差异显著性、而在举重、游泳和射击三项目两之间则都没有差异显著性。另外，凡带有 ab 等符号的平均值，表示它与带有 a 和 b 符号的平均值之间没有统计显著性。④ * 表示 $p<0.05$，** 表示 $p<0.01$，*** 表示 $p<0.001$。

对以上变异数分析的讨论如下：①据附表 30，所有四个项目的运动员都一致高度认同的三项运动非智力因素是运动兴趣、运动热情和运动自信心。(a)就运动兴趣来讲，原因可能是不论从事什么职业的人，要想有所作为，取得好的工作效益和业绩都必须对自己目前从事的工作有一定的职业兴趣。俗话说，兴趣是最好的老师。孔子也讲"知之者不如好之者"。对于从事极端艰苦的运动训练活动的竞技运动员来讲，运动兴趣的作用可能更明显；另外，在运动兴趣条目上，射击项目与举重项目有一定的差异显著性，原因可能是两个运动项目的技能训练活动给运动员带来的疲劳有所不同造成的。正如在访谈辽宁射击运动员沈某时，她说"射击训练更累心"。(b)就运动热情来讲，原因可能是虽然竞技体育是一项极其艰苦而又难以预期未来结果的事业，但是它却要求运动员必须给予极大的热情，有以苦为乐的乐观主义精神，并扎扎实实地进行日常训练，以求不断取得进步和发展。从这些项目运动员的具体训练表现中，很容易看到他们那种充满热情、甚至是激情的精神面貌，而不是无精打采、精神疲惫地进行各种训练活动。从运动心理学的角度看，四个项目都需要运动员有专项所需要的适度的兴奋状态和情绪状态，因为情绪具有增力性。(c)在运动技能训练活动中，四个项目运动员之所以都高度看重运动自信心的影响和作用，原因可能是因为运动员对所进行的技术训练有明确的动机或目的;对教练员执教水平或训练水平的极大信任;对自己完成所制定的训练任务的把握性以及对所进行的技术训练意义的认识;以及自己对进行专项技能训练的高度的自我效能感等。运动自信心就是指运动员相信自己,相信自己所具有的运动天赋和能力,通过刻苦努力能够完成训练任务或实现所制定的各种目标。运动员的运动自信心,一般来讲,总是指向自身的某种目标。自信心是运动员获得技能训练成功的重要前提与秘诀,缺乏自信心是遭受挫折、甚至失败的一个重要内因。②据附表30,由三项目运动员共同看重的是运动成就动机、运动毅力和运动好胜心。(a)在运动成就动机方面,虽然射击运动员的认知均数未达到4的水平,但是并未表现出与其他三个项目之间的差异性,因此,对射击运动员来讲,成就动机也是一项非常重要的运动非智力因素。运动成就动机是推动运动员进行技能训练活动的内在动力。从运动员进行运动训练竞赛活动的心理过程模式(如附图18所示)可以看出,动机在运动员的整个心理活动过程中起着承上启下的作用,处于中间位置,不可缺少,对四项目运动员进行成就动机教育、事业心教育应是一项重要的训练环节。另外,射击运动员在成就动机条目上分数最低,未达4的水平,可能的原因是射击项目的技能训练需要运动员做到心平气和,思想"单纯"等所致。因为过高的成就动机水平必然会引起运动员意识到或未意识到的情绪变化,影响自己对完成动作时的肌肉感觉和动作程序的完成等。根据访谈了解到,在举重和游泳以及乒乓球运动员的技能训练活动中,运动员认为具有较高的运动成就动机水平是非常必要的,尤其是技术结构相对简单,属于体能项群的举重和游泳两项目。根据心理学,从任务难度和动机在活动中的关系角度看,一般来讲,完成简单的任务,越需要人们较高的动机水平,而完成较困难和复杂的任务,则需要人们相对较低的动机水平。在这里,显然,射击技术训练的心理

附图18　运动员在运动训练竞赛活动中的一般心理过程模式

控制难度要比其他三个项目大得多。(b)在运动毅力方面,射击训练与对体能要求很高的举重、游泳,甚至技能项目的乒乓球相比,具有不同程度的差异显著性。通过观察发现,被调查的举重、游泳和乒乓球三项目运动员所进行的技能训练的运动量和强度都很大。在具体的训练活动中,有时已很难区分理论上的纯粹的技术训练和以技术为手段而进行的专项体能训练,这就非常需要这些项目的运动员都必须发扬不怕苦、不怕累的精神,保持热情饱满的精神状态。通过对山东乒乓球运动员郭某的访谈,他说,"我的教练太'狠'(运动量大)了,即便是在某个技术细节上没达到他的要求,遭训斥是轻的,弄不好还要受罚。我理解他,对我要求严,可能是认为我还行,是为了我好"。四川乒乓球队的主教练周国旗说:"不论搞什么项目,没有毅力,都将一事无成。"由此可见,运动员的运动毅力是应首先培养的运动非智力因素。正如古罗马奥维德在《恋歌》中写道:"忍耐和坚持是痛苦的,但它会逐渐给你带来好处。"(c)在运动好胜心方面,举重与其他三项目表现出了一定程度的显著性差异,原因可能是举重运动员的训练具有明显的挑战自我体能极限的特点,采用超负荷是一项基本的训练原则。对调查的优秀运动员来讲,竞技能力的进一步提高,往往非采用极限负荷不行。这样必然需要运动员具有超强的挑战自我、超越自我的好胜心。如我国著名举重运动员前世界冠军陈伟强在一次训练中,为了征服一个新的极限重量,曾把自己的大小臂,拽脱臼了。举重运动员没有这等的好胜心怎么会迈上一个个新的台阶。而通过与许多射击运动员的交谈了解到,许多运动员认为,不论在训练中,还是在比赛中,稳定情绪,不想无关的事情,集中精力把握动作,养成习惯非常重要。其实谁都想当冠军,夺好成绩,但在训练和比赛时,就不能想得太多,只要把想好的动作完成就行了。③据附表30,由一项目运动员看重的是运动情绪稳定性、运动荣誉感和运动自制性。(a)在运动自制性方面,射击与举重和乒乓球表现出了显著性差异,原因可能是在具体的技能训练活动中,即使高水平运动员也会产生某种妨碍训练进程的心理和行为,如当行不行,当止不止,茫然冒进,不思进取等,为了排除这些技能训练障碍,使训练活动得以顺利进行,就需要运动员发挥毅力去积极调控。这种调控行为的具体表现就是要发扬有利于技能训练的积极心理成分,制止不利心理成分和消极行为因素的影响。由于射击项目是一项典型的精度项目,对运动员的许多心理指标都有很高的要求,是比心理控制的一项特殊运动,这必然要求有比其他项目运动员更高的自我管理和控制能力。(b)在情绪稳定性方面。据附表30,射击运动员对运动情绪稳定性的认知均数是最高的,与其他三个项目运动员存在非常显著的差异,原因可能是由射击项目的性质所决定的。据对上海射击运动员李X的访谈,他说:"射击不需要太兴奋,心情不好,训练效果不会好。"而其他三个项目运动员的技能训练活动,也要求运动员具有良好的情绪稳定性,但更重要的是要有相对较高的身体唤醒水平和高度的训练热情,顽强的毅力等非智力因素的保证与支持,只有这样才能取得好的训练效果。(c)需要格外引起注意的是,乒乓球运动员在对运动荣誉感的认知上,与其他项目运动员之间都具有不同程度的显著性差异,重要原因可能是因为乒乓球运动是我国的国球;我国在世界上已经连续50余年保持长盛不衰,并占据世界顶尖水平;国家和政府对于我国乒乓球队一直是给予无限的期望和厚爱,对于取得优异运动成绩的运动员总是不吝褒奖。调查的运动员也都是已经取得了一定成就,达到相当水平的高手,对自己的未来充满信心,当然也可能与教练员们的日常教导有关。

(三)影响运动竞赛活动的高分运动智力因素的项目特征

通过对影响四个优势运动项目的专项运动竞赛活动的高分运动智力因素的变异数分析,结果见附表31。

附表31 四项目专项运动竞赛活动中高分运动智力因素的ANOVA分析

	举重 ($N=106$)		游泳 ($N=113$)		射击 ($N=133$)		乒乓球 ($N=96$)		整体 ($N=448$)		
	平均数	位置	平均数	位置	平均数	位置	平均数	位置	平均数	F	显著性
四项目提名运动志注意	4.3958 a	1	4.2500 a	1	4.7917 b	1	4.5800 ab	1	4.4915	6.295	***

续 表

	举重 ($N=106$)		游泳 ($N=113$)		射击 ($N=133$)		乒乓球 ($N=96$)		整体 ($N=448$)		
	平均数	位置	平均数	位置	平均数	位置	平均数	位置	平均数	F	显著性
运动 节奏感 —项目提名	4.0729	2	4.0500	2	4.3542	2	4.1000	4	4.1325	1.318	
运动视 觉表象	3.3854 a	7	3.2500 a	7	3.1667 a	8	4.3000 b	2	3.5128	21.353	***
运动动 觉表象	3.7708	3	3.4000	5	4.3333	3	3.5000 a	7	3.7650	12.636	***
运动形 象思维	3.1146 a	9	2.6500 ab	10	2.2917 b	10	4.2400 c	3	3.1068	35.142	***

注：①在本表中每一条目或因素的平均值越高，说明其对具体运动竞赛活动的影响越大。作为高分运动智力因素的条目，其平均值均不小于 4。②本表各条目的位置排列是按照每一条目的总平均值在各具体项目的名次排序来确定的。③凡平均值下面带有 a、b、c 字母的，均表示其同组平均值之间的差异具有统计显著性（by Scheffe post hoc comparisons）。如运动意志注意力在游泳、举重和乒乓球三项目之间没有差异显著性，而游泳和举重则都与射击项目有显著性差异。另外，凡带有 ab 等符号的平均值，表示它与带有 a 和 b 符号的平均值之间没有统计显著性，如运动意志注意在射击和乒乓球两项目之间没有差异显著性。④ * 表示 $p<0.05$，** 表示 $p<0.01$，*** 表示 $p<0.001$。

据附表31，由四个运动项目运动员一致看重的运动智力因素是运动意志注意和运动节奏感，由一个运动项目运动员看重的是运动视觉表象、运动动觉表象和运动形象思维三项运动智力因素。以上变异数分析的结果，不仅证明了不同运动项目运动员对个别运动智力因素具有高度的一致认同性，显示了不同竞技项目的共同需求，而且，也反映了有些运动智力因素在不同的运动项目的运动竞赛活动中所起的作用也存在一定的差异性。

对以上变异数分析的讨论如下：①据附表31，四个项目运动员都高度重视运动意志注意在专项运动竞赛过程中的作用，原因可能是因为在运动竞赛中，运动员时刻都处在紧张激烈的动态环境变化之中，没有注意力，尤其是意志注意力的积极参与，对大量的有用运动信息和线索，不论它们是来自身体内部，还是外部，都将无法进行准确、全面地选择，从而影响自己的运动决策与行动，赛前想好的思维程序和动作程序在执行效果上也将受到重大影响。在各种运动竞赛活动中,运动员由于精力不集中(包括分心和分散两种形式),而导致失利或失败的事例不胜枚举。俄国19世纪著名教育家乌申斯基说:"注意是一个唯一的门户,外在世界的印象,或者较为挨近的神经机体的状况,才能在心理引起感觉来。如果印象不把我们的注意集中在它身上,那么,虽然它也可以影响我们的机体,但我们是不会意识到这些影响的。"另外,据附表31,射击项目运动员对于意志注意的认知水平更加看重,与举重和游泳运动员相比,差异非常显著,而与乒乓球运动员相比没有显著性差异,主要原因可能是射击是属于非常精细的属于小肌肉群活动的竞技项目,而举重和游泳属于大肌肉群活动为主的体能项目;乒乓球和射击同属于技能主导类的竞技项目,并且技术复杂,难以有效控制等所致。举重运动员之所以重视运动意志注意,主要原因可能是在每次试举时都需要集中精力,调动全身组织、器官的功能,充分发挥身体最大,甚至是极限力量所致;另外,在需要保持意志注意完成比赛动作的时间方面,射击和乒乓球运动员花费的时间更长,可能也是一方面的原因。②据附表31,四项目运动员对运动节奏感的认知均数都达到了4的水平,彼此之间没有显著性差异,原因可能是不论是技术结构较简单的举重、游泳和射击,还是技术较为复杂的乒乓球,要想在比赛中获胜都必须练就过硬的技术本领,并形成鲜明的技术特点,而运动节奏感又是完成任何技术动作的灵魂所在。通过访谈了解到,乒乓球运动员都认为,比赛中不仅要重视自己各种技术动作节奏的充分发挥,同时还要最大限度地破坏对手的动作节奏,以便达到遏止对手技战术发挥,并取胜的根本目的。据现场观察,举重运动员要完成某一重量的试举,必须按照适合自己的发力节奏来完成动作,不能一味地图快,也就是必须根据重量的增减采用适合于自己的发力节奏。③据附表31,在运动视觉表象方面,只有乒乓球运动员的内隐认知水平达到了4的水平,并与其他三个项目均表现出了显著性差异,而其他三个项目彼此之间则没有显著性差异,原因可能是,在乒乓球比赛中,运动员是与对手直接进行隔网对抗,对手主动或被动使用的技术动作对自己技战术的变化影响很大。必须首先看清对手的一举一动,哪怕是对手非常微小的技术动作变化。要做到这些,没有对对手技术动作的清晰视觉表象,就谈不上对技战术的选择与应用的主动性和准确性,以及对对手的尽快适应等制胜要求了。难怪,山东的孙丰铎教练要求运动员在比赛中必须"死死盯住对手的球"。从逻辑上讲,视觉表象也是运动员进行运动形象思维的重要基础之一。④据附表31,在运动动觉表象方面,射击运动员的认知水平达到了4的水平,并与其他三个项目的运动员存在显著性差异,而除射击外的其他三个项目,彼此之间则没有显著性差异,原因可能是射击属于肌肉感觉需要高度精细化的一个比较特殊的竞技项目所致。譬如对扳机的扣动力度和时机等细节的把握都对每次击发效果产生重大影响,稍有不慎就可能导致弹着点"偏之千里"的效果。⑤在运动形象思维方面,乒乓球运动员的认知水平达到了4的水平,与其他项目有非常显著性差异,主要原因正如前面所提到的,乒乓球比赛是运动员和对手的一种隔着网的直接对抗,自己一切技术和战术的发挥和应用,在很大程度上,都要根据对手的反应与做出的各种动作来进行及时的选择和调整,而这种调整和变化也正是乒乓球运动员真正见水平的重要表现之一。要做到这一点需要运动员有出色的临场想象力,并对比赛过程中复杂多变的情况进行有效判断。通过观看高水平运动员的比赛不难感受到他们非凡的想象力、应变力和创造力。一般来说,平时的技能训练,是为了提高和完善各种动力定型即条件反射,主要依靠的是运动员做动作时的动觉表象和动作思维水平,而比赛时,有对手的对阵,运动员必须根据所观察到的对手的情况,对早已形成动力定型的技术动作不断进行合理的选择与优化组合、并充分发挥、运用。至于射击运动员对运动形象思维的认知均数较低的原因,可能是因为在完成比赛动作时,运动员把主要精力放在了表象自己的动作感觉,或进行动作思维与动作节奏控制上了的缘故。

(四)影响运动竞赛活动的高分运动非智力因素的项目特征

通过对影响四个优势运动项目的专项运动竞赛活动的高分运动非智力因素的变异数分析,结果见附表32。

附录 运动智力和运动非智力因素对若干运动训练竞赛活动的影响研究

附表32 四项目运动竞赛活动中高分运动非智力因素的 ANOVA 分析

	举重 ($N = 106$)		游泳 ($N = 113$)		射击 ($N = 133$)		乒乓球 ($N = 96$)		整体 ($N = 448$)		
	平均数	位置	平均数	位置	平均数	位置	平均数	位置	平均数	F	显著性
四项目提名											
运动热情	4.3646 ab	3	4.4000 ab	3	4.0625 a	5	4.5600 b	3	4.3504	3.684	*
运动毅力	4.6146	2	4.5750	1	4.5417	4	4.7800	2	4.6282	1.272	
运动自信心	4.6458	1	4.5000	2	4.7292	1	4.8000	1	4.6709	1.787	
三项目提名											
运动兴趣	4.0938	5	4.0500	4	3.7708	8	4.2000	6	4.0427	1.541	
二项目提名											
运动情绪稳定性	3.9583 a	6	3.7500 a	8	4.6458 b	3	4.2800 ab	4	4.1325	7.117	***
运动自制性	3.8125 a	9	3.3000 c	10	4.6667 b	2	4.2600 ab	5	3.9957	18.160	***
运动责任心	3.8854 a	7	3.8000 a	7	3.0833 b	6	4.0200 a	8	3.7350	9.931	***
一项目提名											
运动成就动机	3.8333 a	8	4.0000 a	5	3.3333 b	9	3.3600 b	10	3.6581	7.156	***
运动好胜心	4.2083 a	4	3.9500 ab	6	3.7292 b	7	3.8400 ab	9	3.9872	4.439	**

注:①在本表中每一条目或因素的平均值越高,说明其对具体运动竞赛活动的影响越大。作为高分运动非智力因素的条目,其平均值均不小于4。②本表各条目的位置排列是按照每一条目的总平均值在各具体项目的名次排序来确定的。③凡平均值下面带有 a、b、c 字母的,均表示其同组平均值之间的差异具有统计显著性(by Scheffe post hoc comparisons)。如运动成就动机在举重和射击两项目之间存在显著性差异。另外,凡带有 ab 等符号的平均值,表示它与带有 a 和 b 符号的平均值之间没有统计显著性,如运动热情在举重和乒乓球两项目之间则没有差异显著性。④ * 表示 $p<0.05$, ** 表示 $p<0.01$, *** 表示 $p<0.001$。

据附表32,四个竞技项目运动员一致看重的运动非智力因素是运动热情、运动毅力和运动自信心,由三个运动项目运动员共同看重的是运动兴趣,由二个运动项目运动员看重的是运动情绪稳定性、运动责任心和运动自制性三项运动非智力因素,由一个运动项目运动员看重的是运动成就动机和运动好胜心两项运动非智力因素。以上 ANOVA 分析的结果,不仅证明了不同竞技项目运动员对个别运动非智力因素具有高度的一致认同性,显示了不同竞技运动项目的共同需求,而且,也反映了有些运动非智力因素在不同的运动项目中所起的作用也存在一定的差异性。

  对以上变异数分析的讨论如下:①据附表 32,四个项目运动员都一致高度认同运动热情、运动毅力和运动自信心三项运动非智力因素对专项运动竞赛活动的影响。(a)就运动毅力来讲,四项目不存在显著性差异,原因可能是因为比赛中运动员能否将自己平时练就的竞技能力充分发挥出来,很重要的一点就是是否有顽强的毅力作为保证。如举重运动员如果没有顽强的毅力怎么能把超过自己能力极限的重量高高举过自己的头顶;现代射击运动员,如果不凝神、静气,切切实实把握好每一发子弹的高水平击发,怎么能走上高高的颁奖台;游泳运动员如果没有拼到底的精神和勇气,获取理想成绩难以想象。正如某游泳教练所说的那样,即使是短短的 50 米,运动员不是"游"过去的,而是"拼"过去的;乒乓球比赛每一球的胜负都需要运动员的斗勇和斗智。具有顽强的毅力是运动员实现"更高、更快、更强"的奥林匹克梦想的首要保证。普劳图斯在《撒谎者》中曾说:"万事皆由人的意志创造。"(b)就运动自信心来讲,四项目不存在显著性差异,原因可能是因为优秀运动员参加竞技角逐,都怀有一定的参赛目标。为了实现自己的竞技目标,不管是为了拿金牌,夺冠军,还是为了展现、发挥自己的竞技水平,没有充分的自信作为保证是不会有好的表现的。运动自信心是运动员在比赛过程中对自身竞技能力或可能达到的竞赛目标的一种主观判断,是对自己在技术能力、战术能力和比赛发挥能力等方面胜任能力的确信和认定,相信自己对比赛结果的预期会变成现实。自信心是运动员取得成功的第一秘诀!(c)就运动热情来讲,乒乓球与射击项目有一定的显著性差异,主要原因可能是射击运动员在比赛过程中需要调控自己参赛的情绪,有适度的身体唤醒水平即情绪水平即可,而运动热情则与运动员自身的情绪状态有着直接的联系,往往与高涨的情绪状态相对应所致。举重、游泳、乒乓球三项目相对来讲需要运动员具有更高涨的运动激情。②据附表32,三项目运动员一致看重运动兴趣。在这方面,射击运动员在认知均数上未达4的水平,低于其他项目运动员,但四项目之间并没有表现出显著性差异,因此也可以说,对于射击来讲,运动兴趣也是一项非常重要的运动非智力因素,主要原因可能是虽然比赛总是要分出胜负,谁都想品尝胜利的喜悦,而不愿吞下失败的苦果,但是一旦想到胜利的结果会给自己带来渴望的荣耀和可观的物质利益,运动员则会对比赛产生间接兴趣,成为推动自己奋力拼搏的动力。据观察,不论在比赛中,还是在训练过程中,许多优秀运动员对于挑战自我和超越他人都具有一定的渴望和本能的兴趣。正如某乒乓球运动员所说,战胜对手还是很有意思的。③据附表32,由二项目运动员一致看重的运动非智力因素是运动情绪稳定性、运动自制性和运动责任心。(a)就运动情绪稳定性来讲,乒乓球和射击运动员在认知上均达到4的水平,两项目之间没有显著性差异;而射击项目与举重和游泳两项目之间则有显著性差异;游泳和举重两项目之间没有显著性差异,主要原因可能是,相对来讲,不论是乒乓球比赛,还是射击比赛,需要更多的动觉内省和思维活动,要做到这一点必须保证在完成技术动作时有稳定的情绪,否则,由于自己情绪中枢的不适度兴奋而影响自己的与智力有关的各个神经中枢的水平,从而使各项智力指标受到不同程度的影响。乒乓球与射击运动员,尤其是射击运动员更需要比赛时有适宜的情绪唤起水平。而举重和游泳则是典型的体能项目,比赛过程中需要运动员最大限度地调动和发挥自己的体能,它们所需要的是在情绪稳定的基础上的高水平的比赛热情,甚至是激情或冲动。实践证明,不利用这一良性的积极情绪的增力性效应,要达成自己的竞赛目标是困难的,甚至是不可想象的。(b)在运动自制性方面,射击和乒乓球两项目均达4的水平,两者之间没有显著性差异,原因可能是不论是射击比赛,还是乒乓球比赛,比赛过程复杂,要求运动员很好地控制自己的情绪和思维,有较强的抗内外干扰的能力,需要把自己的精力集中在关键时刻的动作感觉即动觉表象和动作变化上。要做到这些,非常需要运动员有高水平的自我控制力。(c)在运动责任心方面,射击运动员对这一条目的认知均数最低,与其他项目表现出显著性差异,原因可能是在比赛过程中,如果射击运动员过多地考虑这一问题会对自己产生不必要的压力,造成自己的分心,进而对比赛产生不利影响所致。对于乒乓球来讲,比赛过程中,由于运动员之间水平的接近,比分往往非常接近,甚至出现不断交替的状态。在这种情况下,需要运动员算计每一球的得失,非常需要运动员的责任心的支持,这可能是乒乓球运动员看重运动责任心的一个重要原因。④据附表32,由一项目运动员看重的是运动成就动机和运动好胜心两项运动非智力因素。(a)在运动好胜心方面,举重和射击两项目表现出了显著性差异,主要原因可能是每一次试举都是对自己竞技实力或体能极限的挑战,需要举重运动员具有超越自我和他人的战斗意志与敢斗性,也就是要有高水平的好胜心。没有优秀的运动好胜心,我国优秀举重运动员,悉尼奥运会冠军占旭刚怎么能在最后时刻成功举起平时从未举起的重量,让教练和自己都感到无比的惊讶;而对于射击运动员来说,比赛比的是心静即情绪安静、思想干净和动作干净。如果比赛中与对手比、较劲,过于想每次击发的环数等任何分心和急躁情绪都会影响自己正确的动作感觉和技术发挥。正如广东射击运动员李某所说,参加比赛最好目空一切,需要思维的排空,不能多想。(b)在运动成就动机方面,举重和游泳两项目与射击和乒乓球两项目彼此之间表现出了显著性差异,主要原因可能是举重和游泳是典型的单一动作结构的非周期性和周期性体能项目。根据附表31,这类项目运动员要获得高水平的工作效率需要具有相对较高的动机水平;而射击和乒乓球则属于技术复杂的技能项目,尤其,射击项目要求运动员对自己的心理状态有很高的控制能力,这两个项目的运动员在比赛过程中要有良好的表现,动机水平应相对较低。附表32的这一统计结果,在一定程度上,也进一步印证了耶克斯—多德森定律关于动机强度、任务难度和工作效率之间的辩证关系。

附录 运动智力和运动非智力因素对若干运动训练竞赛活动的影响研究

第四节 运动智力和非智力因素的培养研究

依据本书的调查与分析,影响运动训练竞赛活动的这些运动智力和非智力因素,不仅各自具有基本的内涵与特征,而且在具体的运动训练竞赛活动中都具有不同的作用与价值。为了充分发挥这些重要心理因素对各种运动训练竞赛活动的促进作用,提高运动员的心理能力和综合制胜力,还应对它们分别进行开发与培养问题的深入探讨。

一、对运动智力和非智力因素几个重要理论与实践问题的探析

（一）提升运动员对运动智力和非智力因素的认识水平

通过对山东、辽宁和四川等几个省运动技术学院的部分一线队员的随机访谈了解到,虽然调查的这些运动员能具体地指出一些影响运动训练竞赛活动的智力或非智力因素,但是对于它们之间有什么关系,在运动训练和竞赛活动中应怎样处理两者之间的关系,在运动训练竞赛活动中为什么要共同抓好这些心理因素等问题,他们在认识与意识上还比较薄弱,这说明加强运动智力和非智力因素方面的理论学习,提高他们的认识水平具有重要的现实意义。

运动非智力因素具有动力、定向、引导、维持、调节、强化、补偿和定型等8大功能。在具体的运动训练竞赛活动中,运动非智力因素可以直接转化为运动员的训练与竞赛动机,成为训练与竞赛的内在动力;它可以帮助运动员确定训练与竞赛的目标和方向,它能够引导运动员从动机走向目的;它可以使运动员发挥锲而不舍的拼搏精神,激发其有利于运动训练竞赛活动的积极因素,克服消极因素;它还可以直接激发运动员

的生理和心理能量,使运动员始终保持旺盛的运动训练与竞赛劲头、锐意进取等。在运动训练竞赛活动中,运动员的运动智力因素系统是执行-操作系统,运动非智力因素系统是动力-调节系统,运动员不为自己即将进行的运动训练竞赛活动创造良好的心理条件,其运动智力因素也难以发挥作用,反之,不充分发挥运动智力因素这一执行-操作系统的作用,只有良好的心理条件,也不能取得良好的运动成效。根据运动员的认识现状,需要着重提出的是,在具体的运动训练竞赛活动中,不能割裂开看运动智力和非智力因素的作用和意义,应密切联系专项活动的特点,主动发挥它们的综合作用,这是发挥运动员的心理因素促进运动训练竞赛活动成效的根本所在。在实践中,我们不仅要让运动员认识到两者都具有相对独立的功能,更重要的是要让他们深刻认识到两者之间具有统一于运动实践的辩证互动关系。实践表明,各种运动训练竞赛活动的有效开展都是以运动员的智慧活动为心理基础的,在这些智慧活动中,运动员的运动智力因素决定一个运动员能干不能干,而运动非智力因素则决定肯干不肯干,至于智慧活动所起作用的大小或干得好不好则由两者共同决定。

总之,提高运动员的这一认识是其驾驭运动训练竞赛活动从必然王国走向自由王国的重要思想保证。

(二)贯彻运动智力和非智力因素有机结合原则

根据本文的调查结果和大量实证资料,为提高运动科学化水平起见,从教育学和心理学的角度考虑,在这里提出"智力和非智力因素结合促进运动训练竞赛的原则"。这条原则背后的规律就是运动智力和非智力因素天然具有的辩证互动关系。提出这条运动训练原则,旨在纷繁复杂的具体运动训练实践活动中要求运动员正确处理运动智力和非智力因素的关系。它的基本思想是,要求运动员在具体的运动训练竞赛活动中,自觉地把运动智力和非智力因素结合起来,以便用运动智力因素促进运动非智力因素的提高,用运动非智力因素促进运动智力因素的发展,共同促进一切运动训练竞赛活动的"双效"。通过与部分一线教练员和管理人员的专项讨论,他们认为,在完成具体的运动训练竞赛任务活动中,运动员的心理变化是非常复杂的,从运动智力和非智力因素的角度看,两者应具有交替性、连续性、互动性等特点。在具体的运动训练竞赛实践中,要有效贯彻落实这一原则,应主要做好以下几点:①在具体的运动训练竞赛实践中,运动员要有目的地让智力因素活动指导非智力因素活动,让非智力因素活动主导智力因素活动。如要求射击运动员不仅认识到,而且还应当做到每次击发都必须以自己的高度"自信"和情绪稳定为必不可少的心理条件,并与把握节奏和动觉表象紧密结合。②在具体的运动训练竞赛实践中,运动员开展智力因素活动时,要有意识地让非智力因素积极参与其中,在给智力活动确定正确方向的基础上,并对它进行维持、调节、推动与强化。如为了让举重运动员建立准确的成功试举时的动觉表象,同时注重运动员的运动兴趣、运动热情的激发和顽强毅力的投入等心理条件的准备。③根据运动训练竞赛活动特点进行运动智力与非智力因素的有机结合。依据本文的调查结果与实证分析,运动智力和非智力因素不仅共同影响运动训练竞赛活动,而且不同的运动智力和非智力因素对不同的运动训练竞赛活动有着不同程度的影响。在紧张激烈的大赛中,许多优秀运动员竞技能力发挥失常或惨败的鲜活实例,反复印证了必须很好的调配和发挥运动员的运动智力和非智力因素的组合威力的重要性。山东的张海涛教练说:"所谓乒乓球运动员赛中的心理调节和控制就是要运动员做到重要运动智力和非智力因素的有机结合,以符合大赛的动态要求,否则很难发挥自己的技战术,甚至失败是必然的。"根据本文调查结果,如:(a)在举重运动员的专项运动技能训练活动中,应高度重视运动意志注意、运动节奏感等运动智力因素和运动毅力、运动好胜心、运动兴趣、运动自信心、运动热情、运动成就动机等运动非智力因素的结合;在射击运动员的专项运动技能训练活动中,应高度重视运动意志注意、运动节奏感、运动平衡感、运动动觉表象等运动智力因素和运动热情、运动自信心、运动情绪稳定性、运动自制性等运动非智力因素的有机结合。(b)在游泳运动员的专项运动竞赛活动中,应高度重视运动节奏感、运动平衡感、运动动觉表象、运动意志注意、运动动作思维等运动智力因素和运动毅力、运动热情、运动兴趣、运动自信心、运动成就动机、运动好胜心等运动非智力因素的有机结合;在乒乓球运动员的运动竞赛活动中,应高度重视运动意志注意、运动视觉表象、运动形象思维、运动节奏感等运动智力因素和运动自信心、运动毅力、运动热情、运动情绪稳定性、运动自制性、运动兴趣、运动荣誉感、运动责任心等运动非智力因素的有机结合。另外,还需注意的是:一是在具体的专项运动技能训练和运动竞赛活动中也要注意重要智力因素间的有机结合,发挥多因素的综合效应。二是在具体的专项运动技能训练和运动竞赛活动中也要注意重要运动非智力因素间的有机结合,发挥多因素的综合效应。这些重要运动智力和非智力因素彼此间也是相互作用与影响的。如乒乓球运动员如果视觉表象失准,则必然影响到自己相应形象思维的效果。

总之,要做到运动智力和非智力因素的有机结合,关键是在充分认识两者的重要性的基础上有效实践,避免单打一或以偏概全。

(三)贯彻运动员的主体地位和教练员的主导作用互动原则

据观察,在实际的运动训练竞赛活动中,有些教练员的确存在一定程度上的家长制作风和粗暴行为等不良表现。为实现运动智力和非智力因素有机结合以促进运动训练竞赛活动的成效这一目的,从教育学和心理学的角度,有必要提出和倡导运动员的主体地位和教练员的主导作用互动原则。提出这条训练原则,旨在在具体的运动训练竞赛实践活动中正确处理运动员和教练员的关系。这条训练原则的基本思想是,在具体的训练竞赛实践活动中,必须以尊重运动员的主体地位为基础,发挥教练员的主导作用;或者说,在教练员的主导下,调动运动员的活动积极性,发挥运动员的主体作用。这也就意味着,在具体的运动训练竞赛活动中,用运动员的主体地位来制约教练员的主导作用,否则,教练员的主导作用就可能变成以教练员为中心;同样,也必须用教练员的主导作用来制约运动员的主体地位,否则,运动员的主体地位就会变成极端地以运动员为中心。笔者认为,在运动训练竞赛活动中,应坚持教练员与运动员的互动论。

要有效贯彻这一原则,应注意做到以下几点:①在具体的运动训练竞赛活动中,教练员应自始至终地把运动员看作是运动训练竞赛活动的主体,树立一切为了运动员,为了运动员的一切的训练观念。②必须千方百计地给运动员提供机会,让他们成为运动训练竞赛活动的主人。尤其是心理品质和心理能力方面的发展与控制,最终还需要运动员自己认识基础上的自我调控与主动发展,这一点对于优秀运动员更是十分的重要。③任何运动员的健康成长都离不开教练员的科学指导。在运动训练竞赛实践活动中,必须让教练员的主导作用得到充分地发挥。教练员是富有生命力的人,有意识、有思想,是主体,因而可称教练员为运动训练竞赛活动的主体性客体;而其他一切外部因素则是无生命的纯粹客体;教练员可以有目的、有计划地运用那些纯粹的客体为运动员的运动训练竞赛活动服务,为塑造和培养运动员这一主体服务。④需要"师徒"间建立起彼此尊重、关心、相互理解、信任,和谐融洽的人际关系。建立起这种良好的人际关系是搞好一切运动训练竞赛工作的首要条件。在对我国优秀运动队的观察、访谈过程中发现,在这方面,我国优势项目运动队做得尤其好。

(四) 贯彻运动员的内化与外化统一原则

为实现运动员的运动智力和非智力因素有机结合促进运动训练竞赛活动的成效这一目的,也需要提出运动员的内化与外化统一训练原则。提出这一训练原则的目的在于处理好内因与外因的关系。它的基本思想是,在运动训练竞赛活动中,要求运动员善于把外部的东西(如教练员的知识与技能的传授)转化为内部的东西,同时又善于把内部的主体的东西转化为外部的客体的东西(如发挥技战术,创造运动成绩)。前者就是内化,后者就是外化;前者就是我们通常所说的"物质变精神",后者就是"精神变物质"。不论是"物质变精神",还是"精神变物质",都时刻离不开运动员智力和非智力因素的共同参与和有机结合。从这个角度说,运动训练竞赛过程就是运动员的内化与外化统一的过程。内化与外化统一训练原则就是要求运动员按照内化—外化—内化的逻辑来处理训练活动中内因（主体）与外因（客体）的关系，最终不断提高自身的竞技能力。

在具体的运动训练实践活动中，要切实贯彻好这一训练原则，还需要注意做好以下几点：①积极敞开运动员这一内因的心理大门。根据外因通过内因而起作用的原理，"内化"的机制在内因之中，而不属于任何外因。可见，要加强"内化"就必须使运动员主体的心理大门主动敞开。所谓敞开运动员内因的心理大门，就是要使外部的客体的东西，符合他们的运动水平的要求，符合他们的智力因素发展水平，激发他们的运动需要、运动兴趣、运动热情和动机，充分调动他们的主动性、积极性和创造性。一句话，只有当运动员愿意训练和竞赛，他们才会主动地花气力，把运动知识、经验和技能等客体的东西，"内化"为自己的认知结构，成为其竞技能力系统的有机组成部分。②恰当地提出外部要求。狭义地说，在运动训练竞赛活动中，运动员的内化，主要包含两方面的内容，一是运动知识、技能的内化；二是智力内化，如会记忆、会思维、会想象等。所谓外部要求，就是为了帮助运动员有效地获得某些运动知识与技能，发展智力，所提出的要求都必须恰当。所谓"恰当"就是既要符合运动员的年龄特征，又要符合他们的个别运动能力的差异；既不要过高，也不要过低，必须是运动员经过一定的艰苦努力能够达到的。③创造良好的训练竞赛氛围。运动训练竞赛氛围是一个运动集体全体成员对运动训练竞赛活动的动机、态度、兴趣、信念、抱负水平、努力程度等特点的综合。实践证明，要提高运动训练竞赛活动的效果就必须营造良好的运动训练竞赛氛围。通过观察，马文辉、乔云萍等高水平教练员都非常重视营造良好的训练氛围。④贯穿于一切运动训练竞赛活动之中。实践是最好的老师。运动员在运动训练竞赛活动中的内化与外化需要其运动智力和非智力的有机结合，同样，运动员内化与外化的过程也是一个不断促进其运动智力和非智力因素共同发展的过程，进行实际的运动训练竞赛活动是运动员统一内化与外化的一条必不可少的途径或手段。

（五）培养运动员良好的运动非智力因素

根据教练员和运动员对运动非智力因素的认识和做法，我们需注意两点：①不夸大运动非智力因素在运动训练竞赛活动中的作用。因为运动非智力因素所具有的动力、定向、引导、维持、调节和强化等功能，受运动智力因素的制约，它对运动训练竞赛活动一般具有间接性作用，是运动员进行运动训练竞赛活动的心理条件，是动力-调节系统，不能让它超越甚至代替智力因素对运动训练竞赛活动的直接影响。②培养运动员所需要的适度的运动非智力因素，也就是说，在某些运动非智力因素的培养与发挥上，并不是越强越好。因为在运动训练和竞赛活动中，运动员如果不能正确控制和发挥自己某些运动非智力因素的强度，不仅不能获得所期望的运动效果，还会适得其反。如动机强度对人的活动有影响，在一定范围内，动机强度与人们的活动"双效"呈正相关的规律。按照常识性的说法，动机越强，人们的活动效果与效率越高。其实不然。人们在进行难度较大的业务操作时（譬如射击比赛），动机过强往往会降低活动绩效，只有动机处于适度的（也可称为最佳水平时），才会实现理想的"活动双效"。但必须强调指出，所谓动机的中等强度或最佳水平也不是固定不变的，它往往会由于活动难度的不同而异。一般来说，有三种情况：(a)在活动难度较小时，活动者的活动"双效"会随着动机强度的增加而提高；(b)在活动的难度很大时，活动的"双效"会随着动机强度的增强而下降；(c)在从事力所能及的活动时，动机强度的增强有利于活动"双效"的提高，可用附图19表示。

据附图19，在运动训练竞赛活动中，运动员应当从实际出发，合理地调整自己的运动期望值，使其不过高，也不过低，使自己的动机强度与运动训练或竞赛的任务的难度巧妙地匹配。当然，要做到这一点，应当具体问题具体分析，因人、因事、因条件而宜。例如，北京奥运会62公斤级男子举重冠军张湘祥，在头两次试举确保获得宝贵金牌的情况下，发起了向这一级别新的奥运会纪录的冲击，但是未果。用张湘祥的话说："是因为自己当时兴奋过头了，当时我的手在发抖，没能很好地控制好技

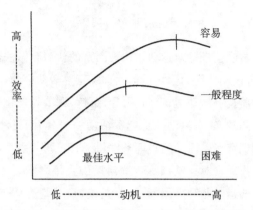

附图19　动机强度、任务难易程度与工作效率的关系

术动作而失败了。"再如,运动员的运动自信心也并不是强度越大越好。过高的自信心,实际上就是自负。自负,往往导致运动员过高的估计自己的实力,而轻视对手,不认真考虑可能面临的困难与问题,采取不利于运动训练和竞赛的思维与行为;巴甫洛夫学说认为:"当大脑皮层和皮层下中枢某些部位受一种强烈需要的支配而高度兴奋时,大脑皮层其他部位会由于负诱导而产生抑制。另外,由于植物神经系统支配的一些器官提高了活动性,同样由于负诱导的作用,使掌管理智活动的皮层中枢处于抑制状态,失去对理智活动的支配。所以,在情绪激动的状态下,可使人的理智程度和自我控制力下降,容易导致表现出不良行为。"如在同场对抗性项目的运动实战中经常可以看到各种各样的攻击性行为,影响了运动员运动中的战术思维和技术操控等其他理智活动;而且其强烈的情绪状态也影响运动员的知觉与动作的准确性;影响了技术动力定型的流畅性,从而使运动操作水平下降,这也就是我们通常所说的情绪的减力性。

总之,运动员需要根据项目的需要和活动的要求,配备以适当的、良好的运动非智力因素,不能不顾这些而一味追求各项运动非智力因素的高强度。

二、运动智力因素的培养研究

(一)具体运动智力因素的品质要求

通过对许多一线教练员的访谈,他们认为,在具体的运动训练活动中,运动员运动智力因素水平的高低主要表现在一些品质差异方面,并认为,开发、培养运动员的运动智力因素最重要的就是抓具体运动智力因素的品质要求,并作为重要的训练目标。因此,针对所研究的 10 项具体运动智力因素"分别具有哪些品质",特别同举重、游泳、乒乓球和射击四个优势项目的部分高水平教练员进行了专门商讨,并根据运动员在运动中的实际表现对初步研究结果进行了反复的对照性修改,最终结果见附表 33。

附表 33 具体运动智力因素的品质要求

因素	品质
运动节奏感	目的性 理解性 敏锐性 精确性
运动意志注意	范围性 稳定性 分配性 紧张性 主动性 选择性
运动平衡感	目的性 理解性 敏锐性 精确性
运动动觉表象	主动性 典型性 现实性 清晰性 选择性
运动视觉表象	主动性 典型性 现实性 清晰性 丰富性 选择性
运动直觉思维	流畅性 敏捷性 变通性 实效性 首创性
运动情绪记忆	敏捷性 持久性 准确性 备用性 选择性
运动空间感	目的性 理解性 敏锐性 精确性 复杂性
运动形象思维	敏捷性 广阔性 深刻性 灵活性 批判性 现实性
运动动作思维	敏捷性 深刻性 灵活性 批判性 现实性

附表 33 所归纳的 10 项具体运动智力因素的品质要求,可作为在实际的运动训练竞赛活动中对运动员进行具体运动智力因素训练与评价的抓手或具体措施。

(二)具体运动智力因素的培养方法

通过对部分一线高水平教练员的咨询,了解了他们的基本认识和一

些具体做法,对具体运动智力因素的培养方法分别进行如下概述:

• 运动意志注意的培养方法

笔者认为,培养运动员的意志注意,可采用以下几种方法:①目标训练法。在运动训练竞赛活动中,为了能够较长时间地保持注意,让运动员明确具体运动训练竞赛活动的总目标及其分目标,以及应完成的运动训练与竞赛任务是十分必要的。②兴趣训练法。根据实践经验,一般来说,运动员在运动训练竞赛活动中的无意注意和非意志注意是由直接兴趣所引起和维持的,而意志注意是由间接兴趣所引起和维持的,因此,为培养运动员的意志注意,应让运动员明确运动训练竞赛任务、目的与意义,并激发他们对运动的间接兴趣。③选择训练法。从心理学的角度看,选择性是注意的一项基本特性,可以说,没有选择,就没有注意。所以,在具体的运动训练竞赛活动中,为有效培养运动员的意志注意,应注意培养运动员获得重要信息的意识与能力,呀袄做到这一点非常需要运动员学会选择和放弃。采用选择训练法,就是要运动员发挥主动性,做训练竞赛活动的主人,学会放弃也是运动员发挥运动训练竞赛活动主动性的表现。④掌握有助于意志注意的条件,养成意志注意习惯。有助于培养意志注意的条件,一般有:(a)让运动员明确训练竞赛任务;(b)积极进行思维;激发训练竞赛的浓厚兴趣;(c)有意加强意志锻炼;(d)进行专项环境下的专门训练。

这里所说的感知类运动智力因素包括运动平衡感、运动空间感和运动节奏感。根据访谈,运动员的感知类运动智力因素也是可以开发与培养的,具有一定程度的可训练性。开发、培养感知类运动智力因素的主要方法有——想象法与练习法。就想象法来讲,根据19世纪德国著名化学家舍夫列利和英国物理学家法拉第同时独立发现的"念动现象",当人产生一种动作表象时,总伴随着实现这种动作的神经冲动,大脑皮层的相应中枢就会兴奋,原有的暂时神经联系会恢复,这种兴奋会引起相应肌肉进行难以察觉的动作,这也就是,目前心理学上所说的"神经肌肉理论"。运动员通过想象完成某种动作的平衡、空间或节奏状态,可以帮助运动员暂时在神经肌肉系统之间建立起一种联系,起到与实际操作相似的运动效果；许多教练认为，采用这种方法作为实际训练活动的辅助，不仅能够节省能量消耗，还可促进运动员专项运动感知觉的发展，并不断完善技术动作；所谓练习法就是在实际的专项运动训练竞赛活动中进行某种实际动作的运动感知能力培养。要提高运动训练效果，还应把握培养这三类运动智力因素的一些条件，这些条件主要有：①必须让运动员明确训练目的；②激发运动员的训练兴趣；③必须耐心专心；④突出专项技术动作的实际需要；⑤持之以恒，坚持长期系统训练；⑥不断储备专业知识和经验，并善于利用活动时机。这些条件实质上也是对运动员提出的要求，如果重视满足这些条件，将更能有效开发和培养运动员的这三种感知类运动智力因素。另外，根据运动训练实践，在培养运动员感知类运动智力因素的过程中，还需要注意以下因素的影响：①运动员的性格。从理论上讲，内向型性格的运动员似乎更有利于感知类运动智力因素的发展和培养，因为他们有较强的场独立性，他们能较多地利用内在参照作为所获得的各种信息的加工依据，善于分析；他们一般也有较为清晰的运动表象，对外来反馈较低，以及有较强的适应能力，不易受负强化的影响。②运动员的运动能力或运动水平因素。正如运动技术应随着运动员体能和心理发展水平的发展而不断改进一样，感知类运动智力因素也应随运动技术的不断完善和发展而不断调整与变化，目标就是应当朝着运动员运动技术的科学化和个性化发展。③运动员的神经类型。气质是运动员典型的、稳定的心理特点，这种典型稳定的心理特点早在儿童时期的各种活动中就已经表露出来。巴甫洛夫认为，高级神经活动类型是气质的自然基础，甚至把神经活动类型和气质看成是一回事儿。不同的运动项目对运动员的神经气质类型要求不同。如一般来说，乒乓球运动要求运动员应具有较高的灵活性，而射击、举重、中长距离游泳则需要安静型的气质类型。因此，应注意运动员神经气质类型对专项感知类运动智力因素发展的影响。

・运动情绪记忆的培养方法

在具体的运动训练竞赛实践中，运动员总是伴随着大量的、性质不同的运动情绪与体验，可以说，没有运动的情绪，也没有情绪的运动，两者不可分割。根据运动实践,运动情绪记忆的基本培养方法主要有三种:①实际操作法。有些教练认为,运动员如果认为在实际活动中获得的某种运动情绪对自己有用,一旦伴随训练竞赛活动成为技能、技巧之后,它就会长期保持在运动员的记忆之中,甚至终生不忘。一旦遇到类似情境还会复现。为了增强运动员对良好运动情绪记忆的效果,进行实际操作的练习十分必要,要使这种练习获得成功,还必须注意以下几点:明确练习的目的、改进练习的方法、分配练习的时间、集中注意、及时了解练习的结果等。②理解法。这里所说的理解法就是要运动员懂得所记忆的某种运动情绪的意义。怎样才能达到理解呢?这主要应联系某种运动情绪对具体运动训练竞赛活动的正或负方面的影响,通过思维来实现。因为思维是理解的手段,理解是思维的目的,思维的过程就是运动员理解、认识的过程。如果运动员理解即认识到某种性质与强度的情绪对于某种运动的意义,那么将更有利于对这项运动情绪的记忆和操控。③想象法。对于有用的诸多运动情绪体验,如果要想长期地保持在运动员的头脑中,以期在以后的实际操作中发挥应有的效能,光靠理解和实际操作还不够,还必须发挥运动员的想象力经常进行"复习"。正如2 500年前的孔子所说"学而时习之,温故而知新"。

· 表象类运动智力因素的培养方法

这里所指的表象类运动智力因素包括运动视觉表象和动觉表象。根据运动实践可知,在实际的运动操作练习时,都需要一定的表象来唤起和调节自己的行为方式。从理论分析的角度看,培养运动员运动视觉表象和动觉表象的基本方法主要有形象法、联想法和练习法。这里的形象法主要是指利用形象形式而进行的一种动作描述,联想法就是两种表象的联结,练习法则是注重这两种表象形式的检验与运用。任何事物的学习过程都有一个感知的过程,运动员的技能学习与训练也不例外,都必须首先调动运动员的视觉、听觉等器官接收运动信息和指示,以此来达到形成正确的视觉表象的目的。而其中最关键的还是教练员的示范动作质量与水平。为了让运动员形成正确的视觉表象,就教练员的示范动作来讲,应达到以下几点要求:①示范动作一定要正确。俗话说"上梁不正下梁歪"。②突出重点示范。如果教练员的示范动作不突出,往往会导致运动员按照旧有的运动经验为依据的形象认识来练习,从而进一步巩固错误动作,影响训练效果。③整体示范与分解示范相结合。进行整体示范的目的应是帮助运动员形成一个完整的技术动作形象;而分解示范的目的则是体现教练员注重和突出技术动作细节的考虑,只有做到两者的有机结合才能使运动员建立起清晰而又准确的视觉表象。④示范时还要富有表情。教练员富有表情的示范动作,能帮助运动员更好的理解和控制动作,促进其视觉表象的明晰化。当然,这里的表情,不仅指教练员的面部表情,还应包括身段表情即身体姿态。如乒乓球教练员示范"拉球"时,可以表现出是轻松的,还可以表现出是吃力的,可以是聚精会神的,也可以是果断的、情绪高涨的等等,也就是说,如果教练员把运动表情与示范动作的性质结合在一起,效果会更好。

技能学习与训练是强化运动员动觉表象的主要手段。为了让运动员建立和强化正确的动觉表象,就教练员来讲,所采用的动觉练习手段应当注意满足以下几点要求:①要求运动员降低练习的速度。②提示相应的肌肉运动感觉。给运动员提示相应的正确肌肉感觉,相对于向运动员做正确的示范动作来讲是更难的,这种与运动员之间所进行的肌肉感觉交流能力是检验一个教练员指导水平的重要体现之一。③分别完成个别动作。在技能学习与训练过程中,运动员通常对个别肌肉群的活动是不易分辨的。如果采用分别完成个别动作的方式就能更快地帮助运动员找到个别关键肌肉群的特殊感觉,促进动觉表象的明晰化。④善于采用不同重量的器械联系进行动觉比较。

· 思维类运动智力因素的培养方法

这里所指的思维类运动智力因素包括运动直觉思维、运动动作思维和运动形象思维。

(1) 运动直觉思维的培养方法

根据访谈,许多专家和教练员认为,开发和培养运动直觉思维可采用反省法和实际练习法。反省法就是在借鉴别人特定场合下的运动表现,结合自己的可能性,而进行富有针对性比较,从而达到提高自己思想认识水平和促进自己技能发展的认识过程；实际练习法就是在实际练习过程中有意识地大胆尝试和检验自己的直觉思维水平的一种练习法。在培养措施方面，还应注意两点：一是应根据具体情况，对运动员在运动训练竞赛活动中所表现出的思想活跃、机智敏锐等直觉表现应积极评价，及时鼓励，切不可怠慢它们。二是我们还应认识到运动员的任何直觉思维表现都是他们在不断积累实践经验和专业知识的基础上，形成和发展起来的一种认识能力，是运动员持久探索和思考的结果，它并不神秘。因此，我们应高度重视运动员专业知识的学习和应用，统一于专业技能的刻苦磨炼之中。可以想象，如果一个运动员的专业知识越丰富，实践经验越多，那么他的运动直觉思维水平将会越高。简言之，掌握专业理论知识，发展想象力，并坚持不懈地积极实践，目标集中于努力提高自己的技战术水平是发展运动员运动直觉思维的必要条件和必由之路。

(2) 运动动作思维和形象思维的培养方法

据咨询，开发、培养这两类思维性运动智力因素，可采取以下措施：①丰富运动员的表象与语言。运动员在运动训练竞赛过程中的思维，实质上就是对各种运动信息进行加工的过程。而运动信息归根结底就是表象与语言，尤其是表象。如果运动员的表象与语言不断得到丰富，那么，必将为运动思维的发展提供必要的原料。②掌握思维的方法。思维主要有十大方法即抽象与概括、归纳与演绎、分析与综合、比较与归类、系统化与具体化等。运动员运动过程中的思维，就是运用这十种基本思维方法认识运动事实的过程。③人为创设运动过程中的具体问题情境。这两种思维形式的功能就是帮助运动员解决运动过程遇到的困难与矛盾，有经验的教练员很会有意识地创设必要的问题情境让运动员自己去体验和解决。④贯穿实际的运动训练竞赛过程。实践出真知，实践生智慧。

三、运动非智力因素的培养

(一) 运动非智力因素的培养方法

通过与部分一线教练员和运动员的交流了解到，他们对"非智力因素"这一概念还比较陌生,对于非智力因素理论还缺乏全面而深入的认识,对运动员非智力因素的培养还存在一定的盲目性,因此有必要探讨运动员非智力因素的培养方法与具体措施。根据系统的理论研究和实际观察,培养运动员的运动非智力因素可主要采取以下方法:

・说服法

在培养运动员的运动非智力因素过程中,教练员和领队等管理人员的说服教育工作是基础环节。无论进行哪一种非智力因素的培养,首先应向运动员说明该种非智力因素对具体的运动训练与竞赛活动的作用与影响。如在培养训练动机时,就应首先让运动员明确训练的目的与意义等。当然,利用说服法培养运动员非智力因素的形式可以是多样的,一般来说,有教练员和领队等管理人员的宣讲,优秀运动员的报告会、讨论会或带有明确指向的宣传标语,如辽宁举重队的一则训练标语是:"一吃,二练,三恢复"。至于采取哪种形式,宣讲哪种内容,要视所培养或开发的运动非智力因素的性质、运动员的特点和运动队的条件等具体情况而定。

・实践锻炼法

确定实践锻炼法为培养运动员良好运动非智力因素的重要方法就是强调运动非智力因素的培养应贯穿于具体的运动实践之中,不仅仅局限在发挥言语规劝的功效上。在具体的运动训练与竞赛活动中,培养运动员的运动非智力因素,不论在形式方面,还是内容方面,都要注意实效性、多样性和教育性,注意适合运动员的心理发展水平。采用的运动实践活动,一般要达到以下几项目的:一是要通过具体的训练与竞赛活动使运动员认识到完成或进行该活动的意义和重要性;二是要让运动员认识到该种非智力因素对于顺利完成运动训练与竞赛任务的必要性;三是要通过具体的运动训练与竞赛活动帮助运动员培养积极的运动训练竞赛态度,遵循相应的运动训练竞赛规律,逐步养成良好的运动训练与竞赛习惯。

・自我教育法

让运动员学会自我教育,因为这是其他教育和环境影响的内化与深化,它有助于提高运动员根据自己的特点与运动项目的特点培养和完善自身运动非智力的主动性。教练员可以通过各种途径教会运动员进行自我教育的方法。四川张山射击俱乐部的领队许可等人认为,自我教育可有以下几种形式:一是自我反省。一个运动员要经常地反省自己在各种专项运动训练与竞赛活动中的言行和思想。孔子曾讲:"见贤思齐;见不贤,而内自省也"。二是自我认识和自我评价。在具体的运动训练实践中,一个运动员应该学会全面地、客观地认识自己和评价自己,既不要自我膨胀,也不要自我贬低,不仅要善于发现自己的长处,更要善于发现自己的不足,逐步培养自己用历史的、发展的眼光看问题的意识和习惯,不能遇到点困难或问题就丧失信心或悲观失望。三是自我调节。在正确的自我认识与自我评价基础上,进一步发挥自己的长处,因为这是一个运动员应具备的优势;努力弥补自己的不足和改正自己的缺陷更显重要,因为这是一个运动员进步的起点。在自我教育过程中,需要运动员培养以苦为乐、努力进取的世界观,保持积极、向上的心境。在长期的运动训练过程中,运动员遇到困难和挫折是必然的,即便如此,也要多从光明的一面考虑问题、正视现实,持之以恒。另外,运动环境对运动员重要非智力因素的形成和发展也是有很大影响的。在身处逆境时,也不要怨天尤人,敢于面对现实的挑战。在这个时候更需要运动员能采取积极的态度和行动去适应,并争取最终改造不利自己的各种环境。

- 心理辅导法

对运动员进行非智力因素方面的心理辅导教育应包括:随着运动员的不断成长,对运动员进行长期的、与他们的阶段特点相适应的心理学基础知识教育,如心理健康知识、逐步掌握一定的心理学规律和心理调节方法等;进行现代竞技运动的基本特点和发展趋势教育;对有心理障碍的运动员进行专项心理辅导与帮助;加强运动员"公平竞争"等职业道德教育,向运动员介绍建立良好人际关系的重要性、方法和技巧等。

(二)具体运动非智力因素的培养措施

许多教练认为,由于具体运动非智力因素具有相对独立的性质与功能,对它们的培养还应采取有针对性的具体措施,必须加以区别对待。根据系统的理论研究和大量的观察与访谈,对本文研究的10项具体运动非智力因素的培养措施分述如下:

· 运动成就动机的培养措施

运动员的成就动机不是与生俱来的,它是运动员在家庭、学校、运动队和社会等多种因素影响下,通过长期的运动训练竞赛实践逐步形成和发展起来的。培养运动员的成就动机,可采取以下四方面的措施:

(1)充分利用皮格马利翁效应

皮格马利翁效应就是通常所讲的期望效应。众所周知,竞技体育的最终目的就是获取竞赛的优胜。在求胜的过程中,运动员必然会遇到无数次的来自各方面的艰难险阻,会对自己的自信心和意志力提出巨大挑战。这时教练员和家长等人的诚恳而现实的期望会为运动员提供巨大的精神支持。辽宁乒乓球队的孙秀梅领队认为,在对运动员提出期望方面,特别要注意两个问题:一是教练员的期望必须是诚恳的,不能让运动员感觉到半点的虚假;二是对于运动成绩停滞不前或竞技状态暂时低迷的运动员更要注意期望值大小的巧妙运用。

(2)强化运动员的成就意识

强化运动员的成就意识可包括两方面的内容:一是教练员可运用国内外竞技体育史上优秀运动员的感人故事,进行说理或组织讨论等形式,激励运动员为了祖国,刻苦训练,顽强拼搏,培养高层次的运动成就动机;二是与运动员一起,设立明确、现实和有挑战性的运动训练竞赛目标。通过实现一系列的分目标,逐步达成高层次的运动成就需要。实践证明,运动员抱负水平过高、过低都不利于他们的运动训练竞赛效果。过高,力不从心,难以体验到成功的快感,而过低,则不符合竞技体育的本质要求,会降低成功的吸引力。因此,只有适度的抱负水平才有利于培养和激发运动员应有的成就动机。具体来讲,考察运动员的抱负水平,一般需要注意两个指标:一是运动训练竞赛目标的大小;二是实现运动训练竞赛目标的时间的长短。另外,还应注意做到:不仅要让运动员体验到成功的喜悦,还必须安排一些失败和较大的具有挑战性的任务,使其发挥自己的毅力战胜面对的困难。总之,需要教练员通过设置远景性目标和近景性目标的方法培养运动员的成就动机。

(3)营造追求成功的氛围

营造追求成功的氛围包括两方面:一是家庭氛围。要想培养孩子具有较高的成就动机,需要营造和谐、民主、健康上进的家庭氛围。家长应用温暖、可靠和坚定的反应方式让自己从事竞技体育的孩子建立起安全型依恋,高度重视孩子的独立性、鼓励孩子追求成功,不纠缠孩子的各种失败。家长应用自己的行为为孩子树立奋发进取的榜样,将是对孩子从事竞技体育,培养其运动成就动机的最好方式。二是运动训练竞赛氛围。据观察,教练员们都比较重视利用张贴训练标语,让运动员呼喊"我能""我行"等口号,积极评价运动员在运动训练竞赛中表现出的努力进取和顽强拼搏的行为,大力强化他们追求更高成绩的意识和行为。高度重视运动员为追求更高的运动成绩而愈挫愈勇,敢于竞争,敢于胜利的信念与行为,把这些思想与行为努力转化为他们人生观的一部分。

(4)比赛、评比和奖励相结合

比赛、评比和奖励都是激发、培养运动员成就动机的有效形式。从心理紧张的角度分析,评比的紧张度稍微弱一些,它对运动员的内驱力也相对小一些,但它发挥效用的时间较长些。比赛对运动员所产生的内驱力较大,但发挥效用的时间一般较短。在结果处理方面,比赛一般是进行量的指标分析;而评比则以质的指标分析为主,所以,在日常的运动训练竞赛实践中,应注意发挥比赛和评比相结合的方法培养运动员的运动成就动机。同时,在现代运动训练实践中,不论是竞赛,还是评比都必须对优胜者进行奖励。能引起运动员愉快情绪体验的内外部诱因条件都是不同形式的奖励,如教练员和家长的赞许、运动队的认可、队友的好评,其中也包括物质奖励。为了保证比赛、评比的积极作用,教练员还应注意以下几点:①可按照竞技水平的高低分组进行比赛和评比,增加每个运动员获得成功体验的机会;②竞赛和评比的内容,不要仅仅局限在运动专项方面,还可以从与运动员的训练竞赛活动相关的日常生活、学习等方面着手,给运动员创造更多的获得成功的机会;③多鼓励运动员开展自我竞赛和评比,力求这次比上次好、今年比去年好,使运动员深刻认识到自己的进步和所获得的成功。④发挥奖励的作用。虽然有的教练讲,"重奖之下必有勇夫",但是发挥奖励的作用也应是有条件的。笔者认为,教练员更应向运动成绩暂时落后和竞技状态暂时处于困境的运动员讲明,奖励的意义在于肯定他们的进步与成绩,而不是对他们进行运动训练竞赛活动的报酬,要不然容易扭曲运动员的成就动机;⑤从理论上讲,对同一个运动员在利用奖励方式提高其成就动机水平的同时,应逐渐淡化、撤销奖励,以培养他内部稳定的成就动机水平;⑥在具体的运动训练竞赛实践中,不应将惩罚和奖励完全对立起来,因为对于能力强的、性格外向的运动员来说,往往惩罚比奖励更有效。

(5) 引导运动员对胜败进行积极归因

在运动训练竞赛情境中,运动员往往会问自己"我为什么会成功(或失败)""我为什么会进步这样快(或这样慢)"等等诸如此类的问题。根据心理学,归因有积极与消极之分,分别起着正向或负向的作用,见附表34。

附表34 运动员成就行为的积极归因模式与消极归因模式

归因模式	事件	归因	情绪	期望	行为倾向
积极的	成功	能力高 努力的结果	自豪 自尊	增加对成功的期望	愿意进行有成就的运动训练竞赛活动
	失败	缺乏努力	内疚	对成功的高期望	愿意进行有成就的运动训练竞赛活动
消极的	成功	运气好	无所谓	很少增加对成功的期望	缺乏进行有成就的运动训练竞赛愿望
	失败	能力低	惭愧 无能感 沮丧	降低对成功的期望	缺乏进行有成就的运动训练竞赛愿望

具体来讲,如果运动员将其成功归因于比较可控的、不稳定的因素

（如努力因素），就可体验到成功感和自我效能感，提高承担和完成下一步运动训练竞赛任务的自信心；若运动员将失败归因于不可控的和稳定的因素（如能力因素），则会使他们降低、或丧失训练竞赛的自信心。由于一个运动员的归因模式也是可以改变的，所以教练员和家长等人应注意帮助运动员，在客观、诚恳的前提下，对运动训练竞赛活动的成败多进行积极的归因是非常重要的。

· 运动兴趣的培养措施

兴趣是一个人最好的老师。运动员对自己从事的竞技体育事业有浓厚的兴趣会促进他更自觉、更刻苦地进行运动训练竞赛活动。但是通过访谈发现有些运动员并未表现出对运动训练活动的强烈的浓厚兴趣，主要原因可能是竞技体育的极其艰苦性，每个人都有"趋乐避苦"的天性所致。通过观察与系统理论分析，培养运动员的运动兴趣可采用以下几方面的措施：

（1）注重家庭与训练环境的潜移默化。

家庭环境对运动员的专业兴趣的选择和发展会产生重大影响。俗话说："习武人家的孩子早识刀兵""书香世家的孩子早知文墨"。同样，社会也会通过各种途径，如大众传媒影响运动员的专业兴趣。教练员和家长必须认识到环境对运动员运动兴趣的潜移默化的作用，应当有意识地发挥各种积极因素的作用，防止各种消极因素的不良影响。杜丽的母亲说："不论家里发生什么大事，该跟她说的就说，不能让她分心。"

（2）鼓励积极的探究行为。

一个人的兴趣往往始自好奇心，进而想了解和探究，终于产生了兴趣。在运动训练竞赛实践中，对于运动员的各种"为什么"，如果教练员能认真地向他们解释原因和规律，让他们达到认识上的满意，将激起他们对更多的"为什么"的探究，这样他们的运动兴趣就能不断获得发展。

（3）发挥智力因素的作用。

许多训练中的事物，只有运动员亲自认识它或积极参与其中，才能随着认识的深入,激发出浓厚的运动兴趣。如果运动员对有关训练与竞赛的某种现象或规律产生了兴趣,教练员除了鼓励以外,还应积极引导并创造条件,让他们在实际的运动训练竞赛活动中大胆实践并总结,这是培养运动员运动兴趣的最好方法。

(4) 发挥直接兴趣与间接兴趣的综合作用。

实践证明,对任何事物的接触、认识过程不可能都引起我们的直接兴趣,这时就需要用间接兴趣来维持这个过程。由于运动训练竞赛活动的特殊性,决定了应当格外重视运动员对运动训练竞赛活动的间接兴趣的利用。注重运动员间接兴趣的培养就是要注意引导运动员树立远大的运动目标。一般来讲,运动员的运动理想越远大,对运动训练竞赛活动的间接兴趣就越强烈。

(5) 利用兴趣的迁移。

大量的事实表明,运动员的兴趣是可以迁移而来。据访谈,许多运动员当初从事运动训练是由于对优秀运动员的崇拜,从而对竞技体育产生了兴趣。另外,教练员的责任心、事业心,特别是教练员的执教水平对运动员的运动兴趣的形成和发展也起着重要作用。

(6) 不断改进和完善训练方法。

在具体的运动训练竞赛实践中,要有效调动运动员的运动兴趣需要遵循直观性、参与性、新颖性和适合运动员的心理特点等原则。在培养、调动运动员的运动兴趣方面,辽宁女子举重队的主教练姜雪辉说,需要注意两点:一是高度重视运动员的准备活动的质量。孙海平教练曾说,运动员有时是谈不上对训练的兴趣的,只有通过恰当的准备活动,把运动员的身心都积极调动起来之后,运动员才会产生训练的欲望和兴趣;二是应高度重视对运动员良好表现与活动效果的及时鼓励和表扬。因为,运动员总是希望能及时地得到来自教练员的积极指导和评价。从心理学的角度看,对成功的体验应是运动员运动兴趣的最佳强化物,如果运动员在活动中失败了,只要教练员能及时、准确地指出失败的原因,有时,同样也能激发运动员的运动兴趣。如果教练员对运动员的期望不理解或漠然视之,就会大大损伤运动员的运动兴趣。

• 运动热情的培养措施

(1) 使运动员"愿练"。

愿练就是"我要练",而不是"要我练"。我国古代先哲孔子,就学习问题早就讲过:"知之者不如好之者"。对于运动员同样具有深刻的启发与指导意义。让运动员知道日常各种训练活动的重要性与必要性,因而立志训练,愿意训练。

激发运动员愿练也就是想练,具体来讲,应注意做到以下几点:一是帮助运动员树立远大的志向和理想,加强运动训练的目的性教育。由于日常的运动训练竞赛活动并不总是引人入胜的,在大多数情况下都是极其枯燥、身心需要忍受极大的痛苦。平时注意对运动员进行扎实有效的训练目的性教育,就能使运动员自觉约束自己,积极克服各种困难,把艰苦的运动训练活动坚持下去;二是制定具体、合理、现实的运动训练目标。除了远大的运动训练志向,每个运动员还应有切合实际的具体运动训练目标。提出具体的、科学化的运动训练目标,不仅是教练员对运动员的训练要求,也是培养运动员的一种能力,是运动员"会练"的标志之一;三是扫除运动员的种种心理障碍,培养运动员的自信心。运动成绩差的运动员的运动热情一般较低,其中一个很重要的原因就是他们缺乏克服困难的勇气和信心。有的运动员认为自己的天赋差,再努力也没有多大的用处,于是便不思进取,消极训练,运动成绩自然难以提高。对于存在这种错误想法的运动员应通过一些具体的事例说服他们,纠正他们错误的认识,使其树立运动训练的自信心。据访谈,还有的运动员运动热情不高,是因为某些家庭事故、伤病等原因而耽搁、影响了自己的正常训练。这就需要教练员采取有效措施对他们进行补训,用实际的有说服力的训练效果激发他们的运动热情。也有的运动员好胜心非常强,看到自己的运动成绩总是超不过别人,便情绪低落,逐渐丧失了运动热情。这就需要教练员同运动员一起认真查找原因,首先帮助他们端正认识,在从长远着想的基础上,进行更加刻苦的训练,用实际的理想的运动成绩激发他们的运动热情。

(2) 使运动员"乐练"。

对于一个运动员来讲,如果把运动训练活动当成一个苦差事,虽然他也能获得些进步,但收效毕竟不会太大;反之,如果一个运动员能够从心理上把艰苦的运动训练竞赛活动当成一件乐事,能够真正沉浸在运动训练竞赛活动的快乐之中,那他一定会获得好的训练效果。从理论分析的角度看,在运动训练实践中,要使运动员乐练,主要应注意做好以下三点:①在具体的运动实践中,通过不断改进和完善训练方法,在最大程度上让运动员参与到训练活动的计划、组织等环节中来。发挥他们的聪明才智,高度重视教练员与运动员的互动水平与质量,切实尊重运动员的主体地位,调动运动员训练竞赛的积极性;②根据运动员的不断成熟和发展,不断协调教练员与运动员的关系。根据经验,运动员往往把对教练员的情感迁移到具体的运动训练和竞赛活动之中。因此,良好、和谐的师徒关系是运动员乐练的前提与基础;③运动员的运动热情的高低,还会受训练竞赛气氛的影响。现代运动训练越来越重视训练竞赛气氛的营造和建设,因为它是一切运动训练竞赛活动的心理背景。在一个积极向上、宽松和谐的运动集体中,运动员个人的运动训练热情很容易被充分激发和调动起来。④努力使艰苦的运动训练竞赛变成一种愉快的活动。要做到这一点,需要教练员努力实践一些直观的、生动活泼的,为他们所喜欢的训练形式,而且还要求教练员在整个运动训练竞赛过程中对运动员的点滴进步能够及时地进行点评。另外,教练员应是运动员的"父母",处处关心运动员的生活和思想等方面的成熟与进步。

(3) 逐步培养运动员"会练"。

毫无疑问,运动员是一切运动训练竞赛活动的主体,教练员是主导,从根本上来讲,教练员是为运动员的健康、持续成长而指引方向和保驾护航的。从运动员的全程性发展过程来看,从基础训练阶段到最佳竞技与保持阶段,运动员的这一成长过程可以看作是一个其主体地位逐步增强的过程。实践证明,每一个优秀运动员都具有很强的自主性、独立性和自我训练能力。在日常的运动训练竞赛实践中,教练员应主动遵循这一规律,根据运动员的身心发展阶段特点和竞技能力发展阶段的特点,主动教授给运动员科学的运动训练竞赛方法,并培养科学训练的习惯,促使他们把艰苦的运动训练竞赛活动转化为自觉的、自动行为。

(4) 培养运动员的竞争意识。

虽然运动训练竞赛活动,为运动员提供了大量的成就情境和竞争情境,为激发运动员的运动热情提供了先天条件,但是我们也应注意,这样激发起的运动热情并不都是指向运动训练竞赛活动本身的,还有运动员渴望战胜对手的因素在内,因而难以持久。从这一角度看,教练员还应从训练竞赛的目的和方法入手,把培养运动员的竞争意识、愿练、乐练和会练等问题有机结合在一起,这样才能从根本上调动运动员持久的运动热情。

• 运动情绪稳定性的培养措施

运动必然伴随情绪,情绪的性质又影响运动效果。从理论的角度分析,培养运动员的情绪稳定性可采用以下几种主要措施:

(1) 发挥教练员的作用。

根据心理学家勒温所做过的关于专断型、民主型和放任自流型三种领导方式的经典研究可知,教练员采用民主型的执教方式会使运动员心情愉快、精力集中,训练竞赛热情高、具有独立性等良好表现。通过现场观察,教练员和运动员之间的关系能够直接影响运动员的情绪稳定性和训练的效果。我国现任国家女子举重队主教练马文辉在这方面就是一个很好的榜样。另外,教练员还要高度重视良好训练情境的创设,否则,运动员有时会因个性受到压抑等因素的影响而产生消极情绪,干扰正常的训练。在这方面,许多教练认为,应主要做好三方面的工作:①控制好运动负荷。②围绕运动专项的需要,采用多种内容、方法和手段,促使他们的情绪逐步深化,朝符合专项需要的方向发展;③杜绝急躁冒进和尽量避免运动损伤等劣性训练行为。国家男子举重队主教练陈文斌说:"对于这些高手来说,运动损伤是很难避免的,为了保护运动员的训练劲头和成绩的稳步提高,更不能让他们急躁冒进。"

(2) 发挥家庭的作用。

家庭是人生的摇篮。要保证运动员具有良好稳定的情绪体验,家庭因素的作用不容忽视。在发挥家庭作用发展运动员情绪稳定性方面,作为父母应注意两点:①一般来讲,应建立温暖的家庭,保持良好的亲子关系。尽可能多给运动员以温情,多进行沟通,尤其是与他们共同分享胜利的喜悦和失利的痛楚,让他们在感情上得到这方面的满足。②运用恰当的家庭教育方式。父母仅有对运动员的爱还不够,还必须讲求教育方式。如父母的权威性压抑往往导致运动员产生"我不行—你行"的心理;父母的含混状态,又会造成运动员产生"我不行—你也不行"的心理。因此,对于运动员只有尊重他们,多用表扬、肯定和鼓励的正面教育,维护他们的自尊心,使他们获得健康、有益的情感体验,以保持良好而稳定的情绪状态。

(3) 强调并教会运动员进行自我调节。

在运动训练竞赛实践中,要使运动员能够进行运动情绪的自我调节,除了重视他们的文化知识的学习,提高文化素养外,还需要向他们传授一些相关的运动心理学知识,让他们不仅知道情绪是如何发生的,它对人的影响、运动中的表现,以及控制与调节情绪的有效方法与具体措施。20世纪50年代,美国临床心理学家Albert Ellis创立的理性情绪疗法(RET)。其主要目的就是除去非理性的、不合理信念,以正确的信念取代谬误的信念。这种方法的基本理论主要是ABC理论。ABC理论认为,诱发事件只是引起情绪及行为反应的间接原因,人们对诱发事件所持的信念、看法和解释才是引起情绪的真正原因。在这里介绍ABC理论的主要目的就是在运动实践中应帮助运动员能够正确认识和对待所遇到的困难和问题,以理性的情绪代替非理性的情绪,这不仅是一个重要的心理学问题,更是一个解决实际问题的可行的有效做法。

(4) 通过调整运动员的需要来调节情绪。

从情绪的定义可以看出,人的情绪与主观需要有着密切的关系。对运动员进行情绪调节,必须从调整运动员的主观需要着手。根据马斯洛的5个层次需要说,从低级到高级,人的需要的排序是:生理的需要、安全的需要、归属与爱的需要、尊重的需要和自我实现的需要。对运动员来讲也不例外。从理论的角度分析,要通过调整运动员的需要来调节情绪,需要处理好以下几个方面的关系:①引导运动员正确处理低级需要与高级需要的关系。随着运动员自我意识的觉醒,他们开始注意自己的衣食住行是正常现象。但对于青少年运动员来讲,应该让他们认识到这一时期是他们竞技运动生涯的黄金时期,不容错过。应引导他们把主要精力用在努力学习文化知识,刻苦训练,发展自己的特长,实现自己的人生价值上,而不过分追求低层次的需要上;②发展符合职业要求的正当需要,改变不合理需要。在具体的运动训练竞赛实践中,运动员会产生各种各样的需要,必然有些是正当的,有些是不合理的,对于这些需要,应分别加以调整和抑制。③发展运动员的高层次需要作为主导需要。由于竞技体育对运动员的身心具有长期的、极其严格、残酷的磨炼性,运动员的高层次需要与低层次需要相比,更具有无穷的动力,运动员的高层次需要主要是社会性需要。实践证明,容国团、邓亚萍、许海峰等优秀运动员都有挑战自我,为国争光的伟大理想和愿望。另外,在长期的运动实践中,应逐步培养运动员的职业道德和行为规范;营造团结友爱、公平竞争、奋发向上、敢于胜利的运动团队氛围;教育引导运动员用适当的方式对各种不良情绪进行宣泄等具体措施,也是非常实际的。

· 运动荣誉感的培养措施

现代运动竞赛,总是对优胜者进行各种形式的表彰与奖励,运动员随之便获得和产生不同程度的运动荣誉感。追求获胜的荣耀也是运动员重要的竞技目的之一。运动荣誉感可成为运动员深刻而持久的训练与竞赛的动力。许多功成名就,为国家和社会作出巨大贡献的优秀运动员,不顾年龄和伤病的困扰,仍然驰骋在竞技场上,继续为国家和社会贡献自己的运动才智,其中重要的原因之一就是竞技体育能给他们带来无上的光荣。据访谈,培养运动员的荣誉感,可采取以下主要措施:

(1) 提高运动员对运动荣誉感的正确认识。

记住巴德斯所说的一句话:"当你做成功一件事,千万不要等待着享受荣誉,应该做那些需要的事。"一个运动员如果能正确理解和对待荣誉,便会形成真正的运动荣誉感。

(2) 要给运动员提供和创造荣誉的机会。

在给运动员提供和创造荣誉的机会的同时,还要让他们认识到任何荣誉都不会从天而降,任何运动荣誉都需要付出辛勤的汗水才能获得。正如山东的张海涛教练所说,培养运动员的荣誉感,最主要的就是让他们从各种比赛中打拼出来。

(3) 让每一位运动员都占有一定的地位和承担一定的任务。

在实践中,让每一位运动员都占有一定的地位和承担一定的任务,只有这样运动员才能感受到自己的价值。当然,也应注意的是,有的运动员会形成不是荣誉感的优越感,而有的则会产生一定的集体依赖心理,妨碍运动荣誉感的真正形成。

· 运动毅力的培养措施

许多教练认为,运动员的运动毅力的发展也不是自然而然的过程,需要有意识、有目的地培养。在培养运动员的运动毅力方面,应主要采用以下措施:

(1) 对运动员开展长期的理想教育,树立正确的世界观和人生观。

竞技运动训练往往使运动员长期封闭在训练或比赛的天地里,承受着巨大的心理和生理压力,这是竞技体育这一特殊的社会实践活动对运动员的一项特殊要求与考验。我国优秀运动集体—国家乒乓球队之所以在近半个世纪当中能够始终保持世界领先水平,为国家和人民争得了无限的荣誉,这与贺龙元帅、荣高棠主任等老一辈体育工作者高度重视运动员的理想教育,人生观、价值观教育的优良传统密不可分。因为当一个人对自己的行动目的有了正确的认识之后,才能主动地支配自己的行动,为达到自己的预期目的而自觉地去工作和奋斗。在现代社会主义市场经济时代,运动员会面对各种诱惑和干扰,这种时代形势更要求对运动员加强世界观、人生观教育。其中,最主要的就是教育、引导运动员把个人的理想和国家、社会的需要紧密地联系起来,而不是单单为了个人的利益和荣耀。

(2) 典型引路,归因导向。

处在艰苦、复杂的运动情境中的运动员往往具有心理波动大,易受暗示等特点。当遇到困难时,一方面容易表现出缺乏全面、周到的考虑,就仓促行事,容易受外界干扰和自己情绪的影响,缺乏足够的力量和有效的方法去排除或抑制这些干扰;另一方面,在遇到困难时,也会表现出无休止的动机冲突之中,优柔寡断,患得患失,这都是不良意志品质的表现。山东男子举重队的滕龙教练说:"榜样的力量是无穷的,在平时,我很重视队长和骨干队员的作用,根据他们的实际表现,其他队员就能在训练和比赛中学有榜样,赶有目标,并找出自己的差距及产生的原因"。

(3) 刻意磨炼运动员的毅力。

磨炼运动员的毅力离不开具体的运动训练竞赛实践。对运动员运动毅力的要求,应体现在多方面,如果断性、坚持性和自觉性等方面。在具体的运动训练活动,尤其是在体能训练活动中,很大一部分运动负荷是在运动员机体极度疲劳的状况下完成的,这就需要运动员能忍受身体上的极大痛苦和心理上的极大枯燥感、无味感。在有些情况下,又需要运动员表现出很好的果断性,如在瞬息即变的乒乓球比赛中,运动员应具备果断的捕捉战机的能力。这种对技术和战术的果断选择与应用也是运动员具有良好意志品质的表现。

(4) 高度重视对运动员进行挫折教育。

每个人都不能随随便便成功,竞技运动员更是如此。山东体科所的孙宝成研究员认为,在对运动员进行挫折教育方面,主要应做好以下几方面的工作:①教练员和家长都应当端正对运动员进行挫折教育的态度。竞技体育的竞争本质决定了运动员必然要经受无数次的挫折和磨炼。正如玫瑰固然娇艳,而荆棘也无法避免。②培养运动员的自我调节能力。在运动训练竞赛实践中,运动员良好的意志品质也往往表现为一种自我激励、自我调控的能力。运动员意志品质的培养应向自我教育转化,外部控制向自我控制转化。③增强运动员的自信心,努力战胜自我。根据心理学,一个运动员自信心的强弱与其在运动训练竞赛活动中所经历的成功与失败的次数直接相关。因此,在运动实践中,教练员应经常提供成就情境,克服困难,引导运动员尝试成功的体验,增强自信。

· 运动自制性的培养措施

马卡连柯说:"大的意志不仅善于期待并获得某种东西,而且也善于迫使自己在必要时拒绝某种东西。没有制动器,就不可能有机器,没有抑制力,也就不可能有任何的意志。"运动员在生活、训练和竞赛中总会遇到某种挫折或遭受失败,在这种情况下,有的运动员表现出愈挫愈勇,把压力变为动力;而有些运动员却变得悲观、消沉,甚至丧失继续坚持训练的信心和斗志,可见,运动自制性对促进运动员竞技体育活动的成功也是十分重要的。从理论分析的角度看,运动自制性的培养,可采取以下措施:

(1) 让运动员首先明确运动自制性不是天生的,而是后天培养和自我培养的结果。

运动员自制性的发展也必然经过"他制阶段—他制与自制结合阶段—内心自制阶段—自制习惯阶段"这样一个基本过程。自制性的这一发展过程,实质上也说明了自制性并非是先天的东西,需要有意培养。由于竞技体育的职业特点和运动员身心发展的阶段特点,培养运动自制性是件很困难的事情,不能只靠运动员生理方面的作用,更需要教育和磨炼。

(2) 培养运动员抵制各种诱惑的能力。

在日常生活、训练和竞赛环境中,常常有一些消极的不良因素诱惑运动员,如果运动员不能有效抵御并战胜各种诱惑,就会形成不良的品行,影响自己正常健康的生活、训练秩序。因此,从这种意义上讲,培养运动员抗拒诱惑的能力的过程,实质上就是培养他们自制性的过程。

(3) 把培养运动员的自制性与自觉性结合起来。

自制性与自觉性不同。这里所说的自觉性包含两个意思:一是运动员能理解到和意识到在特定场合应当怎样行动;二是借用马卡连柯的话说,就是"当一个人没有被人看见,没有被人听见,也没有人来检查的时候,他照样能按照自己所理解到和意识到的去行动"。因此,在培养运动员的自制性方面,就不能只重视"禁止",还要把提高运动员的自觉性,把两者有机结合起来。

(4) 培养纪律意识和良好的运动行为习惯。

应该让运动员明确,所有的生活与训练方面的规章制度,根本上都是为了保证运动员正常的运动训练活动,而不是出于其他目的,遵守这些规章制度是运动员竞技能力发展的重要保障。即使是在运动训练或比赛过程中,作为运动员,除了应遵守运动竞赛规则外,也要努力检查、反省那些不利自己训练竞赛效果的思想与行为,养成正确的、良好的思维习惯和行为习惯将具有更大的实际意义。笔者认为,美国神射手埃蒙斯在雅典和北京两届奥运会大赛中,都上演了在最后关键时刻而功亏一篑的一幕,在很大程度上,仍然是他缺乏优秀意志力,运动思维习惯和行为习惯不稳固所致。运动员随时随地把自制性变成良好的生活、运动训练与竞赛习惯,不仅是可能的,也是现代运动训练竞赛实践的需求。

·运动责任心的培养措施

通过对部分教练员的访谈,他们认为,运动责任心也是影响运动员训练竞赛效果的一项重要心理因素,培养和发展运动员的责任心可采取以下措施:

(1) 提高运动员对所承担的运动训练竞赛任务的意义与要求的认识水平。

因为,运动员的责任心是在对所负责任的认识基础上逐步形成起来的,并且也随着这种责任认识的发展变化而发展变化。

(2) 让运动员充分了解运动行为的后果。

因为,只有让运动员明确地知道自己所采取的决断和行为将要产生的效果,根据是否必要,他们才会认真对待,并负责到底。

(3) 激励运动员敢于承担责任。

只有对自己在运动训练和竞赛活动中对所采取的行为敢于承担责任,才说明有责任心。同样,运动员的责任心一旦形成,它又会促使自己在运动训练竞赛活动中敢于对自己的行为负责。

(4) 增强运动员的主体意识。

有教练认为,让运动员逐步意识到他们在运动训练与竞赛活动中的主体地位,并能主动发挥自己的主体作用很重要。主体意识淡薄的运动员,不会积极主动承担,并出色完成训练竞赛任务。

(5) 完成运动训练竞赛任务。

运动员进行运动训练的直接目的是努力提高各项竞技能力,最终目的就是在未来的运动竞赛中争取优异运动成绩。只有让运动员在完成具体的训练竞赛任务过程中才能向他们提出各种要求,检验运动效果,并采取表彰与惩罚等有效的强化措施。运动员的责任心是在完成具体的运动训练竞赛任务过程中逐步培养起来的,应注意避免空头说教。

(6) 把个人责任感与集体责任感结合起来。

"各人自扫门前雪,莫管他人瓦上霜"的行为与作风,在运动训练实践中也是存在的。这就要求应教育每个运动员,自己是集体中的一员,不应该只承担自己的责任与义务,还应该对集体的任务负责,因为没有集体,就没有个人的存在与成功。

(7) 努力提高运动员的竞技能力。

山东游泳队的李云印教练说,没有能力或水平低下的运动员,很难谈得上运动责任心。从优秀运动员身上,不难看出,他们所表现出来的令人敬佩的对自己、对教练、对父母、对集体、对国家的高度的责任心。

· 运动自信心的培养措施

通过对教练员和运动员的访谈,运动员的运动自信心水平主要受其运动训练和竞赛结果、教练员与他人对自己的评价以及自我评价三方面的影响。运动训练与竞赛的结果包括成功和失败两个方面。一般来说,成功的结果能增强运动员的自信心,而失败的结果则会削弱运动员的自信心,甚至丧失自信心。运动员的成功率与其自信心往往成正比;运动员的自信心水平也往往受教练员和队友等人对自己的态度的影响;在这方面,包括他人对运动员的期望水平和信任程度有关。一般说来,如果他人对运动员的期望大,信任程度高,则会增强其自信心,反之,则会削弱运动员的自信心;运动员的自信心水平也往往受自我评价的影响。如果一个运动员对自己的运动能力和品行评价适当,就会增强自信心,否则,也可能会产生两种倾向:自命不凡,对自己作出过高的评价;自轻自贱,小看自己。随着运动员身心的不断成长,自我意识不断发展,自我评价能力逐步提高,他们的运动自信心也会变得更加稳定。综合部分教练员和领队等人员的看法,培养运动员的运动自信心可采取以下措施:

(1) 永远信任每一个运动员。

事实证明,由于种种原因,每个运动员竞技能力的发展速度与水平以及所获得的运动成绩是不同的。现在落后,并不意味着永远落后,许多优秀运动员的曲折成长经历就说明了这一点。在具体的运动训练竞赛实践中,不能让运动员过多地依赖教练员,应注意让他们开动脑筋、主动实践,在不断总结经验中深刻认识自我。另外,教练员还应从运动训练目标的确定、训练计划的安排、训练与竞赛效果的分析等各方面,根据他们的实际能力,让他们尽量参与,充分发挥他们的主动性、积极性和创造性。笔者认为,教练员做到对成绩好的运动员的信任不成问题,而对那些成绩暂时落后的运动员则相对较难做好。

(2) 让运动员不断获得成功。

在这方面,比较实际的做法就是帮助运动员确定现实合理、运动员能接受和认可的运动训练与竞赛目标。在这个基础上,尽可能地为他们创造成功的机会和条件,让他们体验到成功的喜悦,应当说这是培养运动员运动自信心的一条根本途径与方法。在运动训练竞赛实践中,更要注意尽可能地给运动员提供显示自己运动才能的机会;鼓励每个运动员的点滴进步;帮助运动员消除运动中的焦虑情绪,消除自卑。

(3) 提高运动员对运动自信心性质的认识。

有自信并不一定代表能成功。具有自信心只是为自己的训练和竞赛活动作好心理上的准备,成功取决于多种因素,最重要的应是对即将进行的训练竞赛活动,认真做好思想和行动上的准备。正如"知彼知己,百战不殆"。自信心过高或过低,往往会使自己变得"自负"或"自卑",对自己的各种训练与竞赛任务的完成都不利。

总之,应让运动员的成功与运动自信心相互促进,在自信中成功,让成功促进进一步的自信,形成良性循环。

• 运动好胜心的培养措施

运动员的好胜心同自信心一样,都是以对自己在运动训练竞赛方面的品行与竞技能力的正确估计为前提。也就是说,由于对自己的估价正确,就能在运动训练竞赛实践中产生真正的好胜心,对运动训练竞赛活动产生好的效果;而如果对自己缺乏正确的估价,即过高或过低地估价自己的运动能力,盲目好胜,不仅易使自己吃苦头,而且还会扭曲自己的好胜心。如果运动员建立在对自己职业道德和竞技能力有正确地估计基础上的好胜心一旦形成,就会同运动自信心一样,成为运动员的职业品行与竞技能力的重要组成部分,所以,有经验的教练员往往通过观察运动员在困难和挑战面前,是否有自信心,是否有超越自我,超越他人的"更上一层楼"的倾向和精神面貌,来判断运动员运动好胜心的性质与发展水平。另外,运动员运动好胜心的发展变化,除了受运动员的主观条件的影响外,也依赖于客观环境因素的限制。一般来说,"顺境"有助于运动员运动好胜心的形成,而"逆境"则有碍于运动好胜心的发展。但是,鉴于竞技体育的职业特点,过分优越的运动训练竞赛环境对运动员好胜心的发展也往往会产生不利影响。国内外竞技体育界有不少的事例告诉我们,许多身处"逆境"中的有志向的运动员却创造了伟大的运动业绩。正如有的人所说,逆境是砥砺人才的砺石。通过对部分教练员的访谈,培养运动员的运动好胜心可采取以下措施:

（1）关心尊重运动员。

关心、尊重运动员应当成为教练员的天性。教练员关心运动员并不是要抱着运动员"走",关心运动员应以尊重运动员为前提。尊重运动员就是在运动训练竞赛实践中尊重他们的人格,相信他们的潜力和运动能力,而这种尊重,也必须与对他们的严格要求结合起来,他信与自信的有机结合更能促进运动员真正好胜心的发展。

（2）给运动员适当的评价。

在运动训练竞赛实践中,对运动员的评价主要有两种:即教练员的评价和运动群体的评价。不论哪种评价都要符合实际,既不过高,也不过低,但是,必须指出,适当评价毕竟不是绝对的,对不同的运动员应采取不同的标准和评价方式,来自两方面的适度评价能正确引导运动员真正好胜心的顺利发展。

(3) 培养运动员的自我评价能力。

运动员的好胜心是与自我评价能力的发展分不开的。运动员的自我评价能力往往遵从：从"他律"到"自律"，即从模仿别人的评价发展到独立地进行评价；从"效果"到"动机"，即从重视行为结果的评价到重视行为动机的评价；从"对人"到"对己"，即从偏向于评价别人发展到评价自己；从"片面"到"全面"，即从带有较大片面性的评价发展到比较全面的评价。随着运动员心智和"自知之明"水平的提高，其运动好胜心也就获得了进一步的发展与巩固。因此，为了发展运动员正确的好胜心应高度重视引导运动员自我评价能力的逐步培养。

(4) 通过集体培养运动员的运动好胜心。

实践证明，一个良好的运动集体也必然是一个有好胜心的集体。如我国的乒乓球队和举重队，尤其是这方面的运动典型。在这样的集体中，运动员的运动好胜心也会自然而然地受到熏陶和提升。

(5) 制定科学合理的运动训练目标体系。

运动员的运动好胜心必须指向一定的运动训练竞赛目标，无论力图超越自己，还是超越他人都应如此。总的来说，应把运动员近期的运动目标与长期的运动目标紧密地结合起来，让它们构成一个明确的运动目标体系，即在实现了一个目标之后，又去追求另一个新的运动目标。马文辉说，"只有引导运动员和整个运动队不断追求新的运动目标，才能使他们的好胜心不断获得发展。"

(6) 培养运动员乐观的运动情绪。

根据运动经验，运动员的好胜心与其乐观向上的情绪密不可分。只有当运动员保持朝气蓬勃、精力充沛，对未来充满无限的憧憬与欢乐时，才会有真正意义上的运动好胜心。

(7) 克服自满心理。

实践证明，运动好胜心也往往与运动员对自己目前的竞技能力水平与运动成绩等方面的不知足有关。如果取得一定成绩就自满，不求上进，则非常不利于运动员运动好胜心的健康发展。

参考文献

马启伟.体育心理学[M].北京:高等教育出版社,2001.

王汉清.逻辑学[M].北京:机械工业出版社,2003.

中国体育科学学会.体育科学研究现状与展望 2005—2007[M].北京:中国体育科学学会,2007.

王斌.运动直觉研究[M].武汉:华中师范大学出版社,2005.

王清.我国优秀运动员竞技能力状态诊断和监测系统的研究与建立[M].北京:人民体育出版社,2004.

王升.主体参与型教学探索[M].北京:教育科学出版社,2003.

王步标,华明,邓树勋,等.运动生理学[M].北京:高等教育出版社,1992.

王重鸣.管理心理学[M].北京:人民教育出版社,2001.

田麦久,武福全.运动训练科学化探索[M].北京:人民体育出版社,1988.

白学军.智力心理学的研究进展[M].杭州:浙江人民出版社,1996.

丛湖平.体育统计[M].北京:高等教育出版社,1998.

布赖恩·伍兹.教练员教学训练指南[M].北京:人民体育出版社,1991.

朱萍,于海娟.射击知识问答[M].北京:人民体育出版社,2002.

全国体育院校教材委员会审定.运动训练学[M].北京:人民体育出版社,2000.

全国体育院校教材委员会审定.运动生理学[M].北京:人民体育出版社,2002.

刘丹.球类运动训练理念批判[M].北京:北京体育大学出版社,2006.

刘建和.乒乓球教学与训练[M].北京:人民体育出版社,2006.

刘大庆,周爱国,杨涛,等.运动员竞技能力结构特点与基础训练方法[M].北京:北京体育大学出版社,2006.

刘远我.职业心理健康——自测与调节[M].北京:经济管理出版社,2004.

刘淑惠.射击比赛心理研究与应用[M].北京:北京体育大学出版社,2006.

许国志.系统科学[M].上海:上海科技教育出版社,2005.

曲宗湖.体育与心理潜能开发[M].北京:人民体育出版社,2003.

沈德立.高效率学习的心理学研究[M].北京:教育科学出版社,2006.

沈德立.脑功能开发的理论与实践[M].北京:教育科学出版社,2002.

沈德立.非智力因素的理论与实践[M].北京:教育科学出版社,2000.

沈德立.非智力因素与人才培养[M].北京:教育科学出版社,2001.

张厚粲.实用心理评估[M].北京:中国轻工业出版社,2005.

张力为,毛志雄.运动心理学[M].上海:华东师范大学出版社,2003.

张洪潭.体育基本理论研究[M].桂林:广西师范大学出版社,2004.

张敏等.多元智能案例研究:学生、教师与学校[M].上海:上海教育出版社,2002.

张力为.体育心理学研究进展[M].北京:高等教育出版社,2001.

张力为,毛志雄.体育科学常用心理量表评定手册[M].北京:北京体育大学出版社,2004.

李南,王晓鸣.学会学习[M].南京:东南大学出版社,2001.

陈向明.教师如何作质的研究[M].北京:教育科学出版社,2006.

陈小平. 当代运动训练热点问题研究——理论与实践亟待解决的问题[M]. 北京:北京体育大学出版社,2005.

汪克夷. 管理学[M]. 大连:大连理工大学出版社,2001.

杨再淮. 竞技体育后备人才培养[M]. 北京:人民体育出版社,2006.

杨春鼎. 教育方法论[M]. 北京:人民教育出版社,2000.

国家教委社会科学研究与艺术教育司. 自然辩证法概论[M]. 北京:高等教育出版社,2000.

杨锡让. 实用运动生理学[M]. 北京:北京体育大学出版社,1998.

图多·博姆帕. 运动训练理论与方法[M]. 北京:人民体育出版社,1990.

周晓虹. 现代社会心理学——多维视野中的社会行为研究[M]. 上海:上海人民出版社,1997.

茅鹏. 运动训练新思路[M]. 北京:人民体育出版社,1999.

胡敏中. 理性的彼岸——人的非理性因素研究[M]. 北京:北京师范大学出版社,1997.

胡晓风,周西宽. 运动竞赛学[M]. 成都:四川教育出版社,1989.

俞继英. 奥林匹克举重[M]. 北京:人民体育出版社,2001.

哈雷. 训练学——运动训练理论与方法学导论[M]. 北京:人民体育出版社,1985.

莫雷,冷英,王瑞明. 面向21世纪培养心理学应用型人才[M]. 广州:广东高等教育出版社,2004.

袁方. 社会研究方法教程[M]. 北京:北京大学出版社,2006.

袁作生,刘大庆,等. 竞体教学训练大纲[M]. 北京:北京体育大学出版社,2004.

徐本力. 体育控制论[M]. 成都:四川教育出版社,1988.

翁庆章,钟佰光. 高原训练的理论与实践[M]. 北京:人民体育出版社,2002.

教育部社会科学研究与思想政治工作司. 心理卫生学[M]. 北京:高等教育出版社,2004.

黄希庭.心理学导论[M].北京:人民教育出版社,1993.

韩志忠.乒乓球——教学、训练、竞赛与科研[M].北京:人民体育出版社,2006.

谢亚龙,王汝英,等.中国优势竞技项目制胜规律研究[M].北京:人民体育出版社,1992.

谢小庆,杨立谦,等.洞察人生——心理测量学[M].济南:山东教育出版社,1995.

程燕,许琦.游泳运动训练科学化理论及方法的研究[M].北京:北京体育大学出版社,2006.

鲁宾斯坦.关于思维和它的发展道路[M].上海:上海人民出版社,1953.

窦胜功.智商、情商、测试[M].沈阳:辽海出版社,2002.

辞海[M].上海:上海辞书出版社,2003.

燕国材.理论心理学[M].广州:暨南大学出版社,2007.

燕国材.教育心理十题[M].北京:中国建材工业出版社,2001.

燕国材.学习心理学——IN结合论取向的研究[M].北京:警官教育出版社,2000.

燕国材.智力因素与学习[M].北京:教育科学出版社,2002.

燕国材,马加乐.非智力因素与学校教育[M].西安:陕西人民教育出版社,1992.

燕国材.心理与教育[M].杭州:浙江教育出版社,1984.

燕国材.非智力因素与学习[M].上海:上海教育出版社,2006.

燕国材.教育十论——我对教育问题的一些基本看法[M].北京:中国建材工业出版社,1998.

燕国材.素质教育概论[M].广州:广东教育出版社,2000.

Bill Foran.高水平竞技体能训练[M].袁守龙,刘爱杰译.北京:北京体育大学出版社,2006.

约翰·赛耶尔,克利斯托弗·康诺利.体育竞赛心理学——运动员的心理强化训练[M].上海:上海翻译出版公司,1990.

R·J·斯腾伯格.超越 IQ——人智力类的三元理论[M].上海:华东师范大学出版社,2004.

马启国.兵法谋略与乒乓球比赛[J].武汉体育学院学报,2007(1):93-96.

王智,丁雪琴,赵开强.对我国高水平举重运动员的调查:理想比赛心理状态的特点及其影响因素[J].体育科学,2007(9):49-53.

王垒,李林,梁觉.综合智力:对智力概念的整合[J].心理科学,1999(2):97-100.

王进,吴绪敏.非智力因素与竞技体操运动员取得优异成绩的关系[J].安徽体育科技,2004(2):31-33.

王忠礼.体育锻炼对智力的促进作用探析[J].辽宁师专学报,2002(1):36-38.

王嵊海,刘爱华.试论智力因素对篮球运动的影响[J].山东师范大学学报,2003(4):111-113.

冯晓峰.体操运动员智力训练探析[J].南京体育学院学报,2002(6):118-119.

叶国雄,姚家新.WT运动员智力测试系统的研制及应用[J].体育科学,1995(4).

闫建端,崔文惠.体育教学中应重视非智力因素的培养[J].西安体育学院学报,2004(增刊):146-147.

刘明,李红.非智力因素理论及其在体育中应用的研究进展[J].西安体育学院学报,2003(2):110-112.

刘奕涛.乒乓球运动员的智力研究[J].体育学刊,1996(1):113-115.

刘海元,田凌.体育学科对培养学生智力内容与结构的研究[J].西安体育学院学报,2005(1):110-113.

朱恩俊.开发创造力中的非智力因素[J].江苏大学学报,2002(2).

宋子良,李汶凯.体育运动对培养青年非智力心理因素的实验研究[J].北京体育大学学报,2002(5):324-326.

严进洪,等.我国优秀男篮队员"智力模式"若干主要因素的初步研究[J].广州体育学院学报,1992,3:18-19.

宋亦春,李士英,李年铁.中国武术散打运动员非智力因素结构及评价[J].体育科学,2006(4):80-85.

刘瑞平.乒乓球赛前的心理准备[J].成都体育学院学报,2004(3):51-55.

刘洪琦,张志芳,顾鸿泉.初论举重运动员的重量感[J].中国体育科技,2002(5):56-58.

刘建和.关于田径、游泳、举重运动技术某些共性特征的初步研究[J].西安体育学院学报,2006(6):73-77.

庄则栋.庄则栋谈乒乓球比赛中的三十六计[J].天津体育学院学报,2000(4):35-36.

庄则栋.庄则栋谈乒乓球技术训练(二)[J].天津体育院学学报,1999(2):75-77.

张兆才.人的体能、情绪和智力周期与体育运动成绩的关系[J].上海体育学院学报,2003(6):14-16.

李烈明.体育教学中激发和培养学生非智力因素的研究[J].浙江体育科学,1999(1):54-56.

李少丹.我国男子高水平自行车和篮球运动员智力发展水平的现状及智力结构的特点[J].北京体育大学学报,1998(2):47-51.

李莉,李莹.大学生乒乓球专选课实施智力教学探讨[J].体育学刊,2001(4):109-110.

李鸿.女子举重运动的回顾与展望[J].成都体育学院学报,1998(1):25-27.

沈传茂.举重运动员在比赛中的不良心理状态及改善方法[J].武汉体育学院学报,1999(2):49-51.

沈茂金.对我国高校篮球运动员智力水平的研究[J].广州体育学院学报,2005(3):47-49.

陈静,郑海燕,温红博,莫雷.优秀乒乓球运动员心理素质的研究[J].体育学刊,2006(3):12-15.

陈伟伟.体育运动对培养创造性人格中非智力因素的作用[J].广东技术师范学院学报,2003(4):108-110.

陈志和.加强优秀运动队智力投资——试析耗散结构理论对优化智力结构的作用[J].福建体育科技,1995(3):67-69.

吴效和.智力理论概述及展望[J].内蒙古师范大学学报,2001(6):5-10.

岳晓东.两岸四地大学生对创造力特征及创造力人才的认知调查[J].心理学报,2001,33(2):148-154.

周成林,等.我国10—13岁优秀游泳运动员智力和个性特征的研究[J].体育科学,1993(6):80-83.

郑富,肖杰.对运动智力结构的重新思考[J].湛江师范学院学报,2003(3):65-67.

茅鹏.再谈"力"与"智"[J].体育与科学,1999(3).

范国平,申荷永.对当代主要智力理论的解析[J].内蒙古师范大学学,2002(3):4-8.

杨剑,肖辉.智力与运动专项智力研究[J].武汉体育学院学报,2002(2):55-57.

骆积强.多元智力理论对运动智力研究的启示[J].体育科学研究,2004(3):90-93.

俞继英,张洁.基本体操练习对幼儿智力发展的影响[J].体育科学,2000,③:75-79.

徐汶武.试论体育运动与智力因素的关系[J].武汉体育学院学报,1998(1):99-100.

席海龙,王洪武,赵亮,潘泰陶.我国U-15男子足球运动员非智力因素的调查与研究[J].首都体育学院学报,2006(1):43-45.

赵淑英,葛云雷.少儿足球运动员智力和运动心理能力的研究[J].哈尔滨体育学院学报,1994(4):54-57.

桂来堂,等.从八运会看我国女子举重比赛存在的几个问题[J].北京体育大学学报,1999(3):124-126.

郭成.智力研究的新思路——元认知研究[J].南京师大学报(社会科学版),1998(3):79-84.

黄志玲,郭俊峰.11分赛制乒乓球运动员心理压力分析与调适[J].广州体育学院学报,2004(1):55-56.

梁天珍.浅谈体育运动对智力发展的影响[J].体育科技,2000(1):76-78.

谢香道.球类运动对开发儿童运动和智力潜能的实验[J].体育与科学,2002(3):60-62.

谢翔.体育对创造性人格中非智力因素的培养[J].武汉体育学院学报,2001(4):55-56.

黎勇.体育锻炼促进学生智力发展的生理学机制[J].沙洋师范高等专科学校学报,2002(3):85-87.

简萍.浅谈体育运动与人的智力发展[J].哈尔滨体育学院学报,1999(2):26-28.

谭香萍.试论体育运动中的智力因素[J].湖北体育科技,1995(2):48-50.

谭平,杨晓燕.知识智力关系再探[J].四川师范大学学报,1999,6:37-40.

滕守刚.对乒乓球运动员判断能力的分析[J].武汉体育学院学报,1999(2):41-43.

潘前,等.对我国青少年羽毛球运动员若干智力问题的探讨[J].上海体育学院学报,1989(1).

潘春燕.基本运动能力训练对智障儿童智力发展的影响[J].上海体育学院学报,2006(4):54-57.

霍力岩.多元智力课程述评[J].比较教育研究,2001(4):23-28.

霍红,范钧,叶平.体育院校学生智力因素和非智力因素与运动专项成绩关系的研究[J].成都体育学院学报,1998(1):61-67.

车晓博.运动技能发展理论与实践研究[D].上海体育学院,2008.

毛永.我国优秀运动队部分教练员个体行为特点研究[D].上海体

育学院,2006.

刘明. 论我国运动员非智力因素的培养[D]. 上海体育学院,2004.

迟立忠. 运动人群与非运动人群注意特征比较及注意机制研究[D]. 北京体育大学,2004.

张禹. 排球运动员智力特征的研究[D]. 北京体育大学,2005.

钟启泉. 多元智力理论与个性化教育[D]. 华东师范大学,2002.

Loehlin, J. C., *Group differences in intelligence.* In R. J. Sternberg(ED.), *Handbook of intelligence.* Cambridge University Press, 2000, 176-193.

Gould, D., Petichkoff, L., Vevera, M., The relationship between Competitive State Anxiety Inventory-2 subscale scores and pistol shooting performance. Journal of Sport Psychology, 1987, 9: 33-42.

Wiese, D. M., Weiss, M. R., Yukeson, D. P., Sport psychology in the training room: A survey of athletic trainer. The Sport Psychologist, 1991, 5(1): 15-24.

Sternberg, R. J., Dettermen, d. k., (Eds.). *What is intelligence? Contemporary Viewpointson its nature and definition.* Norwood, NJ: Ablex, 1986.

Silva, j. m., III., An analysis of the training stress syndrome in competitive athletics. Journal of Applied Sport Psychology, 1990, 2: 5-20.

Singer, R. N., Cauraugh, J. H., Tennant, l. k., Murphey, M., Chen, D., Lidor, R., Attention and distracters: Considerations for enhancing sport performance. International.

Privette, G., Bundrick, C. M., Psychological processes of peak, average, and failing performance in sport. International Journal of Sport Psychology, 1997, 28: 323-334.

Poag, K., McAuley, E., Goal setting, self-efficacy, and exercise behavior. Journal of Sport & Exercise Psychology, 1992, 14: 352-360.

Raglin, J. S., Stager, J. M., Koceja, D. M., Harms, C. A., Changes in moodstate, neuromuscular function, and performance during a season of training in female collegiate swimmers. Medicine and Science in Sport and Exercise, 1996, 28: 372-377.

Partinton, J. T., Shangi, G. M., Developing an understanding of team psychology. International Joural of Sport Psychology, 1992, 23: 28-47.

Murphy, S., Imagery intervention in sport. Medicine and Science in Sport and Exercise, 1994, 26: 486-494.

Brunelle, J. P., Janelle, C. M., Tennant, L. K., Controlling competitive anger among male socer players. Journal of Applied Sport Psychology, 1999, 11: 283-297.

Berger, B. G., Owen, D. R., Frantisek, M., A brief review of literature and examination of acute mood benefits of exercise in Czechoslovakian and United States swommers. International Journal of Sport Psychology, 1993, 24: 130-150.

Ford M. E., & Tisak, M. S. A further reach for social intelligence. Journal of Educational Psychology, 1983, 75: 197-206.

Deci E L. the nature and functions of motivation theories. Psychological Science, 1992, 3: 167-171.

Hilgard, E. R., et al. (1979). Introdution to Psycology. 7th ED New York: Harrcount Brau Jovanocich. .

Jones J G, Cale A. . Precompetition temporal patterning of anxiety and self-confidence in males and females. Journal of Sport Behavior, 1989(124).

Tenenbaum G. The relationship between cognitive characteristics and decition making. Canadian Journal of Applied Physiology, 1993, 181: 48-62.

图书在版编目(CIP)数据

运动员竞技能力发展问题探索:以非智力因素理论为视角/荣敦国著. —上海:复旦大学出版社,2023.10
ISBN 978-7-309-17018-4

Ⅰ.①运… Ⅱ.①荣… Ⅲ.①运动员-竞技状态-研究 Ⅳ.①G804.22

中国国家版本馆 CIP 数据核字(2023)第 186003 号

运动员竞技能力发展问题探索——以非智力因素理论为视角
荣敦国 著
责任编辑/胡春丽

复旦大学出版社有限公司出版发行
上海市国权路 579 号 邮编:200433
网址:fupnet@fudanpress.com http://www.fudanpress.com
门市零售:86-21-65102580 团体订购:86-21-65104505
出版部电话:86-21-65642845
苏州市古得堡数码印刷有限公司

开本 890 毫米×1240 毫米 1/32 印张 8.75 字数 243 千字
2023 年 10 月第 1 版
2023 年 10 月第 1 版第 1 次印刷

ISBN 978-7-309-17018-4/G·2529
定价:98.00 元

如有印装质量问题,请向复旦大学出版社有限公司出版部调换。
版权所有 侵权必究